HISTOIRE DES FRANÇAIS VENUS D'AILLEURS
de 1850 à nos jours

collection tempus

VINCENT VIET

HISTOIRE
DES FRANÇAIS
VENUS D'AILLEURS
de 1850 à nos jours

Perrin
www.editions-perrin.fr

© Librairie Perrin, 1995, 1997 et 2002 pour la présente édition
ISBN : 978-2-262-02013-2

tempus est une collection des éditions Perrin.

A nous autres.

Introduction

Je me glissai dans ma patrie à l'abri d'un nom étranger : caché doublement dans l'obscurité du Suisse Lassagne et dans la mienne, j'abordai la France avec le siècle.

<small>CHATEAUBRIAND</small>, *Mémoires d'outre-tombe*,
Livre douzième, chapitre 6.

Au XVIᵉ siècle, le terme « introduction », qui signifiait jusque-là « enseignement » et « insertion » d'un chapitre dans un livre [1], s'est enrichi d'un nouveau sens en désignant l'action de faire connaître dans un milieu une chose inconnue (1553) ; puis ce sens s'est élargi aux personnes inconnues (1598) [2]. Cette dernière acception est à coup sûr la plus proche de l'esprit de cet ouvrage qui souhaite introduire les étrangers dans l'histoire de la société française, en découvrant les fondements, les usages et les représentations historiques de *leur* altérité [3].

Celle-ci peut, de prime abord, s'apprécier comme une donnée objective, au sens où un individu est toujours un étranger au milieu d'autres qu'il ne connaît pas. Mais l'hétérogénéité culturelle de l'étranger acquiert une résonance et une portée qui le dépassent dès lors qu'elle est perçue à travers les représentations identitaires d'un groupe référent (groupe d'individus, société, nation) qui sont elles-mêmes issues d'une histoire (devenue) commune. L'image de l'étranger ou même la représentation que celui-ci peut avoir de lui-même est alors biaisée, déformée, exaltée, en tout cas chargée d'*a priori* ; et l'altérité transcende l'équation individuelle des personnes pour devenir phénomène social et fait historique.

La mise en scène politique de cette altérité est inséparable de la constitution et du fonctionnement des Etats-nations [4] qui ont élaboré des critères d'identification et de différenciation de l'étranger et mis en œuvre des instruments de contrôle de la population étrangère. Elle est aussi, en France, contemporaine du basculement qui s'est opéré dans le dernier tiers du XIXe siècle, lorsque les Français ont « compris » qu'ils appartenaient à une même entité collective, dût-elle s'appeler « patrie » [5] ou « nation ». Cristallisation rapide mais somme toute tardive, si l'on tient compte de la tradition unitaire (déjà sous-jacente à l'Etat monarchique) et centralisatrice impulsée par l'égalitarisme révolutionnaire (« une législation et une administration communes dans chaque département »). C'est que l'altérité en France ne s'est pas définie d'emblée par rapport à l'unité nationale ; elle s'est, au contraire, longuement exprimée dans le cadre des multiples provinces ou pays périphériques que comptait le territoire français, à travers une diversité des cultures [6] qui s'opposait ou se montrait indifférente à l'Etat central. En d'autres termes, il s'est écoulé du temps avant que les « Français » de la périphérie « oublient » — souvent à la faveur des guerres « patriotiques [7] » — qu'ils étaient étrangers les uns aux autres, ou se fassent à l'idée qu'ils pouvaient être français en dépit de leurs remarquables différences [8].

Cette double émergence du *national* et de l'*étranger*, que l'on retrouve au même moment dans d'autres pays européens mais selon des configurations différentes, a relégué l'étranger dans un rapport d'intériorité et d'extériorité à l'identité nationale du pays d'accueil, qui paraît avoir rempli une fonction politique à usage interne. Tout s'est passé comme si les Etats-nations avaient eu besoin, pour se former et se maintenir, de « produire » de l'altérité *en dehors* et *à l'intérieur* de la société civile, d'intégrer en reléguant, d'aspirer en refoulant. Dans le cas français pourtant, les choses sont plus complexes, dans la mesure où d'autres phénomènes, également contemporains, ont interagi, alors même que les républicains investissaient la niche nationale et démocratisaient la société. D'une part, la colonisation qui a brouillé, à travers sa légitimation idéologique, la frontière entre *eux* et *nous* (étrangers et nationaux) en introduisant les sujets coloniaux, ces *ni nous* (nationaux) *ni eux* (étrangers). D'autre part, les besoins en main-d'œuvre [9] de l'économie française qui, n'ayant pu être satisfaits (compte tenu du mode d'industrialisation et du déficit démographique français) par la main-d'œuvre nationale, ont favorisé le recours organisé à une main-d'œuvre étrangère au point de façonner la figure du « travailleur étranger ». Enfin, les guerres, la décolonisation et l'évolution politique de certains pays étrangers qui ont provoqué des déplacements considérables de populations et bouleversé bien souvent les données sociologiques de l'immigration en France. Il en est résulté, pour longtemps, une diversité des genres, des fonctions, des statuts et des regards [10] qui appelle une histoire polyphonique des représentations de l'altérité.

Reste que la « fabrication » de l'étranger *versus* le national, de l'altérité *versus* l'identité est bien devenue, depuis l'affirmation des nationalismes au XIXᵉ siècle, une affaire d'Etat(s) ou le fruit souvent amer des relations internationales, et qu'elle continue de s'opérer, en dépit du formidable développement des échanges économiques et d'une circulation des hommes en progression exponentielle. Ni la décolonisation, ni la construction européenne, deux processus historiques de grande ampleur, n'auront vraiment entamé ce pouvoir régalien de faire, défaire et moduler l'altérité, propre aux Etats-nations. Au contraire, l'Europe s'est jusqu'à présent comportée, du moins sur ce point précis, comme l'un d'entre eux [11], en élaborant un statut de ressortissant européen qui estompe et relativise l'hétérogénéité, liée aux diverses nationalités, de ses populations. La constitution de l'espace Schengen montre bien, du reste, le souci – quelque peu pris en défaut par l'élargissement de l'Union — de créer une « intranéité [12] » européenne, c'est-à-dire un *entre-nous* sécurisé, et par là même une altérité qui serait clairement extra-européenne. De leur côté, les anciennes puissances coloniales ont pris acte de la construction européenne et de la décolonisation pour légitimer l'altérité, somme toute récente, de leurs anciens sujets coloniaux qui n'étaient du reste ni tout à fait « nationaux », ni pleinement « étrangers ».

Qui s'intéresse à l'évolution du sentiment de l'altérité dans la société française se heurte donc à la difficulté de concilier des échelles d'observation et des registres d'analyse aussi disparates que décalés. A trop insister sur les conditions de fabrication de l'altérité, le risque est réel d'évincer l'étranger, le migrant ou l'immigré d'une histoire qui pourtant le concerne au premier chef. A s'en tenir aux vicissitudes individuelles et collectives des étrangers, on se prive des éléments d'explication exogènes qui permettent de comprendre la manière dont les altérités sont vécues par les étrangers et les Français. Comment, dès lors, réunir dans une seule histoire les dimensions, objective et subjective, de l'altérité d'en France ?

En établissant une correspondance entre les relations sociales entre Français et étrangers d'une part, et les métamorphoses de la langue française d'autre part. L'apport des linguistes et des historiens du français est ici essentiel, car la confrontation à l'autre laisse toujours des traces sémantiques, c'est-à-dire des mots et des expressions. Qu'elle débouche sur le rejet ou l'intégration de l'autre, l'altérité produit des altérations sémantiques, des sémantisations d'emprunts, des phénomènes d'imprégnation, des rejets, des replis, des hybridations, des transferts de sens [13] qui métaphorisent les relations entre les individus. Les glissements sémantiques, qui sont au cœur de l'activité métonymique et métaphorique [14], ne sont rien d'autre que le produit combinatoire et évolutif de la circulation des mots et donc des hommes ; ils expriment par là même les représentations de l'autre et de soi dans un jeu de miroirs où l'ego se construit en fonction de l'autre ; ils reflètent surtout les rapports de forces entre populations que les circonstances mettent en contact (domination, résistance, soumission, allégeance, etc.). Si l'on étudie donc le processus de métaphorisation dans la durée, des pans entiers de l'histoire des mentalités et, plus largement, de la culture se dévoilent. En clair, l'histoire des mots permet de retrouver des acceptions aujourd'hui disparues qui nous renseignent sur les altérités d'autrefois.

La correspondance ainsi établie est fondée sur un raisonnement analogique qui revient à considérer qu'une société réagit à l'altérité comme le ferait une langue. Mais comment, dans le cas français, donner une chair historique à cette analogie ? En recourant, cette fois, à des figures allégoriques [15], sans doute impensables dans le droit français de la nationalité, mais qui ont bel et bien peuplé [16] l'histoire de la France : les *Francétrangers*. Cette contraction signifie qu'il est possible de se regarder [17] à la fois comme Français et étranger, de n'être ni tout à fait l'un ni entièrement l'autre, ou bien de se sentir étranger tout en étant français ou encore l'inverse, de se percevoir étranger en France ou français à l'étranger ; de revendiquer des ascendances étrangères tout en étant français, comme serait fondé à le faire près d'un cinquième de la population de France [18] ; d'être surtout soi-même autrement (*alter ego*), parce que le regard et la parole de l'autre métaphorisent, c'est-à-dire offrent une vision du monde dans laquelle les signes subissent une métamorphose.

Pareille vision invite à se départir des cadres de pensée qui parasitent et figent encore les représentations de l'altérité et de l'identité, en rappelant cette évidence que, loin des nations et des Etats, les individus vivent *entre eux*. Et du coup, c'est un peu comme si la marionnette désarticulée de Pinocchio s'éveillait, se levait et marchait. Le Francétranger n'est plus une abstraction, mais un étranger altéré, qui aimerait tout bonnement perdre son altérité ou *se désaltérer* aux sens propre et figuré. Indispensable à la fabrication de la communauté nationale dont il se sait partie prenante, il se soucie peu de la grave autorité des Etats, préférant se frayer un chemin au gré des opportunités de toutes sortes [19]. Il est en en fait inclassable car l'identité singulière (unique) et collective que l'Etat-nation lui impose est impuissante à lui signifier l'intime diversité de ses origines, sa propre histoire et celle des migrants, émigrants et autres oiseaux migrateurs qui l'ont précédé. Il ne sait pas, comme l'héroïne acadienne d'Antonine Maillet [20], assaillie de questions par les agents « d'ensemencement » (recensement), qui il est, d'où il vient et où il en est vraiment. C'est bien pourquoi, loin des fantasmes nationaux, il a besoin d'affection littéraire lui donnant, comme l'ont fait Montesquieu dans *Les Lettres persanes*, Voltaire dans *L'Ingénu* et bien d'autres encore, le don si précieux de démystifier l'ethnocentisme ou de retourner l'altérité, c'est-à-dire de mettre à nu ceux qui l'observent. Roland Barthes résume bien cela en écrivant à propos de « l'isolé » : « Il *est* seul, abandonné des anciennes classes et des nouvelles. Sa chute est d'autant plus grave qu'il vit aujourd'hui dans une société où la solitude elle-même, en soi, est considérée comme une faute. Nous acceptons (c'est là notre coup de maître) les particularismes, mais non les singularités ; les types, mais non les individus. Nous créons (ruse géniale) des chœurs de particuliers, dotés d'une voix revendicatrice, criarde et inoffensive. Mais l'isolé absolu ? Celui qui n'est ni breton, ni corse, ni femme, ni homosexuel, ni fou, ni arabe, etc. ? Celui qui n'appartient même pas à une minorité ? La littérature est sa voix, qui, par un renversement "paradisiaque", reprend superbement toutes les voix du monde, et les mêle dans une sorte de chant qui ne peut être entendu que si l'on se porte, pour l'écouter, très au loin, en avant, par-delà les écoles, les avant-gardes, les journaux et les conversations [21]. »

L'ambition de ce livre est en définitive de naviguer entre deux espaces-temps : l'un, dominé par des forces historiques qui s'affrontent sans que les acteurs en soient bien conscients [22], et l'autre qui se structure autour d'expériences communes majoritairement vécues au for privé, selon des continuités plus longues, mais par là même rétives aux datations commodes et aux découpages sociaux reconnus. Elle est aussi et surtout d'apporter, par petites touches, à la manière d'un peintre impressionniste, des éléments de réponse à deux questions enfouies en nous-mêmes, dont l'une pourrait être tirée d'une lettre persane : comment devient-on, comment peut-on être Francétranger ?

I

Du migrant à l'immigré (1850-1880)

A quel moment la figure du travailleur immigré, venu en France pour y trouver un emploi, est-elle apparue ? Si l'on considère que l'immigré est une personne née étrangère à l'étranger et entrée en France en vue de s'y établir, son émergence daterait des années 1850-1880. Avant ce tournant et durant toute la première moitié du XIXe siècle, l'immigration s'inscrivait dans le prolongement des courants migratoires de l'Ancien Régime qui débouchaient rarement sur une installation définitive. Le phénomène concernait des éléments allogènes que les hasards de la vie, les opportunités du commerce ou les événements politiques faisaient se déplacer. Tels ces artistes et artisans d'art issus des villes italiennes, ces banquiers lombards ou florentins, ces marchands et armateurs hollandais, dont le savoir-faire et le sens aigu des affaires étaient prisés. Ou encore ces intellectuels, journalistes, publicistes qui se rencontraient, au milieu des années 1830, dans les salons mondains ou dans le monde bigarré des arts et des lettres : figures éclairées du cosmopolitisme. Sur les routes de France, le spectacle était assurément plus contrasté : il n'était pas rare d'y croiser la détresse humaine, gravée sur le visage des victimes du despotisme, des guerres ou des pogroms.

Le tournant des années 1850-1880

Une page décisive liée à l'industrialisation est tournée à partir des années 1850. Le changement est d'abord quantitatif. La vague des arrivées sur le territoire français s'enfle en effet de manière irrésistible, portant la population étrangère installée à 379 000 personnes au recensement de 1851, premier enregistrement exhaustif de la population ; un élan qui s'amplifiera jusqu'à la Première Guerre mondiale. Fait significatif, la croissance des effectifs suit désormais les cycles longs de l'activité économique, les accélérations correspondant aux années de forte industrialisation (1861-1866 ; 1876-1881) et les ralentissements aux années de dépression (1882-1895). Si la population étrangère respire ainsi au rythme du marché du travail, c'est en partie parce que l'industrie française peine à recruter sur place de la main-d'œuvre. Non que les campagnes en soient dépourvues, qui recèlent et recèleront encore pour longtemps d'importantes ressources humaines. Mais la soif de terre que la Révolution française a fait naître, l'attachement des masses paysannes à la pluriactivité et l'aversion générale pour le travail à l'usine ne cessent de défier la demande industrielle. Les industriels lyonnais en sont, par exemple, réduits à faire venir du Dauphiné, du Bugey et de la Savoie [1] des jeunes filles provinciales immigrées, par des filières catholiques de recrutement, pour obtenir de parents crédules et mal informés une chair fraîche qui se consumera dans le travail en atelier [2]. Par ailleurs, les besoins en main-d'œuvre de l'industrie lourde se surajoutent désormais à ceux qu'entraîne la mise en application du vaste programme de travaux publics lancé, à la fin des années 1870, par Charles de Freycinet (constructions de canaux, de voies ferrées et équipements portuaires). Industriels et pouvoirs publics s'en émeuvent dans la mesure où la France, pays le plus peuplé d'Europe jusqu'en 1800, s'enfonce dans une dépression démographique qui pèse désormais sur le volume de sa population active.

La tendance est également au déclin des spécialistes et au recul des qualifications ouvrières parmi les étrangers. Entrepreneurs ou ouvriers mécaniciens, les « spécialistes » avaient été, dès les années 1800, les fers de lance d'une industrialisation débutante brassant capitaux et savoir-faire. Ils avaient essaimé des techniques apprises en Angleterre, introduit, à l'image de John Holker et son fils ou du filateur Rawle, des machines et appliqué, comme en Normandie, de nouveaux procédés de fabrication industrielle [3]. Des dynasties d'industriels du textile en étaient issues, comme dans le département de l'Aisne, fief de William Waddington, manufacturier à Saint-Rémy-sur-Avre, dont le père avait obtenu en 1816 sa naturalisation pour services rendus à l'industrie française. William fut sénateur de l'Aisne de 1871 à 1876 et plusieurs fois ministre dans les débuts de la Troisième République. Son frère, Richard, l'un des pères de la loi de 1874 sur le travail des enfants et des filles mineures dans l'industrie, fut député, sénateur et président de la Chambre de commerce. Tous les deux n'eurent, à vrai dire, aucun mal à se parer des vertus de la notabilité ou à se fondre dans les milieux républicains proches du pouvoir. Reste qu'en cette fin de siècle le renouvellement de ces honorables étrangers ou Français d'ascendance étrangère s'essouffle. Leur intégration dans la société républicaine marque la fin d'une immigration caractérisée, durant toute la première moitié du XIXᵉ siècle, par l'esprit d'entreprise, les capitaux, les transferts de technologie et la spécialisation technique, qui poussaient à la création d'entreprises, voire de centres industriels, tout en favorisant l'éclosion de commerces.

En revanche, le groupe des ouvriers non qualifiés ne cesse de progresser. Non qu'il s'agisse d'une catégorie récente ! Des secteurs aussi insatiables que les houillères, le bâtiment, la métallurgie ou le textile convoitaient déjà de tels ouvriers dans les années 1840, préférant les Italiens ou les Belges aux Français, réputés moins malléables [4]. Le patronat de Meurthe-et-Moselle s'était même tourné, dès les années 1860, vers la main-d'œuvre italienne pour compenser le déficit local de main-d'œuvre et contenir les « prétentions » des ouvriers français. Une ville comme Homécourt était connue pour abriter une agglomération de 5 000 ouvriers italiens, émigrants temporaires pour la plupart sans leur famille. Mais de circonscrit qu'il était, le phénomène prend désormais, avec la deuxième révolution industrielle, une ampleur nouvelle qui favorise la formation de nouvelles vagues de migrants à partir de contrées plus lointaines : la Pologne et l'Afrique du Nord. C'est ainsi que les houillères du Nord s'ouvrent aux Polonais (20 000 en 1913) ; celles du Pas-de-Calais aux Kabyles, devenus chargeurs de bennes. De plus en plus interchangeables et corvéables, les immigrés, qui forment ainsi les nouveaux bataillons d'étrangers en France, ne sont plus en mesure d'opposer leur savoir-faire à la division du travail que leur impose la grande industrie. Souvent confinés dans les tâches pénibles, ils perdent cette indépendance d'esprit et cette effronterie dont les métiers itinérants étaient porteurs. Se dessine ainsi la figure contemporaine du « travailleur immigré », de l'homme-à-tout-faire, qui assure l'ascension sociale des Français de souche (ou des étrangers installés depuis longtemps) en occupant les emplois délaissés par le commun des travailleurs. Terre de passage pour de très nombreux migrants italiens, qui y ont pourtant laissé leur empreinte, la Lorraine du fer, étudiée par Gérard Noiriel, réservait les emplois les plus qualifiés aux Français, tandis que les tâches les plus pénibles et les plus dangereuses étaient confiées aux étrangers. Le commissaire spécial de Longwy n'affirmait-il pas que « les Français refusent de travailler dur ; les travaux au feu, à la poussière comme chargeur de haut fourneau, aux aciéries Thomas et Martin, ou à la cokerie [5] » sont pour les immigrés.

La plupart de ces travailleurs viennent des pays voisins, la migration [6] relevant pour l'essentiel, comme l'attestent les concentrations d'étrangers aux abords des frontières, d'une capillarité ancienne. Les Belges forment, durant tout le XIXe siècle, le premier groupe national, représentant, bon an mal an, 38 à 46 % de la population étrangère. Derrière eux, et en seconde position depuis le recensement de 1851, les Italiens qui accéderont au premier rang en 1901 et représenteront, à la veille de la Grande Guerre, 36 % du total des étrangers présents en France. Enfin, les Espagnols et les Suisses se disputent la troisième place. Jeune, de plus en plus familiale et principalement concentrée dans les zones frontalières, la région parisienne et le long des voies de communication, voilà brossée à grands traits la France étrangère des années 1870.

Mobilités et savoir-faire des migrants : les métiers itinérants

La disparition progressive des spécialistes et le déclin des qualifications ouvrières parmi les étrangers ne doivent pas occulter la vigueur et même la floraison des métiers itinérants, liés aux migrations. Il serait pourtant vain d'opposer la mobilité des étrangers à la sédentarité des nationaux. Car les migrations à l'intérieur de l'Hexagone revêtaient, au XIXe siècle, une ampleur comparable, en distance et en fréquence, aux mouvements frontaliers : il n'était guère de famille de France (étrangère ou non) dont un membre ne fût un migrant. Le monde rural était, en réalité, un monde très mouvant où les déplacements s'effectuaient principalement de village à village, les mobilités longues, notamment en direction de Paris, étant néanmoins beaucoup plus rares que les mobilités courtes liées à l'extraction du cocon familial, à la domesticité et à l'apprentissage [7]. Une grande partie de ces migrations se déroulait à l'intérieur de régions

rurales : « c'était, comme a pu l'écrire Eugen Weber, un circuit d'hommes et de femmes qui se rendaient dans des
zones arriérées où chacun préservait son intégrité. Et cela
d'autant plus que la plupart des troupes de migrants cam-
paient ensemble, amenant parfois les femmes pour faire la
cuisine, et ne montraient qu'un désir ou un besoin très
limités de partager les manières ou de parler la langue d'un
"pays" différent [8] ». Qu'ils fussent d'origine française ou
étrangère, ces migrants issus de l'exode rural ou spécialisés
dans un métier formaient des « communautés closes et
homogènes ». Ils avaient, notamment dans la capitale ou
Marseille, leurs quartiers qui confinaient aux « ghettos
régionaux » : les Auvergnats près de la rue de la Roquette
dans le onzième arrondissement, les Bretons près de la gare
Montparnasse, les Alsaciens près de la Villette au nord-est
de la ville, dans le dix-neuvième arrondissement.

Cette tendance au repli communautaire était encore plus
accentuée, s'agissant des groupes migrants qui appartenaient à un corps de métier particulier, régi par ses propres
règles. Tous les témoignages confirment que les maçons, les
tailleurs de pierre et les couvreurs de la Marche et de la
Creuse qui travaillaient à Paris restaient entre eux, allaient
travailler en groupe, revenaient dans leurs logements
ensemble, mangeaient la même soupe préparée par un
logeur, parlaient dans leur propre langue ou dialecte :
« étrangers en terre étrangère ». Il en allait de même des
maçons transalpins installés à Marseille ou à Paris ; des
« hommes du fer » venus en Lorraine depuis la Belgique, la
Pologne ou l'Italie. Des signes de changement sont toutefois apparus, à partir des années 1860, notamment dans
les métiers du bâtiment, avec la multiplication des lieux
d'embauche due aux transformations dans la capitale. Dès
ce moment, les maçons creusois prirent l'habitude de mon-
ter à Paris avec leur femme, signe avant-coureur d'une installation définitive dans la capitale.

Si l'on considère, avec Jeanne Gaillard [9], les migrations

des provinciaux vers Paris, on s'aperçoit que les plus favorisées d'entre elles conservaient des liens économiques très étroits avec la province, les métiers de province soutenant les commerçants installés dans la capitale. L'Yonne, le Midi et la Bourgogne ont ainsi respectivement fourni à la capitale des marchands de bois, de vin et de tissus, « les rapports d'origine » se transformant parfois en « rapports d'affaires et de politique ». En revanche, les migrations populaires, clairement rejetées par les métiers spécialisés de la mode, de « l'article de Paris » et par les métiers d'art, avaient toutes les peines du monde à conserver des attaches provinciales ; elles se trouvaient reléguées, malgré elles, au bas de l'échelle sociale, dans les quartiers les plus excentriques de la capitale. En vertu d'un enchaînement largement atemporel, dont l'énergie se nourrit des résistances et de l'inertie des natifs ou des déjà installés en milieu urbain, les différences d'origine étaient transmuées en disparités sociales et professionnelles. Seul un quartier, en dépit du renouvellement incessant de sa population mais grâce à l'existence d'un trait d'union entre générations, présentait une cohérence sociale tout en se « parisianisant » : le Sentier. Dans la rue du Sentier elle-même, les pères étaient, au début des années 1860, provinciaux, qu'il s'agisse des négociants, fabricants ou même employés ; tandis que les fils étaient déjà parisiens (nés à Paris) et le resteront. Les négociants de cette deuxième génération se détourneront d'ailleurs ostensiblement de la province, préférant prospecter à l'étranger ou même suivre ces travailleurs juifs venus de l'Europe centrale, qui « n'empruntaient » le Sentier qu'à seule fin de s'installer dans... la 7e avenue de New York [10].

Dans cette France qui butine, les travailleurs itinérants d'origine étrangère ne détonnent guère. S'ils n'appartiennent pas un corps de métier particulier, la polyvalence et la pluriactivité guident leur chemin. Ils sont alors ces oiseaux de passage qui vont et viennent au rythme des saisons, offrant leurs services à une clientèle capricieuse, habiles à susciter ces besoins qui font leur métier d'un jour ou d'une saison. Ceux-là sont, au sens du droit féodal, « sans aveu », n'ayant de comptes à rendre à personne, sûrs de retrouver leurs racines natales toutes proches ou bien prêts, si les ennuis s'amoncellent, à franchir le grand océan pour les Amériques. Leur accoutrement souvent misérable et leur dialecte natal retiennent moins l'attention des Français – encore nombreux dans les campagnes à bouder ou à rejeter le français – que leur utilité immédiate. Se rendre utile et même indispensable aux populations locales est, en effet, plus qu'une nécessité pour un migrant : une condition de survie. Mais de quelle manière ? En offrant ses services dans les durs travaux des champs qui ne vous attachent à la terre que l'espace d'une saison ou d'une cueillette. En se spécialisant dans la fourniture de menus services à l'attention des gens des villes ; mais aussi en faisant voyager, par la magie du rêve, de la musique et des spectacles ambulants, ces gens d'ici que l'on sait — pour avoir laissé derrière soi ceux qui jamais ne partiront – rivés à leurs terres et à leurs traditions. De là toute une palette de métiers itinérants et saisonniers, non spécifiques aux étrangers, qui réclament une disponibilité de tous les instants, une conscience aiguë du « vide à combler », de ce qui fait ou fera défaut, du savoir-dire et savoir-faire à bon escient : maçons, savetiers, rémouleurs, tourneurs, ferblantiers, vitriers, ramoneurs, marchands de glaces l'été, de marrons l'hiver, ramasseurs d'escargots ou de champignons, vendeurs de statues, pourvoyeurs de potions et d'élixirs aux vertus miraculeuses, ouvriers agricoles saisonniers, cardeurs de chanvre, artistes ou comédiens ambulants, joueurs ou musiciens, prédicateurs itinérants, etc. Impossible d'en dresser la liste complète ! D'autant qu'un même migrant pouvait exercer plusieurs métiers dans l'année, être artisan et artiste, artiste et petit commerçant, ouvrier et artiste. La pluriactivité des migrants d'origine étrangère était une nécessité imposée par la discontinuité des tâches et l'extrême modicité des revenus. Erratique, versatile et donc difficilement modulable, elle était néanmoins différente de celle que les paysans français connaissaient au même moment à travers le travail à domicile ou certaines activités artisanales. Ces derniers ne faisaient-ils pas passer, du moins jusqu'à la grande dépression économique des années 1880, le travail de la terre avant toute autre forme d'activité ?

En dépit de leur caractère nettement endogène et comme isolé du milieu urbain, les migrations favorisaient la circulation des savoir-faire et des informations. Elles importaient dans les campagnes la culture de ces lieux du changement qu'étaient les villes. Elles faisaient, d'une génération à l'autre, avancer l'alphabétisation : savoir lire, écrire et calculer donnait de précieux atouts à qui voulait partout se débrouiller. Les migrants comprirent très tôt, comme l'atteste le taux élevé de fréquentation scolaire dans une région comme la Creuse, tout le bénéfice qu'on pouvait tirer de l'instruction en ville. Les migrations soulageaient aussi les conditions de travail dans les régions de départ en raréfiant la main-d'œuvre disponible, ce qui ne manquait pas d'élever les salaires. Plus, en permettant la comparaison des conditions de travail et de rémunération d'un lieu à l'autre, elles nourrissaient des revendications de plus en plus légitimes : le travailleur qui revenait chez lui avait tôt fait d'apprendre à ses proches et à ses compagnons que les choses étaient ailleurs différentes et que des changements étaient par conséquent possibles. A leur manière, les migrations contribuaient, en trouvant de nombreux raccourcis, à ébaucher les voies d'une intégration nationale.

Une chose est sûre : les migrations, qu'elles fussent internes ou transnationales, l'emportaient toujours sur l'immigration, car l'espace économique, celui de l'industrialisation européenne, restait encore indifférent – mais pour combien de temps encore ? – à la construction du sentiment national qui ne cessait pourtant de marquer des points.

II

La fin des Français « étrangers »
et l'intégration nationale (1870-1914)

> *Da wo wir lieben, ist Vaterland.*
> « La patrie est là où nous aimons. »
>
> GOETHE.

Pourquoi avoir utilisé jusqu'à présent le terme « migrant » plutôt qu'« étranger » ? Dans son acception actuelle, ce dernier terme se définit *a contrario* par rapport au national : est étranger, sur le territoire français, celui qui ne possède pas la nationalité française. Mais cette définition avait-elle ce sens avant la construction d'un Etat moderne ou, pour reprendre l'expression de Pierre Legendre, d'un « Etat pour tous » ? Rien n'est moins sûr ! Dans cet Etat faiblement intégré qu'était la France avant 1870, les « Français » se sentaient et étaient, en réalité, étrangers les uns aux autres, comme séparés par des murailles infranchissables entre urbains et ruraux, entre villages, entre pays, entre province et capitale, entre bourgeois et ouvriers ou paysans... Ces murailles sont progressivement tombées, « quand des individus et des groupes passèrent eux-mêmes de l'indifférence à la participation, parce qu'ils sentaient qu'ils étaient impliqués dans la nation [1] » ; quand ils réalisèrent que les affaires nationales les affectaient directement et pouvaient avoir une influence sur la conduite de leur vie privée ; quand ils eurent le sentiment d'appartenir à une entité collective qui dépassait de très loin le cadre, devenu étriqué, de leur univers familier. Mais pour que cette « intégration nationale [2] » se cristallise, bien des conditions durent être réunies [3]. S'il convient de les présenter, c'est parce qu'elles ont entraîné la disparition progressive des « Français étrangers » et l'émergence réactive des « étrangers de France » : l'invention de l'étranger au sens moderne du terme serait ainsi fille de l'intégration nationale.

Aux pays des « Français étrangers »

Bien des signes laissent à penser que la France était, jusqu'aux années 1870, un Etat faiblement intégré, travaillé par des forces centrifuges que le pouvoir central s'efforçait vaille que vaille de contenir. Et d'abord ce fait essentiel que plus d'un quart de la population française, selon une enquête officielle de 1863, ne parlait pas le français [4]. Sur 24 des 89 départements que comptait la France, le français n'était pas parlé dans plus de la moitié des communes. Si l'on tient compte des départements proches des frontières, où le parler local n'avait rien à voir avec le français (le flamand à Dunkerque et Hazebrouck ; le celte en Bretagne occidentale ; les dialectes germaniques en Alsace et en Lorraine ; le basque ; le catalan et le corse), des endroits où les dialectes étaient particulièrement vivaces (le franco-provençal en Savoie et Dauphiné), des régions où le français ne pénétrait que très difficilement comme en Bretagne, des nombreux départements du Sud où la langue d'oc régnait quasiment sans partage, un constat troublant s'impose : le français était une langue étrangère pour un grand nombre de Français, vraisemblablement pour près de la moitié d'entre eux. Autant dire que ceux qui ne parlaient que le français pouvaient très bien se sentir à l'étranger en France, là où les dialectes refoulaient leur langue natale.

La multiplicité des dialectes, dont le pouvoir royal s'était d'ailleurs fort peu soucié, entretenait les particularismes locaux, de même qu'elle accentuait les clivages entre Paris et les provinces, entre le centre et la périphérie [5]. L'égalitarisme révolutionnaire, qui avait conduit la Constituante à découper le territoire français avec des « ciseaux de géomètres » (Taine), pour éviter la juxtaposition « de petits Etats sous forme républicaine » et imposer à tous les départements [6] « une législation et une administration communes [7] », n'était toujours pas venu à bout des traditions des anciennes provinces. Rayées de la carte par un simple article de loi, celles-ci « vivaient encore de leurs souvenirs, de leurs traditions, et pouvaient de nouveau former des états dans l'Etat » (Vivien) [8]. Des régions comme le Sud-Ouest, l'Ouest et le Centre formaient, au XIXe siècle, des poches récalcitrantes, honnissant « les barbares victorieux qui les traitaient comme des esclaves [9] ». Mythe ou réalité ? Le même ostracisme se rencontrait chez les Basques ou les Béarnais qui comparaient volontiers la situation du Midi à celle de l'Irlande exploitée par l'Angleterre [10]. Encore en 1888, l'irrédentisme enveloppait, à Dunkerque, la candidature politique d'Henri Blanckaert, adversaire malheureux... du général Boulanger : « Flamands nous sommes, la France n'est pas notre patrie. C'est une pompe aspirante qui tire à elle notre sueur depuis des siècles [11]. » C'est en se référant à la conquête française que les vignerons en colère de l'Aude, de l'Hérault et du Gard s'en prirent, aussi tard qu'en 1907, « aux barbares victorieux qui les traitaient comme des esclaves ». Quant aux Bretons, ne voulurent-ils pas s'émanciper en 1870 ? Que dire enfin des populations des territoires nouvellement annexés, sinon qu'elles regrettaient déjà, à l'image des Savoyards, d'avoir voté le rattachement à une France impériale piteusement défaite en 1870 ? A l'évidence, la France était loin d'être une et indivisible, et son excessive centralisation, depuis l'échec de la réaction girondine (août 1790-août 1792), apparaissait comme le prix obligé de l'unité nationale [12].

Elle était en fait une mosaïque : un ensemble de « pays » juxtaposés, essentiellement peuplés de paysans. Autant de « terres natales » ou de petites « patries » référées, non pas encore à un territoire « nationalisé » (et géométriquement représenté : l'Hexagone), mais à un langage, des mœurs, des légendes et des coutumes : le Français qui n'était pas d'ici était toujours un étranger qui venait « d'ailleurs ». De dimension variable (région, paroisse, village), le « pays » formait un tout complet se suffisant à lui-même, une entité familière dont on connaissait les moindres recoins, le relief, la flore, la faune, la toponymie, et surtout cet agencement intime des êtres et des choses. On naissait au pays, on y grandissait, on s'y mariait et on y mourait ; on était toujours du pays, l'eût-on quitté depuis longtemps. C'est lui qui bornait l'horizon ; c'est lui qui rassurait, quand tout paraissait inquiétant et hostile ; quand les routes étaient encore peu sûres, quand les forêts abritaient toujours des brigands. Les chansons, les proverbes et les légendes enseignaient aux « enfants du pays » la peur de l'inconnu : au-delà des limites du pays, c'est-à-dire généralement à plus de quinze kilomètres, un autre monde vibrait, à la fois étrange et étranger. S'il était si différent, c'est parce qu'on n'en connaissait ni les codes, ni les usages, non plus que les chemins qui le traversaient, sans parler du langage, cette frontière si proche. S'il était inquiétant, c'est aussi parce que le monde du paysan était compartimenté en fonction de ses activités et des courts mais innombrables déplacements que celui-ci effectuait jour après jour : du village au marché, de la ferme à la terre, de la terre à la ferme... Aller plus loin, hors des routes, des pistes et des sentes familières, c'était forcément s'égarer, perdre son temps et son âme. A ceux que la ligne d'horizon tentait, les proverbes ne disaient pas autre chose : « Les femmes et les poules se perdent quand elles vont trop loin » ; « Dans les terres étrangères, les petites vaches peuvent manger de grands bœufs. »

La peur de l'inconnu se doublait d'une méfiance instinctive à l'égard de tous ceux qui venaient de « l'extérieur ». Dans le Mâconnais, les épithètes abondaient pour désigner, de manière toujours péjorative, les nomades qui s'aventuraient dans le pays : « romanichels », « bohémiens », « sarrasins », « égyptiens » (d'où la rue d'Egypte à Mâcon), « polacres », « bougres », « broutchoux » et « magniens » (terme appliqué à la fois aux chaudronniers et aux montagnards d'Auvergne et du Bugey) ! Il n'était pas rare qu'un paysan lâche ses chiens sur l'intrus ou le chasse à coups de fourche. L'aversion pour les étrangers ne reflétait pas seulement la force des préjugés, elle exprimait la cohésion du groupe, gardien farouche des intérêts de la propriété familiale. Celui-ci n'était jamais aussi sourcilleux que lorsqu'un futur héritier s'apprêtait à convoler : qu'il épouse donc une fille proche de chez nous, une bonne fille dont on connaît la loyauté et la soumission ! Se marier au-dehors, c'était se condamner à vivre en étranger avec une étrangère : « Tout gendre et toute bru sont des gens d'autrui » ; « Ma fille est morte, adieu mon gendre. » Non exempte de rancœurs ravalées ou de conflits régulés, l'endogamie permettait de préserver l'unité du groupe dans un univers atomisé, où l'on vivait toujours seul au milieu des siens, dans un état de constante déréliction. Plus prosaïquement, on craignait que l'installation d'étrangers ne perturbe l'usage des terrains communaux et ne pèse sur le droit traditionnel de couper du bois. Fondée sur des intérêts souvent familiaux, la communauté villageoise ou plutôt paysanne s'opposait, de toute ses forces, à l'intégration individuelle des étrangers.

Si l'on se méfiait ainsi des étrangers de passage, sans nullement se préoccuper de savoir s'ils venaient « de l'intérieur » ou « de l'extérieur » (puisqu'ils venaient « d'ailleurs »), on avait en horreur les représentants installés de l'Etat et plus généralement de la loi. Huissiers, percepteurs, gendarmes et notaires : tous ces vautours venus souvent d'ailleurs fleuraient la confiscation, l'impôt, l'hypothèque ou la répression. Ne passaient-ils pas leur temps à vous taxer, à vous surveiller ou à vous escroquer ? Ne cherchaient-ils pas à vous enrôler de force pour mener des guerres aussi vaines que lointaines ? Et surtout à profiter de votre ignorance des lois et de la langue française (le français, « c'est la langue de l'impôt » ; la France, c'étaient « les agents de l'État ») pour vous rouler dans la farine ? Dans les petites villes de province qui ressemblaient bien souvent à des extensions de la campagne, où l'on se soulageait dans la rue au milieu des immondices et des animaux domestiques, les représentants de l'État faisaient figure d'intrus ridiculement endimanchés ou, selon d'autres témoins voyageurs, de coloniaux fraîchement débarqués en butte aux réactions hostiles des « indigènes » (le terme est utilisé dans de nombreux rapports officiels). Il faut dire à la décharge des sous-préfets et des préfets, ces représentants du pouvoir central et du ministère de l'Intérieur chargés de tisser des liens entre les régions périphériques et le centre, que pacifier ou « civiliser » n'avait rien d'une sinécure ! Il se commettait, selon les statistiques officielles, plus de crimes et de délits dans les campagnes que dans les villes. Compte tenu de la lente urbanisation, la criminalité rurale avait même tendance à augmenter (dans les années 1880, 50 % des criminels inculpés étaient des ruraux contre 40 % dans les années 1840) [13]. Le Second Empire s'en était ému, qui avait nommé des commissaires de police dans les régions rurales et augmenté le nombre des brigades de gendarmerie en milieu rural. Que signifiaient donc tous ces crimes et délits, toute cette folle énergie employée à braconner ou à transgresser les dispositions du Code forestier (1827), sinon le refus de la « civilisation [14] » ou la volonté de vivre « seul au milieu des siens », dans l'obscurantisme et la sauvagerie ? Voilà bien qui résume la distance culturelle que l'observateur de la ville ressentait, de manière hautaine, vis-à-vis du paysan : l'opinion qu'il avait de cet « ahuri » mal à l'aise en ville était l'image en retour de la méfiance que ce dernier avait de l'arrogant représentant de l'ordre, du savoir et de la loi. Reste que la grande ville prenait toujours sa revanche sur qui s'avisait de tout quitter pour y échouer. La capitale sut notamment se montrer odieuse à l'égard des Bretons qui n'avaient qu'une connaissance très grossière du français : bonnes à tout faire rongées par ces moindres maux qu'étaient la servitude et la solitude, ou manœuvres, terrassiers, travailleurs à l'usine, tous étaient ces « parias », « ploucs [15] » et « Bécassine [16] » dont tout Paris se daubait.

Cette impression d'irréductible altérité se rencontrait dans bien d'autres lieux que les campagnes : là où les codes et les usages spécifiques des différentes catégories de population s'exprimaient en vase clos sans interaction possible. Que pouvaient avoir en commun un bourgeois, attaché au bourg qui ne « faisait rien », et un paysan retranché dans sa ferme qui passait le plus clair de son temps à travailler ? Comment un rentier, qui ne vivait que de loyers, de titres, d'obligations, de prêts ou de rentes foncières, pouvait-il concevoir l'existence d'un ouvrier qui travaillait près de quinze heures par jour dans une fabrique ? Michelet dit bien ce qui le séparait de ses camarades de classe au collège Charlemagne, sa manière à lui de se sentir *français* mais *étranger* aux autres : « Le pis, c'étaient les camarades. J'étais justement au milieu d'eux, comme un hibou en plein jour, tout effarouché. Ils me trouvaient ridicule, et je crois maintenant qu'ils avaient raison. J'attribuais alors leurs risées à ma mise, à ma pauvreté. Je commençai à m'apercevoir d'une chose : Que j'étais pauvre [17]. » Les distances sociales et culturelles étaient si grandes, les modes de vie si cloisonnés que l'opinion que l'on avait des autres classes sociales était empreinte de préjugés : on jugeait l'autre à l'aune de ses propres valeurs, sans réaliser que celles-ci n'étaient qu'exceptionnellement partagées. Les enquêtes sur la condition ouvrière, réalisées sous la monarchie de Juillet ou sous le Second Empire auprès des membres des manufacturiers, des chambres de commerce, des chambres des arts et manufactures, en témoignent à leur façon : l'imprévoyance des ouvriers y est vivement incriminée, parce que la bourgeoisie faisait de la prévoyance l'une de ses vertus cardinales.

Dans ces conditions, comment l'unité nationale s'est-elle réalisée ? Comment, pour reprendre l'interrogation fondamentale d'Eugen Weber, les « pays » que comportait la France se sont-ils transformés en « patrie commune » ? Comment les « Français étrangers » ont-ils troqué leur identité essentiellement paysanne [18] contre une identité nationale, eux qui « exagéraient considérablement leurs différences, alors qu'ils se montraient évasifs sur ce qui les unissait [19] » ? En bref, comment ont-il été assimilés au point de se sentir français ?

L'intégration nationale

En l'espace de trois à quatre décennies (1870-1900), une unité culturelle totalement inédite s'est réalisée sous l'égide d'un Etat moderne à la fois centralisé et déconcentré. Héritière tout à la fois d'une unité territoriale et d'une mosaïque de cultures hétérogènes, la Troisième République est parvenue, à la différence des régimes précédents mais dans le prolongement de la Révolution française [20], à unifier ces cultures. Tout s'est passé comme si la niche territoriale avait été colonisée par les républicains au nom du principe fédérateur et spirituel de la nation. Cette appropriation « par le haut [21] » s'est de fait traduite par une augmentation considérable du nombre des fonctionnaires dans les communes et départements français, par la diffusion d'une symbolique républicaine et par une acculturation négatrice des nombreux particularismes culturels et linguistiques. En déduire que l'assimilation [22] républicaine fut le résultat d'un faisceau de contraintes impulsées depuis Paris serait pour autant réducteur. En effet, bien des facteurs ont joué de manière indirecte, comme l'industrialisation, le décloisonnement routier et ferroviaire des « pays », les effets d'une instruction scolaire de plus en plus homogène, le brassage provoqué par le service militaire, l'accroissement général de la mobilité et des échanges. De plus, l'assimilation ne s'est pas faite sans au moins deux sérieuses contreparties qui ont permis aux minorités régionales d'adhérer sans trop d'états d'âme à l'Etat-nation. La première est évidemment la citoyenneté ou la participation à la décision démocratique reconnue aux hommes adultes par le droit de vote, qui s'est accompagnée de droits civils (réunion, association). La seconde est la transformation des rapports entre le centre et la périphérie : les lois du 10 août 1871 fixant le régime administratif des départements et du 5 avril 1884 sur les communes ont transféré des compétences étatiques vers les responsables élus des diverses collectivités territoriales. De là une complémentarité quelque peu paradoxale entre, d'un côté, un Etat centralisé et une haute fonction publique en voie de constitution et, de l'autre, des pouvoirs locaux forts et relativement autonomes quant à leurs capacités d'innovation en matière d'action publique [23].

Pour bien montrer que l'assimilation républicaine fut un processus pluridimensionnel, tout à la fois construit et induit, où les causes et les effets se rejoignaient dans une sorte de spirale, deux exemples seront évoqués : la route et le rail, d'une part, dont l'essor fulgurant n'a pas peu contribué à cimenter l'unité nationale, et l'éducation laïque, gratuite et obligatoire, d'autre part, dont la Troisième République devait tirer l'une de ses fiertés. Sur le premier point, tout était à revoir, car le tracé des rares grandes routes obéissait avant les années 1870 à des considérations purement stratégiques, destinées au déplacement des troupes ou à la perception des impôts. Il fallait surtout s'attaquer au décloisonnement des « pays » qui avaient organisé leur réseau de communications en fonction de considérations purement locales. Si, par exemple, les Pyrénées, la Bretagne, les Flandres et même le Massif central formaient des régions repliées sur elles-mêmes et donc hétérogènes dans l'ensemble français, c'est parce que le tracé des routes y reflétait de longue date la physionomie des échanges internes. Il fallait enfin réparer les très nombreuses petites routes permettant les échanges locaux et créer des réseaux ferrés et routiers secondaires. D'où l'importance cruciale du plan conçu par Charles de Freycinet (1879), dont les finalités essentiellement économiques (remettre sur pied l'économie chancelante de la République en y injectant des capitaux) n'étaient pas dépourvues de justifications idéologiques. L'ami de Gambetta rêvait, en effet, d'apporter, parallèlement à la construction d'écoles, l'idéologie du progrès et le message républicain dans les campagnes arriérées. La cohésion nationale devait sortir renforcée de la construction d'un réseau ferroviaire en étoile, de la mise en chantier de canaux et de routes destinés à souder entre elles les différentes parties du pays et de la construction de nouveaux ponts (jusqu'au milieu du XIXᵉ siècle, la Garonne resta sans pont entre Bordeaux et Toulouse, sur une longueur de 300 kilomètres). Son rêve est-il devenu réalité ?

De nombreux travaux historiques confirment, au-delà des objectifs très vite dépassés du plan Freycinet, la synergie qui s'est développée entre la route et le rail. C'est, en effet, le développement des voies ferrées (65 000 kilomètres de voies ferrées en 1910 *versus* 19 700 en 1879) qui permit d'améliorer et d'étendre le réseau routier, la quasi-totalité des matériaux de construction des routes étant transportée par voie ferrée. Les centres ferroviaires et les villes dotées d'une gare connurent très rapidement une situation florissante, alors que les villes qui en étaient dépourvues, fût-ce à quelques kilomètres du chemin de fer, subirent une véritable hémorragie de leur population. Symétriquement, la route servait le rail et tendait même à déterminer son tracé par rapport à lui, en aidant les gens à se rendre aux gares ou à atteindre ces centres ferroviaires qui devenaient *de facto* d'importants centres commerciaux. Plus généralement, route et rail accroissaient la mobilité physique et professionnelle des populations, attirées par la possibilité même de se déplacer et par les très nombreux emplois qui s'y rattachaient. Leur conjonction renforçait l'intégration nationale en créant de nouvelles opportunités, en facilitant la diffusion du courrier (40 lettres par habitant et par an en 1914 contre 9 en 1869), en rendant possible ce que l'autarcie culturelle et économique des campagnes rendait naguère impensable. Elle obligeait notamment les paysans à se familiariser avec le français, seule langue commune possible pour vendre, acheter et marchander. L'absence de route ou de voie ferrée signifiait à l'inverse l'ignorance des conditions générales du marché, le maintien dans des coutumes issues d'un autre âge et l'indifférence à la *res publica*.

Cette transformation du rapport au temps et à l'espace, si caractéristique du processus d'intégration nationale, se retrouve sous une forme analogue dans le domaine de l'éducation qui se voulait, comme l'illustre l'augmentation massive du budget de l'Instruction publique (de 53,6 millions de francs en 1878 à 133,6 en 1885), œuvre de civilisation et d'unité nationale. Avec toujours ces mêmes effets de cumul ou de masse qui finissaient par avoir raison des plus réfractaires à l'intégration nationale : c'est seulement quand la possibilité physique s'offrit aux populations de se déplacer et que celles-ci comprirent tout le parti qu'elles pouvaient tirer de ces déplacements que l'effet intégrateur des voies de communication opéra. De même, c'est seulement quand les populations comprirent l'utilité immédiate de l'enseignement diffusé par l'école (savoir lire et écrire en français, et connaître les quatre opérations) que celle-ci s'imposa comme une évidence. L'obligation scolaire votée en 1881 n'a fait, de ce point de vue, qu'entériner une évolution marquée par l'utilité croissante de l'école, comme instrument politique d'unification culturelle du côté des pouvoirs publics (Victor Duruy s'y était déjà employé), et comme moyen commode d'acquérir des connaissances utiles ou de changer de statut social du côté des populations. Ces deux finalités bien distinctes ne sont devenues compatibles et conciliables au tournant du siècle que lorsque l'école est parvenue, après plusieurs générations d'individus passés par son moule, à « produire » des adultes à qui la langue nationale était devenue familière (et à faire en sorte que les enseignants eux-mêmes maîtrisent le français).

Au-delà d'un nouveau rapport au temps et à l'espace, l'école républicaine proposait d'autres valeurs, des hiérarchies différentes, une morale laïque et universelle qui laissait clairement envisager la possibilité, comme avec la migration, de se soustraire à l'emprise du groupe familial ou social dont on était issu. Surtout, elle enseignait un rapport à la patrie qui transcendait le lien qui unissait l'enfant à son pays : « Vous apprendrez, pouvait-on lire dans *La Première année d'histoire française* de Lavisse, ce que vous devez à vos pères et pourquoi votre premier devoir est d'aimer par-dessus tout votre patrie – c'est-à-dire le pays de vos pères. » De la même manière, les lecteurs de l'ouvrage de Bruno [24], *Le Tour de France par deux enfants* (1877) (8 millions d'exemplaires vendus en 1900), découvraient, à travers l'itinéraire de deux garçons alsaciens ayant promis à leur défunt père qu'ils deviendraient français, que la « France est un jardin, les provinces sont ses fleurs ». Des fleurs qui parfois refusaient de s'ouvrir, comme dans cette auberge du sud de Valence où les gens ne parlaient pas français mais patois [25]. « Pourquoi donc tous les gens de ce pays-ci ne parlent-ils pas le français ? s'était enquis en toute ingénuité Julien. — C'est que tous n'ont pas pu aller à l'école, lui répondit son frère André. Mais, dans un certain nombre d'années il n'en sera plus ainsi, et par toute la France on saura parler la langue de la patrie. » Fort heureusement pour eux, les enfants de l'aubergiste eurent le bon goût de revenir de l'école, et la conversation put se dérouler en français, mettant fin à l'éprouvant isolement de Julien et d'André...

On aura compris que le processus d'intégration nationale fut la résultante d'une multitude de facteurs s'exerçant de manière synchrone. Ce fut la coïncidence de ces facteurs dans le temps qui les rendit particulièrement actifs ; ce fut leur convergence à un moment où leur maturation était achevée qui les rendit irrésistibles. Ce fut l'étonnante superposition des espaces politique, administratif et économique (rôle du protectionnisme dans la Grande Dépression), culturel et juridique (les lois nationales l'emportent désormais sur les usages locaux) qui fit sa force. La rapidité avec laquelle cette intégration nationale a progressé à partir des années 1870 ne doit pourtant pas masquer ses limites : l'assimilation républicaine s'est montrée regardante et même méfiante à l'égard des étrangers, nés hors du territoire français. Sans faire obstacle à leur intégration, elle s'est, en effet, accompagnée, comme dans la plupart des pays européens, de mesures destinées à les identifier, encadrer et surveiller. Il est vraisemblable que la mobilisation de moyens (juridiques, policiers, administratifs...) destinés à distinguer et même à différencier l'étranger du national servait la cause des républicains au pouvoir, confrontés aux oppositions de la droite conservatrice ou de l'extrême gauche, à des identités régionales encore très vivaces et à des institutions *a priori* hostiles, l'Eglise et l'armée. Si les républicains au pouvoir ont laissé, non sans ambiguïté, se développer un nationalisme très virulent, volontiers xénophobe, c'est sans doute parce que cette forme intégriste de la religion de la patrie remplissait une fonction anthropologique à usage interne et externe : point de nation, en somme, sans étrangers ! Faut-il voir, dans ce modèle destiné à fabriquer l'unité contre une *partie de soi-même* (l'autre faisant « malgré tout » partie de la Nation), l'une des conséquences de la violente déchirure qu'a représentée l'*émigration* pendant la Révolution française [26] ? Comme l'a finement analysé Marie-Madeleine Martin, les Jacobins ont confondu l'idée de patrie avec l'idée de Révolution, forgeant pour les besoins de leur politique extérieure (mais aussi intérieure) et contre les émigrés qui prenaient les armes contre la France une idéologie nationaliste. De leur côté, en concevant l'idée d'une royauté sans royaume, d'un roi sans Etat, d'un Etat sans nation [27], les émigrés ont fait des Jacobins les « pères de la patrie [28] » et contribué à donner au nationalisme français son étonnante plasticité (capable de se dilater ou de se rétracter aux frontières comme à l'intérieur de l'Hexagone) [29]. « Autrefois, être patriote, c'était respecter et défendre l'héritage de ses pères. Désormais, ce sera surtout détester l'étranger. Le sentiment de la patrie consistera plus à savoir *ce qu'on n'est pas* que *ce qu'on est*. C'est l'idée de nation qui l'emporte sur l'idée de patrie [30]. »

Identifier et officialiser le caractère hétérogène de l'étranger, c'était, en tout cas, souligner par contraste l'unité de la Nation et le prétendu caractère homogène des nombreux Français qui ressentaient encore fortement leur étrangeté culturelle. C'était assurer à ces derniers que leur place était d'emblée acquise dans la Nation, alors que les étrangers devaient, s'ils voulaient devenir français, prêter allégeance à celle-ci. C'était exorciser l'hétérogénéité culturelle des « pays » de la « grande nation » et précipiter [31] l'assimilation des « Français étrangers ».

Mais on peut soutenir, à l'inverse, que la très grande diversité des cultures régionales empêchait l'intégration nationale de se montrer sélective ou la rendait peu réceptive aux mises en garde des nationalistes et des natalistes qui craignaient que l'immigration ne vienne dénaturer l'identité française (on disait plus volontiers la civilisation, la race ou le génie français). Une forte sélection impliquant un

contrôle aux frontières eût notamment contrarié la recon-
quête des minorités « perdues » (les populations alsaciennes
et lorraines) ou l'intégration de celles qui, par leur culture
et leurs dialectes, mordaient sur des territoires étrangers.
Tant et si bien que le processus d'intégration nationale
donnait *in fine* des gages à tous les étrangers qui envisa-
geaient de rester en France.

III

Les troubles xénophobes de la fin du XIXe siècle

Que se passe-t-il, en cette fin de siècle, dans le Midi de la France et dans les départements frontaliers ? Les esprits s'enflamment et les rixes se multiplient entre ouvriers français et immigrés, au point d'entraîner mort d'hommes comme dans les salins du Gard, en août 1893. Faut-il voir dans ces troubles un effet pervers de « l'intégration nationale » qui vient d'être présentée ou la traduction sociale d'une exaspération des différences entre ressortissants français et étrangers dans un contexte européen d'affermissement des identités nationales ? Qu'ils soient intervenus alors que l'assimilation républicaine produisait ses effets laisse à penser que d'autres forces étaient à l'œuvre. Cette impression est du reste confirmée par leur évolution dans la durée : sur les 89 incidents relevés par Michelle Perrot [1] pour les années 1867-1893, 58 (plus de 70 %) ont eu lieu entre 1882 et 1889, c'est-à-dire en période de basse pression économique et de chômage élevé. La conjoncture économique semble donc éclairante pour comprendre les tensions qui se manifestaient alors sur le marché du travail, mais rend-elle compte à elle seule des violences commises ?

La dépression économique des années 1880

Voilà donc qu'une dépression économique (1882-1895) met fin à un ordre économique fondé, depuis le XVIe siècle, sur une complémentarité intime entre l'agriculture et des activités artisanales effectuées en général à domicile. Cette longue récession s'abat d'autant plus durement sur les campagnes qu'elle survient après plusieurs calamités naturelles (crise du phylloxéra, maladies des châtaignes et des mûriers) qui pesaient déjà fortement sur les revenus agricoles. Faute de tarifs protecteurs suffisamment élevés (ils seront très sensiblement relevés en 1892 et en 1910), la chute générale des prix agricoles qui l'accompagne provoque l'effondrement des revenus des paysans. Du coup, c'est le rapport ancien et étroit entre les activités agricoles et les activités artisanales, si caractéristique de la proto-industrie [2], qui se détériore : les paysans ne peuvent plus tirer du travail de la terre l'essentiel de leurs ressources. Or, ce manque à gagner ne peut plus être compensé par un sur-croît de travail à domicile, les donneurs d'ouvrage dans les campagnes étant amenés, devant le rétrécissement du mar-ché des produits ouvragés en ville, à raréfier leurs com-mandes. De là deux conséquences majeures qui sont une véritable aubaine pour un processus d'intégration natio-nale, avide de mobilité, de mutations et de nouvelles causes... nationales, comme la défense du marché intérieur. La première est le recul de l'artisanat au profit de l'industrie : le tissage à bras, si présent dans les campagnes, s'en retire inexorablement (naguère le nombre de métiers à bras passe ainsi de 62 000 en 1876 à 28 500 en 1886) ; de même, la bonneterie troyenne connaît un déclin sans précédent, tan-dis que reculent la soie lyonnaise et la ganterie grenobloise. De proche en proche, c'est toute la physionomie du tissu économique français qui se métamorphose : l'industrie, notamment la grande, se fixe durablement à l'est d'une ligne allant du Havre à Marseille, tandis que se précipite la désindustrialisation du Languedoc, du Sud-Ouest et de la Dordogne. Quant à la seconde conséquence, son caractère social ne fait aucun doute : la chute non compensée des revenus agricoles entraîne la prolétarisation d'un grand nombre de paysans-artisans qui se voient contraints de quitter leur terre pour aller s'embaucher dans un établissement industriel ou s'installer en ville, où ils se sentaient si mal à l'aise (l'exode rural s'accélère pour concerner quelque 19 000 individus par an : c'est la revanche des villes sur les campagnes). Ainsi, ces paysans, qui avaient l'habitude de vivre en autarcie, doivent ravaler leur répugnance pour le travail à l'usine ou à la mine, et accepter un état qui n'avait jamais eu leur faveur, celui de salarié.

Le processus d'intégration nationale n'est pas le seul à bénéficier de cette mobilité imposée par la conjoncture. L'industrie en profite pour s'affranchir de l'environnement artisano-rural qui entravait son essor. Pour faire face à la chute des prix industriels et à la baisse des commandes, les manufacturiers en viennent, d'une part, à investir dans l'achat de procédés et de machines plus performants et, d'autre part, à accroître la productivité du travail. C'est ainsi que de nouveaux procédés industriels font leur apparition, comme celui du Londonien Thomas Gilchrist qui facilite la transformation du minerai de fer en fonte, puis en acier brut et en produits semi-finis. Dès lors, le fer lorrain surnommé la « minette », qui ne pouvait en raison de sa forte teneur phosphoreuse être transformé en acier, devient attractif, et le pays lorrain se hérisse de hauts fourneaux où travailleront de nombreux immigrés italiens du « pays-haut », mais aussi des ouvriers venus du Massif central, de Franche-Comté ou de Champagne. A défaut de nouveaux procédés, la grande industrie réalise des gains de productivité en licenciant les effectifs considérés comme peu productifs ou versatiles : les femmes que le mariage et les grossesses peuvent éloigner du travail, les enfants dont le rendement est plus faible et les étrangers célibataires à l'humeur vagabonde. Elle qui manquait jusque-là de main-d'œuvre peut désormais s'offrir le luxe de sélectionner les éléments les plus stables de son personnel (c'est-à-dire les chargés de famille qui « ont un intérêt dans le pays »), d'autant que le chômage se répand massivement : 200 000 chômeurs, selon Jacques Néré [3], pour la seule région parisienne entre 1882 et 1886. Elle peut aussi imposer un « modèle usinier », régi par ses propres rythmes et par un quadrillage disciplinaire de l'espace réservé au travail collectif. La « crise » a ainsi permis de rendre viables des recettes qui étaient déjà connues, mais que les manufacturiers, confrontés à l'indépendance des ouvriers-paysans ou des ouvriers de métier, ne pouvaient mettre en œuvre. C'est par conséquent dans les années 1880 que s'esquissent et se confirment une nouvelle structuration du marché du travail, la stabilisation résignée des ouvriers (le livret ouvrier destiné à suivre les déplacements de l'ouvrier est supprimé en 1890), l'ancrage des ouvriers français et étrangers dans l'habitat usinier et la fermeture de l'espace usinier. De Wendel, qui recrutait 70 % de ses mineurs en Italie, reste malgré tout prudent, préférant essaimer les ouvriers le long de la Fensch et de l'Orne, dans les vieux villages agricoles, où le mineur ou le forgeron prennent, le soir venu ou pendant la grande journée après avoir travaillé la nuit, la bêche ou l'arrosoir, ces attributs de l'enracinement et de l'autoconsommation. Ses ouvriers rivés à la terre savent ainsi « comment tout se cultive, à quelle époque on peut semer le blé et quand le merle fait son nid » ; ils sont, pour reprendre ses propres termes, ses « chevreuils » que les populations autochtones peuvent regarder sans jalouser [4]. Leur enracinement et leur acceptation par la population du pays les protège, en période de mévente, comme en mars 1883 où 80 000 tonnes de fer restent invendues, contre un licenciement qui affecte en priorité les derniers arrivés : « Si on devait renvoyer [des ouvriers], ce serait des Italiens [considérés comme nomades] et on conserverait les gens du pays [5]. »

Les incidents xénophobes

Mais ailleurs qu'en est-il vraiment ? Les tensions s'avivent sur un marché du travail sursaturé de travailleurs non qualifiés où se côtoient ex-paysans devenus malgré eux prolétaires et travailleurs étrangers cantonnés dans les tâches peu qualifiées, chômeurs français et immigrés pourvus d'un travail, chômeurs français et étrangers, sans parler de ces nombreux chemineaux et marginaux en quête de menus travaux. Autant de catégories fluctuantes qui se retrouvent en situation d'âpre concurrence. Tenaillés par la menace du chômage, les « nationaux » se laissent plus facilement séduire que les autres par des explications simplistes et souvent déphasées qui « expliquent » à bon compte leur situation ; celle-ci ne paraît-elle pas valider tous ces préjugés xénophobes que la presse se complaît à grossir et dont le boulangisme a su momentanément faire son miel [6] ? Si l'on considère le registre du travail, sans doute le moins fantasmatique, l'idée la plus répandue est celle d'une acceptation passive par les travailleurs étrangers de salaires peu élevés et de conditions de travail, de logement et de nourriture inacceptables pour les Français. En réalité, les travailleurs étrangers, désormais identifiables à leur langue natale (par rapport au français que l'école républicaine diffuse fièrement), occupaient des emplois pénibles, salissants et dangereux dont les Français ne voulaient pas ; les enquêtes réalisées par l'Office du travail ou par les inspecteurs du travail révèlent, en outre, que les disparités de salaires, du moins entre travailleurs français et italiens, étaient plus mythiques que réelles. Il n'empêche ! Avec l'enracinement de la récession, ces données perdent de leur pertinence : d'une part, les scrupules des nationaux se font plus rares devant les tâches pénibles naguère délaissées ; d'autre part, les patrons en profitent pour comprimer les salaires, jouer de la concurrence entre ouvriers français et étrangers en modulant et en individualisant les salaires. D'où l'exacerbation des tensions sur le marché du travail : il faut désormais se battre pour décrocher un emploi dans les secteurs ordinairement abandonnés à la main-d'œuvre étrangère, et le conserver, quand les conditions de travail ne cessent de se dégrader. Rien d'étonnant, donc, si les préjugés qui somnolaient en phase de croissance économique sont ravivés par tous ceux qui désespèrent de trouver du travail ou d'occuper un emploi dans des conditions décentes. Leur évocation sonne d'autant plus « juste » que les malheurs de l'industrie, éprouvée par la restriction des débouchés extérieurs, sont de toutes parts imputés à l'étranger.

Le racisme anti-italien, étudié par Pierre Milza, s'inscrivait dans cette conjoncture, et les représentations qui l'animaient étaient contradictoires. Qu'y avait-il de commun entre ces Italiens « avides d'en découdre », dont la presse nationaliste – ainsi que certaines feuilles socialistes comme *La Bataille* et *Le Cri du peuple* – brossait l'effrayante caricature, et ces sobres Transalpins qui se méfiaient non sans raison des cafés ou des économats d'entreprise prompts à récupérer une partie des salaires versés ? Entre ces Italiens anarchistes ou révolutionnaires, et ces « Christo » napolitains pétris de superstition, qui s'en allaient décharger les navires de Marseille en claironnant à pleins poumons : « *Per Gesu e per la madonna !* » ? Entre ces travailleurs corvéables à merci et, disait-on, « briseurs de grève », et ces Italiens syndicalistes à l'avant-garde des luttes sociales ou encore ces sergents recruteurs qui se transformaient en contremaîtres autoritaires ? Rien assurément, si ce n'est l'expression d'une différence plurielle qui refusait d'être réduite à une seule « tare rédhibitoire ». La difficulté à saisir cette différence dans le but illusoire de s'en protéger explique en partie le choix des épithètes pour stigmatiser l'étranger et tout particulièrement l'Italien « manieur de couteau ». Les expressions « Kroumir [7] », « Bédouin [8] »,

« Zoulou [9] » relèvent toutes du registre de l'étrangeté absolue ou de la mise hors comparaison (si l'Italien est un Zoulou, c'est-à-dire un barbare primitif, il est impossible qu'il ressemble au Français civilisé que je suis). De la même manière, en identifiant le « mangeur de macaroni » à l'aliment ingurgité, le terme « macaroni » rend toute comparaison impossible, puisqu'il réifie le Transalpin qui n'est plus que la chose mangée dont l'organisme finira bien par se débarrasser [10].

Une telle insistance à mettre l'élément italien hors course n'est pas seulement révélatrice d'un complexe de supériorité ou du souci de conjurer la concurrence – réelle — que faisait peser sur certaines professions la présence d'une population transalpine concentrée dans les départements du littoral méditerranéen. Elle vise également à nier les ressemblances de situation et de comportement entre des groupes de nationalité différente, qui exerçaient la même profession, en étant soumis à des contraintes analogues. Car ces violences, dont on attribuait volontiers l'exclusivité aux immigrés italiens, existaient depuis longtemps à l'état endémique chez les terrassiers, mineurs, dockers, maçons et charpentiers français des départements du Midi, qui n'avaient pas attendu « l'invasion » italienne pour régler leurs comptes à coups de crochets ou de pioches. Qu'importe ! L'occasion était belle de faire enfin bloc contre « l'envahisseur » (le thème de l'invasion revient fréquemment dans la presse et la littérature de l'époque [11]) et de renforcer la cohésion du groupe que la dureté des temps menaçait de dislocation. Cautionnée par l'exacerbation du sentiment national, cette recomposition du groupe par externalisation des clivages illustre, de façon frappante, ce qui s'opérait à plus grande échelle en France et en Italie, ainsi que dans d'autres pays (par exemple, l'Allemagne) en quête d'intégration nationale. Elle reflète aussi les tensions entre les deux puissances riveraines de la Méditerranée, comme en témoignent d'autres appellations assimilant les

Italiens à l'ennemi héréditaire : « Prussien », « uhlan [12] » ou « Alboche [13] ». L'Italie n'avait-elle pas signé (1882) et renouvelé (1887) une alliance – dont la France avait de bonnes raisons de penser qu'elle était dirigée contre elle — avec les deux empires centraux, l'Autriche-Hongrie et l'Allemagne ? N'avait-on pas frisé la catastrophe en 1888 ? Pis, les relations entre les « deux sœurs latines » s'étaient franchement détériorées à partir de 1893, et l'Italie faisait, pour beaucoup de Français, figure d'ennemi potentiel ayant trahi la France.

Mais la xénophobie suivait aussi, avant même que se fixe le réseau d'alliances entre puissances européennes, les scansions d'une aventure coloniale qui ne cessait d'attiser les tensions entre puissances européennes. En témoignent les « Vêpres marseillaises » du mois de juin 1881. Ces journées d'émeute, ainsi baptisées par la presse transalpine, sont nées des sentiments supposés hostiles que les Marseillais prêtèrent aux Italiens accusés d'avoir sifflé les troupes coloniales françaises qui défilaient, la fleur au fusil, dans la cité phocéenne, alors qu'elles venaient d'imposer le protectorat à la Tunisie [14]. Durant quatre jours, des foules passionnées firent la chasse aux présumés siffleurs (l'enquête menée pour « outrage à l'armée » ne put établir le lieu d'émission exact des sifflets) qui s'en étaient pris aux « glorieux vainqueurs des kroumirs ». Trois morts et 21 blessés, dont 15 ouvriers italiens, tel est le bilan des Vêpres, qui, sans l'intervention tardive mais énergique de l'armée, aurait sans doute été beaucoup plus lourd.

L'événement est-il isolé ? Les archives policières font état de nombreuses frictions et même d'affrontements violents entre ouvriers français et ouvriers étrangers, surtout quand ces derniers sont, au grand dam de la classe politique, regroupés par nationalités dans des départements frontaliers ou étranglés par le chômage. Les troubles concernent avant tout les ouvriers belges et italiens qui appartiennent aux deux groupes les plus importants (323 000 Belges et

330 000 Italiens en 1901). Dans le Nord, ce sont les attaques contre les premiers, « travailleurs au rabais », « briseurs de grèves » qui sont les plus fréquentes. Pendant l'été 1892, les localités minières de Lens et de Liévin sont la proie d'émeutes xénophobes, qui provoquent le retour précipité dans leur pays natal d'un millier d'ouvriers belges. Mais les flambées de violence n'épargnent pas, loin s'en faut, la colonie italienne : en mars 1896, à la suite d'un règlement de comptes ayant provoqué la mort par coups de couteau d'un Français, des ouvriers français, luxembourgeois et alsaciens habitant Jœuf se ruent à l'assaut d'une maison occupée par des immigrés transalpins, blessant plusieurs d'entre eux, avant l'intervention de la troupe que le préfet a fait venir d'urgence. Le Midi n'est pas en reste qui voit se multiplier les disputes dans les cafés, les bals et guinguettes, pouvant à tout moment dégénérer en coups, blessures et humiliations de toutes sortes, alors que des minorités très violentes présentes dans les deux camps se font gloire de souffler sur les braises. Si ces troubles évoquent par certains côtés les affrontements entre nomades et sédentaires français de la première industrialisation, l'exacerbation du sentiment national les classe incontestablement parmi les comportements xénophobes en leur procurant tout à la fois un prétexte, une cible et une caution.

La fusillade d'Aigues-Mortes

Le paroxysme est atteint au mois d'août 1893 à Aigues-Mortes, bourg rural du Gard, qui pratique notamment la récolte et le commerce du sel. La Compagnie des salins du Midi qui exploite, à quelques kilomètres de la cité, les salines fait appel, quand vient l'époque du levage, à des tâcherons encadrés par des « chefs de coles [15] ». Si ces derniers, chargés du gîte et du couvert, assurent la distribution des salaires, la Compagnie en fixe le montant calculé au forfait ; ses difficultés financières l'incitent à comprimer le coût de la main-d'œuvre, en jouant sur la concurrence entre Français et immigrés, ce qui ne peut que tendre les rapports entre les travailleurs des deux nationalités. Mais qui aurait prédit, en ce chaud mois d'août, que l'irréparable allait se produire ? Des escarmouches avaient eu lieu dans la matinée du 16 août 1893, mais ce n'étaient là que faits mineurs illustrant, une fois de plus, le climat d'irritabilité qui régnait sur les salines. Or, voici que le drame se noue après le déjeuner, au moment où les corps inclinent à la sieste. Selon les rapports de la gendarmerie consultés par Pierre Milza, une cinquantaine d'ouvriers italiens (les sources italiennes contestent cette supériorité numérique) se jettent à bras raccourcis sur une vingtaine d'ouvriers français stationnés au salin de la Fangouse. Ces derniers parviennent néanmoins à se réfugier à Aigues-Mortes avec cinq blessés légers portant des traces de coups infligés par des instruments contondants. La rumeur aux accents français n'en demande pas plus pour partir à la recherche de tous ceux qui sauront lui offrir l'ivresse de la vengeance : vagabonds, traîne-savates, victimes ou non de la concurrence italienne, vauriens et autres rustres, tous prêts à en découdre. Bientôt, c'est au cri de « Mort aux Christos ! » qu'une foule disparate, armée de fourches et de manches de pioches, se répand dans les rues pour y traquer les quelque cinquante immigrés transalpins qui s'y trouvent. Ces derniers se réfugient *in extremis* dans une boulangerie de la place Saint-Louis et dans la prison municipale, aussitôt gardées par des gendarmes et quelques douaniers.

Loin de calmer les esprits, la nuit tombe sur une foule en délire qui noie sa frustration dans l'alcool, guettant le moindre relâchement des forces de l'ordre pour prendre d'assaut la boulangerie. Les autorités s'inquiètent ; venus en toute hâte de Nîmes avec une trentaine de gendarmes à cheval, le procureur de la République et le juge d'instruction font appel à toutes les brigades de gendarmerie de la région, bientôt rejointes par des renforts d'infanterie et de cavalerie envoyés par les autorités militaires du chef-lieu. Mais est-ce bien suffisant pour « comprimer une émeute et contenir une foule excitée et avinée » ?

Alors que le calme semblait au matin s'installer, un nouvel embrasement se déclare, quand l'ordre est donné de faire évacuer sous bonne escorte les Italiens de la place Saint-Louis. Voici qu'ils sont maintenant conduits — avec beaucoup de sang froid — à la gare, sous les vociférations d'une foule en furie qui arrose les convois de projectiles, tentant en vain, drapeau rouge en tête et au son de *La Marseillaise*, de les intercepter avant leur départ. Arrivé sur place dans la matinée du 17, le préfet du Gard n'est pas loin de penser que le pire vient d'être évité. Et de donner aux émeutiers, dans un discours qui se veut apaisant, l'assurance que tout sera fait pour que les journaliers italiens employés par la Compagnie des salins soient remplacés par des Français. Mais cet arrangement est refusé par quelque trois cents émeutiers qui préfèrent en finir une fois pour toutes avec ces « maudits Christos ». La soif de vengeance les mène bientôt à la Fangouse où environ quatre-vingts Italiens, gardés par des gendarmes, se sont retranchés dans leur baraquement. Celui-ci est immédiatement pris d'assaut par les Français qui brisent les fenêtres à coups de gourdins, démolissent le toit et tentent de lapider les Transalpins. Les gendarmes parviennent péniblement à rassembler ces derniers et à leur faire prendre la route d'Aigues-Mortes, suivis à distance par des assaillants qui semblent se calmer.

Cependant, le cortège est bientôt pris en tenaille, à moins de mille cinq cents mètres de la cité, à la fois par une autre colonne de cinq à six cents hommes armés de matraques et de fusils, et par les assaillants qui l'ont suivie. La « collision » — pour reprendre le terme utilisé par la presse de l'époque — est alors inévitable. Le procureur général de Nîmes la retrace dans les moindres détails dans un rapport daté du 22 août : « Au moment où le capitaine croyait pouvoir mettre en sûreté à Aigues-Mortes ceux qu'il protégeait, la population de la ville, échauffée par le vin et la colère, se porta à sa rencontre et attaqua les Italiens par-devant, tandis que la bande qui les suivait les frappait par-derrière. Malgré les pierres qui pleuvaient, ce lamentable convoi peut enfin pénétrer dans la ville, mais à ce moment les actes de sauvagerie redoublent. A chaque instant des Italiens tombent sans défense sur le sol, des forcenés les frappent à coups de bâtons et les laissent sanglants et inanimés. Toutes les portes se ferment devant eux. Pour échapper aux coups, ces malheureux se couchent sur le sol les uns au-dessus des autres, les gendarmes leur font un rempart de leur corps, mais les pierres volent et le sang ruisselle. M. le Préfet eut enfin l'heureuse idée de les faire conduire à une tour de fortifications où ils trouvèrent enfin le salut. Six d'entre eux avaient été tués et une quarantaine avaient reçu des blessures [16] (...). » Deux autres Italiens, reconnus en pleine nuit sur la place Saint-Louis, sont pourchassés et mortellement frappés dans les rues, sous les yeux des forces de l'ordre impuissantes. Le soir du 17 août, alors que l'agitation retombe, des petits groupes armés se dispersent sournoisement dans les marais, à l'insu des forces de l'ordre, pour débusquer les Italiens qui s'y cachent. La chasse à l'homme se poursuivra jusqu'à la nuit du 18 au 19, faisant sans doute d'autres victimes, ensevelies dans la vase. Certes, la police procédera à de nombreuses arrestations, et sur les trente-neuf inculpations, trente-huit seront prononcées contre des Français qui... seront par la suite acquittés ; mais ce sont les Italiens, débauchés comme annoncé par la Compagnie des salins, qui paieront de leur exode le seul fait d'avoir été les victimes d'un rare acharnement.

L'année suivante resurgit le spectre d'Aigues-Mortes, lorsque l'opinion française apprend avec stupeur, le 24 juin 1894, que le président de la République, Sadi Carnot, vient d'être assassiné par un étranger (l'anarchiste italien Sante

Caserio). Aussitôt connue la nationalité de l'assassin, des représailles dirigées contre des ressortissants italiens ont lieu dans plusieurs villes de France ; mais c'est à Lyon, sur les lieux mêmes de l'attentat, que se noue le drame. Il s'y forme une foule de manifestants qui s'en prend bientôt à tous ceux qui paraissent ressembler de loin ou de près à des Italiens, pillant et incendiant sur son passage les cafés ou boutiques tenus par des Transalpins : « Pas une rue où ne s'élève un immense brasier où brûlent soit les marchandises des négociants, soit les ménages de pauvres diables bien innocents du crime commis [17]. » La troupe ne sera appelée par le préfet que le 26 au matin, et le calme reviendra le soir, sans qu'il y ait, chose incroyable, de victimes.

Xénophobie et antisémitisme

La coïncidence entre ces heurts xénophobes et l'antisémitisme qui se déchaîne à l'occasion de l'affaire Dreyfus [18] est évidemment trop frappante pour ne pas être évoquée. Mais quel sens revêt-elle et comment comparer la xénophobie à l'égard des immigrés italiens (premières victimes) avec l'antisémitisme qui a surtout frappé des citoyens français ? Une chose est sûre : les violences physiques à l'égard des Juifs français et étrangers n'ont pas revêtu la même intensité qu'à l'égard des ouvriers étrangers, victimes en maintes occasions de meurtres [19]. Si des foules d'épargnants ruinés par le krach de l'Union générale [20] (1882) ont massivement défilé au cri de « Mort aux Juifs ! », brisant ici et là des vitrines ou s'en prenant aux symboles de la réussite économique de certaines familles juives, les armes se sont tues ou n'ont guère quitté leur fourreau. Cette retenue relative tient d'abord à l'enracinement des Juifs dans la société française, depuis leur émancipation [21] par la Révolution française qui leur conféra tous les droits attachés à la citoyenneté [22]. Elle est aussi liée à leur position socio-économique qui les mettait à l'abri des règlements de comptes individuels, sans pour autant leur épargner la vindicte des catégories socio-professionnelles les plus proches. Car ces artisans, commer-çants, professions libérales, enseignants (et étudiants) qui leur vouaient une haine tenace préféraient se tourner vers les ligues antiparlementaires dont toute l'action frondeuse était dirigée *contre* un Etat-nation républicain en rupture de ban avec l'Eglise catholique. Une telle attitude reflétait un nationalisme ambivalent qui, dans sa composante anti-sémite (flattée par la tradition catholique [23]), s'en prenait à l'Etat-nation laïc auquel les Juifs de France avaient fait allé-geance depuis la Révolution française. Et qui, dans sa com-posante xénophobe (la plus ambiguë des deux puisqu'elle était cautionnée par le processus d'intégration nationale), s'inscrivait contre tout ce qui paraissait étranger à l'Etat-nation. Sans doute faut-il y voir aussi, au moment où les terroirs reculaient devant une Nation encore fébrile, l'af-frontement entre deux légitimités distinctes : « Celle de l'Etat national, laïque et jacobin, ouvert à tous ses citoyens, et celle d'une francité vécue sur le mode de l'enracinement dans les terroirs, dans un ressourcement organiciste, pro-ducteur d'une virilité négatrice de la décadence humaniste, cosmopolite et efféminée [24]. » L'affaire Dreyfus n'a pas remis en cause cette ambivalence ou cette dualité, symbolique-ment exprimée par les deux slogans « Mort aux Chris-tos ! » (adhésion par déconfessionnalisation à la laïcité, attribut phare de l'Etat-nation républicain) et « Mort aux Juifs ! » (rejet d'un Etat républicain accusé d'avoir favorisé l'ascension sociale des Juifs et de les protéger en dépit de la laïcité). Sans doute a-t-elle conforté les Juifs français dans leur attachement à leur neutralité politique, le dénouement heureux du procès – quoique bien tardif – « justifiant à leurs yeux le refus de s'engager et leur confiance en ces mêmes institutions politiques [25] ». Mais elle a fragilisé le lien d'allégeance / protection qui unissait les Juifs de France à l'Etat-nation, en vouant leur statut de citoyen à une « précarité toujours imaginable [26] ».

A la recherche d'une régulation [27] étatique

Les troubles xénophobes faisaient craindre le pire. Ils révélaient en creux les ambiguïtés mais aussi les limites d'une intégration nationale qui faisait courir le risque de reproduire, sur le sol national, les frontières qui se dessinaient dans une Europe emportée par la fièvre coloniale et le jeu imprévisible des alliances diplomatiques. Il suffit pour s'en convaincre de considérer les réactions très vives que les événements d'Aigues-Mortes ont provoquées dans toute la péninsule italienne. A Rome, la journée du 19 août 1893 est marquée par une manifestation de plusieurs milliers de personnes convergeant vers l'ambassade de France. Seule l'intervention de la troupe, venue au secours d'un service d'ordre débordé, permet tant bien que mal de rétablir l'ordre. Mais le lendemain soir, une foule encore plus nombreuse enfonce le cordon de troupe qui protège l'ambassade, et tente de mettre le feu à celle-ci. Dans le reste de l'Italie, l'onde de choc est tout aussi forte : les manifestations et les meetings se multiplient, tandis que des magasins tenus par des Français à Messine, Turin et Naples sont saccagés. Ces troubles sont relayés par une campagne de presse déchaînée, qui va jusqu'à évoquer l'éventualité d'une guerre contre la France.

La crainte d'un conflit dont les effets meurtriers seraient amplifiés par le jeu des alliances européennes (la France et l'Italie appartiennent à deux systèmes d'alliance opposés) portait cependant les pouvoirs publics des deux pays à la prudence et à la conciliation. En France, le gouvernement Dupuy prend, en 1893, deux mesures symboliques : le maire d'Aigues-Mortes est suspendu de ses fonctions, et les principaux responsables de la tuerie sont traduits devant la justice ; en Italie, le gouvernement Giolitti relève de leurs fonctions le préfet et le questeur de Rome qui n'ont pas su prendre à temps les mesures qui s'imposaient dès l'annonce du massacre. Cette manière ponctuelle et symétrique de gérer la crise n'est pourtant guère satisfaisante, car elle ne peut éviter que d'autres incidents se reproduisent en France et dans les principaux pays d'émigration. Les républicains opportunistes en sont parfaitement conscients qui envisagent de prévenir, dans un cadre résolument national (celui de l'intégration nationale), les tensions entre nationaux et étrangers. La prévention de ces tensions, qui va prendre, avec la loi du 8 août 1893 [28], la forme d'une protection de la main-d'œuvre nationale contre la concurrence de la main-d'œuvre étrangère, devient ainsi un enjeu de politique intérieure [29]. Signe d'une certaine crispation sur cette question, pas moins de trente-six propositions de lois sur la main-d'œuvre étrangère seront déposées sur le bureau de la Chambre des députés de 1883 à 1915, visant à organiser cette protection ou, après 1893 et 1899 (décrets Millerand), à la compléter.

Chose curieuse, cette gestion inédite des tensions, motivée par le constat d'une concurrence exercée par la main-d'œuvre étrangère sur le marché du travail, aura très peu « profité », avant la Première Guerre mondiale, aux ouvriers français que les républicains cherchaient pourtant à assagir et intégrer [30]. Comme si le seul groupe social à bénéficier alors d'une protection légale des travailleurs, dont la protection de la main-d'œuvre nationale est une perversion, avait servi d'alibi à des mesures dont auraient surtout profité les classes sociales les plus éduquées. La reprise de l'activité économique à partir de 1895 devait suspendre, en effet, l'application des dispositions de la loi de 1893 que les inspecteurs du travail se refusaient d'ailleurs à surveiller et pour laquelle aucun dispositif particulier n'avait été mis en place. C'est avant tout la fonction publique en plein essor qui en tira le plus grand parti, puisque l'accès à de nombreux concours administratifs était réservé aux citoyens français ; restriction de taille qui n'est pas sans conforter l'idée d'une « nationalisation » républicaine de la société opérée avec l'aide de l'Etat. En revanche, il semble bien qu'un certain consensus – y compris parmi les ouvriers – se soit dessiné autour des recettes protectionnistes proposées par les républicains en butte à l'agitation nationaliste. Des syndicats professionnels, implantés dans les zones minières du Nord, n'ont pas hésité à réviser leurs statuts pour interdire l'adhésion des étrangers et réserver l'emploi aux nationaux [31]. De son côté, le mouvement socialiste français ne jugea pas utile de désavouer un « protectionnisme ouvrier » dont l'effectivité était, il est vrai, très limitée, mais qui n'en était pas moins cautionné par un protectionnisme économique répandu dans la plupart des pays industrialisés de l'Europe occidentale [32]. Il cultiva plutôt, à l'instar de Jules Guesde, une certaine ambiguïté en s'abstenant de se prononcer sur la question des étrangers dans le monde syndical et socialiste, qui recevait dans le même temps une réponse juridique allant dans le double sens de l'exclusion et d'un déclassement. C'est ainsi que les lois de 1884 sur les syndicats professionnels (condamnée par le mouvement syndical, puis présentée comme une grande conquête ouvrière [33]), de 1890 sur les délégués à la sécurité minière, de 1892 sur la conciliation et l'arbitrage en matière de différend collectif excluaient les étrangers du droit d'être syndiqués ou élus dirigeants syndicaux, représentants des salariés ou arbitres.

Existait-il une alternative à cette « tyrannie du national » [34] ? Il est permis d'en douter, tant l'essor du processus — pluridimensionnel — d'intégration nationale était irrésistible, aussi bien en France que dans d'autres pays européens n'ayant pas hérité d'une réelle unité territoriale (Italie, Allemagne). Toute tentative pour secouer cette tyrannie paraissait vouée à l'échec. Elle était aussi suspecte sinon de transgression, du moins de subversion. Ce qui n'empêchait nullement les vocations de se manifester...

parmi les immigrés et surtout parmi les premières victimes des troubles xénophobes dans la France de la fin du XIXᵉ siècle, les Transalpins. Ce furent, à coup sûr, les plus décidés d'entre eux qui s'impliquèrent dans l'anarchisme [35] ou le nihilisme, dans un socialisme sans frontière ou dans un syndicalisme révolutionnaire et libertaire ne souffrant plus aucune autorité. Trois formes d'engagement politique qui supportaient mal que les nations pussent disposer à leur guise des êtres humains ou même qu'il pût y avoir des frontières entre travailleurs (définis par leur état ou leur condition) et entre Etats.

IV

La régulation républicaine jusqu'en 1914

La consolidation de l'Etat-nation en France avait transformé les migrants en « immigrés », faisant surgir, entre nationaux et étrangers, des frontières qui n'avaient jusque-là qu'une faible consistance juridique ou institutionnelle : celles, entre autres, de la nationalité et de l'emploi. La gestion de ces frontières s'inscrivit dorénavant au nombre des préoccupations des républicains au pouvoir : quels droits, quelles libertés, quels degrés d'autonomie et de protection sociale accorder aux étrangers par rapport aux nationaux ? comment faire en sorte que les travailleurs nationaux vivent en intelligence avec leurs homologues étrangers sans avoir à souffrir d'une éventuelle concurrence sur le marché du travail ? Ces questions reçurent, dès avant la Première Guerre mondiale, une amorce de réponse à la fois diachronique (droit de la nationalité) et synchronique (droits civiques, civils et sociaux), à travers plusieurs formes de régulation juridique : celle qui consistait, par le droit de la nationalité, à « nationaliser » l'étranger et sa descendance pour fabriquer indéfiniment l'homogénéité de la nation ; celles qui, *dans le même but*, ne faisaient que souligner la frontière entre le national et l'étranger, privé de droits politiques et civiques ; et celles, enfin, qui conféraient à l'étranger des droits civils et sociaux pour qu'il contribue à l'enrichissement de la société française, fût-ce en marge de la citoyenneté.

La lente construction d'une régulation par le droit de la nationalité

Bien avant d'être un instrument de régulation publique, le droit de la nationalité se fondait sur l'existence d'un lien juridique entre l'individu et l'entité politique dans laquelle il vivait. Sous l'Ancien Régime, ce lien se caractérisait par une double relation d'allégeance à la personne du roi et d'appartenance à la population du territoire constituant le royaume. En établissant la souveraineté de l'Etat-nation, la Révolution française transforma l'allégeance au roi en allégeance à la Nation, l'appartenance à la population du territoire en appartenance à une communauté nationale. C'est sur ces nouvelles bases qu'un droit de la nationalité a pu se constituer, combinant deux principes d'importance variable d'une législation à l'autre : la filiation (droit du sang) et le lieu de naissance (droit du sol).

Contre l'avis de Napoléon [1] et en rupture avec le droit du sol en vigueur sous l'Ancien Régime et pendant la Révolution (la qualité de Français est reconnue à « celui ou celle qui est né et demeure en France »), les rédacteurs du Code civil avaient fait leur la proposition du juriste François Tronchet tendant à faire du droit du sang le critère exclusif d'attribution de la nationalité française à la naissance. Comme le nom de la famille, celle-ci devait être attribuée à la naissance et se transmettre par la filiation. L'étranger né en France pourrait, par ailleurs, la réclamer dans l'année suivant sa majorité ; s'il n'était pas né en France, il pourrait l'acquérir par naturalisation après un délai de dix années.

Si être français semblait ainsi couler de source, acquérir la nationalité française quand on était étranger n'était ni

aisé, ni forcément attractif. Les statistiques relatives aux
« lettres de naturalité », sur lesquelles s'est penché Patrick
Weil [2], révèlent la prépondérance des « déclarations de
maintien ou de réintégration dans la nationalité française »
(85 % des décisions prises entre 1815 et 1849) par rapport
aux décisions de naturalisation proprement dites. Faut-il
s'en étonner ? Tirant les conséquences des bouleversements
territoriaux consécutifs à la Révolution et aux guerres napo-
léoniennes, une loi du 14 octobre 1814 avait reconnu aux
individus nés sur des territoires rattachés à la France depuis
1791 — mais détachés par le traité de Paris du 30 mai
1814 puis définitivement après les Cent Jours en 1815 —
de rester français ou de le devenir. Plus précisément, ce
texte leur permettait de conserver la nationalité française
s'ils avaient déjà résidé dix ans en France, ou de recouvrer
cette qualité que les traités de 1814 ou de 1815 leur avaient
fait perdre dès qu'ils auraient résidé dix ans en France.
Etaient concernées au premier chef les anciennes recrues
des armées impériales issues des territoires rattachés puis
perdus, qui souhaitaient – stimulant non négligeable —
continuer de percevoir leur retraite militaire.

Une fois ces déclarations de maintien ou de réintégration défalquées, le nombre des naturalisations proprement
dites apparaît peu important. Cette faiblesse numérique
tient, en premier lieu, aux modalités de la naturalisation.
La procédure s'est, en effet, complexifiée au fil du temps
jusqu'à devenir dissuasive : après 1849, la naturalisation est
subordonnée à l'obtention d'une admission à domicile ;
d'où la nécessité, à dix ans d'intervalle, d'une double autorisation après enquête de l'Etat, condition qui grevait les
droits de sceau dont il fallait s'acquitter et qui rallongeait le
délai déjà fort long de la naturalisation. Mais c'est surtout
la procédure d'admission qui devait porter ombrage aux
naturalisations. En effet, sans donner aux impétrants la
nationalité française, cette procédure leur accordait, sans
délai conditionnel et immédiatement, les mêmes droits

civils qu'aux Français, tout en les exonérant de toute obligation militaire.

Cette dernière dispense n'eût sans doute guère éveillé l'attention du législateur, si une autre, d'une portée bien plus large, n'avait pas rencontré l'aversion des Français pour un régime de conscription qu'ils n'avaient au fond jamais accepté de gaieté de cœur depuis son instauration par la loi Jourdan en 1798 (19 fructidor an VI). Tous les travaux historiques sur le service militaire le confirment : la conscription fut, jusque dans les années 1880, fort impopulaire. Elle était considérée comme un impôt extorqué par l'Etat, ou un vol organisé qui éloignait pendant plusieurs années (six ans après 1818, huit après 1824, sept entre 1855 et 1868, cinq jusqu'en 1889) les Français de leur outil de travail et de leur famille. A cela rien d'étonnant ! La loi Jourdan avait certes proclamé l'égalité de tous devant les charges militaires, mais ses principales dispositions avaient été tournées au profit des classes sociales les plus aisées et donc aux dépens des paysans. La possibilité de se faire remplacer (dès l'an VII), le tirage au sort (an XIII, L. 8 fructidor) et les exonérations (concernant les hommes mariés et les prêtres) avaient ainsi ruiné la philosophie égalitaire du système de recrutement, sans nullement augmenter son efficacité. Bien au contraire ! S'il se trouvait des garçons que l'aventure tentait, séduits par l'appât d'un gain immédiat dont leur famille pouvait avoir besoin, d'autres se découvraient une soudaine vocation à porter la soutane ou préféraient se marier pour échapper à l'uniforme ! Plus grave, la profonde horreur du service militaire obligatoire provoquait des automutilations, des migrations ou autres formes de désertion, lors même que les exemptions pour raisons de santé étaient fort nombreuses dans les milieux les plus défavorisés. Autant d'entraves ou d'effets pervers qui empêchaient de recruter sereinement tous les hommes nécessaires au fonctionnement régulier des armées.

Or, la situation était d'autant plus alarmante que « l'impôt national » du service militaire obligatoire avait vu sa base se rétrécir depuis la promulgation du Code civil en 1804 : alors qu'ils étaient jusque-là français de naissance, les enfants nés en France de parents étrangers étaient depuis lors considérés comme étrangers et, à ce titre, dispensés du service militaire. Les autorités militaires n'en continuaient pas moins d'inclure les fils d'étrangers dans la population des cantons en vue d'établir le contingent à recruter, ce qui revenait rien moins qu'à alourdir la charge du service militaire pesant sur les nationaux. De là de nombreuses suppliques dans les départements frontaliers où résidaient le plus grand nombre d'étrangers, afin que ces derniers supportent enfin un impôt jugé à la fois injuste et écrasant. Mais c'est seulement à la veille du Second Empire que le pas fut franchi : la loi du 7 février 1851 introduisit dans le droit français de la nationalité une nouvelle disposition originale, à savoir le double droit du sol : l'individu, né en France d'un parent étranger qui lui-même y est né, est français. La loi lui laissait toutefois la faculté de répudier sa nationalité française à sa majorité, ce qui allait sérieusement limiter la portée de la mesure.

Dans les années 1870 et 1880, une nouvelle convergence entre les préoccupations de type militaire et le droit de la nationalité s'est dessinée, bien que d'autres facteurs aient motivé le vote de la loi du 26 juin 1889 sur la nationalité. L'écrasement de l'Autriche par la Prusse à Sadowa (1866) et le désastre de Sedan avaient « révélé » entre-temps la supériorité d'une armée prussienne qui recourait au service obligatoire universel. Ces deux événements ont assurément mis à mal le principe même d'une armée de métier. Mais sut-on prendre la mesure des réformes à engager ? Fruit d'un compromis entre les tenants et les adversaires d'une armée de métier, la loi du 21 juillet 1872 affirmait certes le principe d'un service universel obligatoire : « Tout Français doit le service militaire personnel. » Ce texte n'en laissait pas moins subsister toute une série de dispenses destinées aux classes éduquées, allant de l'exemption pure et simple à un service « volontaire » d'un an, contre le versement d'une somme de 1 500 francs. Le maintien jusqu'en 1905 d'une partie de ces exonérations (les curés « sacs à dos » étaient devenus entre-temps une réalité) montre que le souci d'instaurer l'égalité de tous devant les charges militaires, y compris entre fils d'étrangers et Français, était plus théorique que réel. Et d'ailleurs quel bénéfice aurait-on retiré au plan militaire d'une loi supprimant la faculté qu'avaient depuis 1851 les fils d'un parent étranger né en France de répudier la nationalité française, quand seulement 4 000 petits-enfants d'étrangers étaient incorporables (à comparer avec les 300 000 Français de sexe masculin atteignant chaque année l'âge du service) ?

Le véritable enjeu était ailleurs, dans une combinaison générale qui permît tout à la fois de répondre aux aspirations égalitaires ; de réguler la présence étrangère en France au moment où celle-ci s'enracinait et où les heurts xénophobes se multipliaient ; et, enfin, de résoudre une partie du problème démographique français, notamment en Algérie où la population étrangère non musulmane (espagnole, italienne, maltaise) menaçait de dépasser en nombre la population française d'origine européenne (203 153 étrangers sur 261 666 Français au recensement de 1886, soit une proportion d'étrangers de 43,7 %). Pour la première fois dans l'histoire de la nationalité française, la modification du droit de la nationalité s'inscrivait dans une stratégie délibérément politique, au point de confluence de plusieurs types de motivations. Pour la première fois, aussi, depuis la Révolution, le *jus soli* refaisait surface par rétablissement du lien entre le fait de naître sur le sol national et la nation : signe, cette fois, d'une allégeance à la Nation. La République opérait ainsi, un siècle après le commencement de la Révolution qui avait métamorphosé la royauté en nation, un transfert d'allégeance du roi vers la Nation : le retour à l'ancien régime de l'allégeance prenait l'allure d'une véritable révolution au sens physique du terme. L'article 8 de la loi du 26 juin 1889 attribue ainsi la nationalité française à « tout individu né en France d'un étranger qui y est lui-même né » (double *jus soli*). Attribution désormais irrévocable, puisque la faculté de répudiation ou de renonciation reconnue en 1851 est supprimée. L'enfant né en France de parents non nés en France devient français à sa majorité sans avoir à effectuer de déclaration, s'il est encore domicilié en France ; mais dans l'année qui suit cette majorité, il a la possibilité de répudier la nationalité française, s'il désire rester étranger. Ce disant, le droit de la nationalité affirmait le souci de rattacher tout individu à une collectivité, fût-elle ou non française. Il s'agissait d'éviter la situation où l'individu trouverait un intérêt quelconque à rester en dehors d'une collectivité pour se soustraire aux devoirs que celle-ci impose à ses propres membres. Le double fait d'avoir été élevé en France et d'avoir bénéficié à la fois de la protection de l'Etat français et des avantages que procure la vie en société créait un lien de socialisation qui devait lui-même engendrer le lien de nationalité. C'est, en définitive, l'usage républicain du droit du sol qui créait l'usufruit de la nationalité française : on en jouissait sans en disposer.

Le droit du sang et le double droit du sol exerçaient donc désormais leurs effets conjoints sur le devenir de la population étrangère dans la population de France, traçant et retraçant indéfiniment cette frontière toujours mouvante qui séparait le national de l'étranger. Cette incorporation automatique dans la nation s'agissant de la troisième génération d'immigrés ou, quasi automatique s'agissant des fils d'étranger nés en France, était complétée par une politique très regardante des naturalisations, dont les fondements juridiques avaient été resserrés par la loi du 26 juin 1889. Si les étrangers ayant épousé une Française pouvaient désormais solliciter leur naturalisation après une année de mariage et de résidence, la double porte que les candidats à la naturalisation tentaient vaille que vaille de franchir voyaient ses lourds battants se rabattre. D'une part, l'admission à domicile perdait au bout de cinq années la validité indéfinie qu'elle avait jusque-là (seul le gouvernement pouvait prononcer sa révocation) ; elle devenait une étape qui permettait à son bénéficiaire de demander sa naturalisation trois années après avoir été admis. D'autre part, la naturalisation ne pouvait être sollicitée sans admission à domicile, qu'après un délai de dix années de résidence.

Effet des nouvelles restrictions ou politique timorée de la naturalisation ? Toujours est-il que la courbe des naturalisations jusqu'à la promulgation de la loi plus audacieuse de 1927 ne fait pas apparaître une sensible augmentation par rapport aux années 1887 et 1888 qui avaient déjà vu doubler et même tripler leur nombre par rapport aux années immédiatement antérieures : de 600 à 700 par an entre 1884 et 1886 à près de 1 800 l'an jusqu'en 1889. Tout s'est passé comme si la régulation automatique ou quasi automatique, induite par le droit de la nationalité, avait été privilégiée par les républicains, la politique des naturalisations ne faisant qu'accompagner ou anticiper celle-ci. Comme l'a montré Patrick Weil, l'enjeu – subsidiaire — des naturalisations s'est fixé sur les immigrés de la deuxième génération. Ayant pris son autonomie à partir de 1889, le Bureau du Sceau du ministère de la Justice exigeait, en effet, du postulant à la naturalisation, préalablement à l'examen de sa demande, qu'il signe une déclaration faisant acquérir par anticipation la nationalité française à son ou ses enfants mineurs, assortie d'une clause de « renonciation à la renonciation ». De cette façon, le mineur, qui se voyait interdire par son parent la possibilité de renoncer dans l'année suivant ses 21 ans à la nationalité française, se retrouvait irrévocablement français avant la naturalisation de son parent, situation qui motivait favorablement celle-ci. Enfin, la femme et les enfants majeurs de l'étranger en instance de naturalisation bénéficiaient d'une dispense de stage (le délai de 10 ans) qui leur rendait plus facile l'accès de la naturalisation.

La régulation par les autres droits

La « nationalisation » des étrangers était donc un processus largement induit par le droit de la nationalité, nourri par les flux migratoires, qui portait tout à la fois sur plusieurs générations d'immigrés. A-t-elle contribué à durcir la frontière des droits et des devoirs entre Français (naturalisés ou non) et étrangers (postulants ou non à l'admission à domicile ou à la naturalisation) ? L'effet régulateur et diachronique du droit et de la politique de la nationalité a-t-il été, en d'autres termes, contrebalancé par un « déclassement » synchronique de l'étranger et par une surveillance renforcée de ses faits et gestes ou de ses allées et venues ? La réponse ne peut qu'être nuancée, car le droit de la nationalité était loin de matérialiser une frontière juridique au-delà de laquelle l'étranger devenu français accédait à un droit commun réservé aux seuls nationaux. Les situations étaient en fait très diverses : l'étranger pouvait, selon les domaines du droit et selon qu'il existait ou non des accords bilatéraux (la plupart d'entre eux seront signés après la Première Guerre mondiale), jouir des mêmes droits que le national, être privé de droits reconnus aux seuls nationaux ou, encore, jouir de droits qui n'étaient pas reconnus aux étrangers relevant d'autres nationalités. Le déclassement de l'étranger se mesurait donc, par rapport aux nationaux et parfois même aux autres étrangers, aux emplois qu'il ne pouvait exercer, aux droits politiques, civiques, civils et sociaux dont il était privé, aux dispositifs mis en place pour le tenir à distance et le surveiller et, enfin, aux obligations spécifiques qui lui incombaient. Il se mesurait aussi dans le temps, sur une, deux ou trois générations, l'assimilation des descendants d'étrangers par la communauté nationale devant théoriquement y mettre fin. L'étranger pouvait, en définitive, être et se sentir déclassé par rapport aux nationaux, par rapport à d'autres catégories d'étrangers et par rapport à ses propres enfants ou petits-enfants.

Encore doit-on tenir compte de l'avancement du droit dans les domaines de la vie nationale, de la construction du droit international, du niveau de protection sociale et de l'écart entre le droit et la réalité : toutes choses qui relativisent l'infériorité statutaire de l'étranger, si souvent dénoncée après des décennies d'indifférence ! Si l'on considère, par exemple, les droits civils des étrangers, les règles qui s'étaient fixées avant l'avènement de la Troisième République étaient bien souvent assouplies par une jurisprudence et par des usages généreux dont la finalité commune était, semble-t-il, le développement des richesses et du commerce. Depuis la promulgation du Code civil (1804) et jusqu'en 1819, la règle de réciprocité immanente au droit international s'appliquait : les étrangers jouissaient des mêmes droits civils que ceux accordés aux Français par les lois ou les traités de la nation à laquelle ces étrangers appartenaient [3]. Depuis la loi du 14 juillet 1819, cette règle de réciprocité connaissait des entorses dans des cas spécialement prévus : la faculté de succéder, de recevoir, de disposer de leurs biens en faveur de toute personne était reconnue aux étrangers comme aux Français. En dehors de ces cas précis, les traités internationaux — quand ils existaient — devenaient la loi des étrangers auxquels ils s'appliquaient. Dans tous les autres cas, les étrangers ne jouissaient pas en France des droits civils, sauf s'ils avaient été autorisés par décret à fixer leur domicile en France (procédure de l'admission à domicile). Mais la jurisprudence et les usages leur reconnaissaient des droits équivalents : droit de posséder en France et, par suite, de signer des contrats ayant pour objet la propriété ou la possession de choses mobilières ou immobilières ; droit de paraître en justice, soit comme défendeur, soit comme demandeur ; droit de propriété littéraire ; droit relatif aux inventions et à la propriété des brevets. Les étrangers jouissaient par ailleurs de tous les droits de famille, sans avoir la faculté d'être tuteurs ou d'adopter un Français. Acquérir, acheter, transmettre, céder, posséder..., autant de facultés qui laissaient entrevoir des horizons prometteurs dans une société où l'on pouvait être pauvre tout en étant... citoyen, et riche sans être... citoyen, c'est-à-dire « métèque [4] » au sens grec du terme [5]. Où l'on pouvait aussi et surtout ressentir, sans être pour autant étranger, l'étonnant hiatus existant entre l'égalité civique des droits rattachés à une citoyenneté exclusivement masculine et l'inégalité civile des conditions, entre la rhétorique politique et la réalité d'une condition de salarié « qui ravalait les "citoyens" proclamés à un rang ancillaire [6] ».

Au souci constant et déjà pluriséculaire de favoriser la contribution des étrangers à l'activité économique [7], faisait écho celui d'assurer juridiquement aux travailleurs immigrés les mêmes conditions de travail qu'aux Français. Sous sa forme républicaine, le droit du travail, « qui forme dans l'ordre du travail un nouveau droit commun [8] », a tôt affirmé sa vocation à protéger, sans considération de nationalité, les salariés liés à leur employeur par un contrat de travail. Dans leur quasi-totalité, les prescriptions de la législation du travail relatives aux conditions de travail (horaires, hygiène et sécurité, âge d'admission dans les ateliers, instruction obligatoire, repos hebdomadaire, etc.) visaient indistinctement nationaux et étrangers, sans qu'il en résulte dans les faits une égalité effective des conditions de salaire ou de travail. C'est ainsi que des lois aussi importantes que celles du 2 novembre 1892 sur le travail des enfants, des filles mineures et des femmes dans les établissements industriels, du 12 juin 1893-11 juillet 1903 concernant l'hygiène et la sécurité des travailleurs et des employés, du 9 avril 1898 sur les accidents du travail, du 30 mars 1900 sur la durée du travail, du 13 juillet 1906 sur le repos hebdomadaire, du 7 décembre 1909 sur le paiement des salaires des ouvriers et des employés s'appliquaient sans restriction aux travailleurs étrangers. En revanche, les étrangers étaient bel et bien exclus des syndicats (la loi du 21 mars 1884 disposait dans son article 10 que « les travailleurs étrangers et engagés sous le nom d'immigrants ne pourront faire partie des syndicats »), de la direction et de l'administration des sociétés de secours mutuels (articles 3 et 4 de la loi du 1er avril 1898), des conseils de prud'hommes (loi du 27 mars 1907 qui requiert l'inscription sur les listes électorales pour être électeur ou éligible) et des fonctions d'arbitres et de délégués (loi du 27 décembre 1892 sur la conciliation et l'arbitrage en matière de différend collectif). Il existait par conséquent un net clivage — promis à un long avenir — entre d'un côté les droits individuels applicables sans discrimination, qui découlaient de la protection légale des travailleurs, et, de l'autre, les droits collectifs liés à des mandats à caractère public qui étaient formellement (l'engagement syndical des immigrés était déjà une réalité) réservés aux citoyens français travailleurs. Même après naturalisation, ce clivage subsistait au plus haut niveau, puisque l'étranger devait attendre dix ans — sauf loi spéciale abrégeant ce délai – pour être éligible aux assemblées législatives.

Dès lors qu'il s'agissait de remplir des fonctions publiques engageant l'autorité de l'Etat, les restrictions se faisaient plus nombreuses. Impossible pour un étranger de remplir des fonctions impliquant de sa part qu'il prête serment devant les tribunaux ou qui lui donnent droit de dresser des procès-verbaux (inspecteurs du travail, garde-forestiers, policiers, etc.). De même, les professions d'officiers publics ou ministériels, c'est-à-dire de notaires, avoués, huissiers, commissaires-priseurs, agents de change, courtiers, etc. étaient fermées aux étrangers. Ces derniers ne pouvaient, enfin, exercer la profession d'avocat ou servir dans les armées françaises. A l'évidence, l'Etat-nation, qui continuait de se construire, se montrait méfiant à l'égard des éléments étrangers de la première génération ; ceux-ci n'étaient admis à le servir qu'après leur naturalisation, c'est-à-dire après avoir prêté allégeance à la Nation.

En matière de protection sociale, les choses étaient plus nuancées. Faute d'un régime général d'assurances sociales obligatoire (celui-ci n'apparaîtra qu'à la fin des années 1920), la protection sociale relevait pour l'essentiel de la prévoyance libre, c'est-à-dire des assurances privées, de l'épargne et de la mutualité, toutes formes de protection qui dépendaient de la capacité d'épargne des intéressés, bien plus réduite chez les étrangers que parmi les nationaux. Elle pouvait aussi, sous sa forme subsidiaire, ressortir à l'assistance d'origine communale et/ou étatique. Or, de ce dernier point de vue, les disparités se sont maintenues jusqu'à ce que des conventions bilatérales s'imposent au profit des nationalités étrangères les plus représentées. Si, par exemple, la loi sur les retraites ouvrières et paysannes du 5 avril 1910 et celle du 9 avril 1898 [9] s'appliquaient aux étrangers ayant travaillé en France [10] (les assurances sociales de 1928-1930 concerneront également les salariés étrangers [11]), l'assistance médicale gratuite (1893) était explicitement réservée à « tout Français malade, privé de ressources », sauf si un traité d'assistance bilatérale stipulait le contraire. Il en allait de même des lois d'assistance votées avant 1914 au bénéfice des vieillards infirmes et incurables, et des familles nombreuses. Les premiers accords internationaux sur la protection sociale ne furent signés qu'après la Première Guerre mondiale, souvent à la demande des pays d'émigration qui favorisèrent ainsi, sans le vouloir, l'assimilation par la France de leurs propres ressortissants. Ils permirent aux sujets italiens (1919), polonais (1920), tchèques (1920), belges (1924), autrichiens (1930), espagnols (1932) de bénéficier d'une protection sociale, sensiblement équivalente à celle des nationaux français, non sans déclasser du même coup les étrangers issus d'autres pays. Si, par ailleurs, l'écart entre la protection consentie par le droit du travail et la protection sociale des étrangers, tributaire des conventions internationales (en fait bilatérales), n'a pu être comblé dans l'entre-deux-guerres, c'est parce que la première ne coûtait quasiment rien au budget national, alors que la seconde avait un coût que ni les contribuables, ni les entreprises ne voulaient supporter.

La police des étrangers

Cette régulation par le droit est inséparable du contrôle [12] administratif des étrangers, destiné à vérifier qu'ils rentrent bien — comme les nationaux pauvres ou indigents, vieillards incurables, familles nombreuses... — dans la catégorie des bénéficiaires prévus par les textes ou qu'ils occupent des emplois non réservés aux nationaux. Les premières velléités d'un tel contrôle remontent au décret du 2 octobre 1888 et à la loi, fort peu appliquée, du 8 août 1893 relative « au séjour des étrangers en France et à la protection du travail national », votée au moment même où le livret ouvrier était supprimé. Ces textes, qui liaient théoriquement les conditions de séjour au travail, imposaient aux étrangers, venus en France pour y travailler, l'obligation de faire une déclaration de résidence en justifiant de leur identité dans les 8 jours de leur arrivée. Un registre d'immatriculation était tenu dans les mairies, et un extrait, le certificat d'immatriculation, remis à l'étranger. En cas de changement de résidence, celui-ci avait deux jours pour faire viser son certificat à la mairie de sa nouvelle résidence. Le défaut de déclaration ou la non-production du certificat à la première réquisition pouvait être théoriquement sanctionné par une amende, et l'employeur encourait, lui aussi, une amende pour emploi, en connaissance de cause, d'un étranger sans certificat. Si le contrôle des travailleurs étrangers permettait, en principe, de limiter leur accès au marché du travail, aucune profession dans l'industrie, l'artisanat, le commerce ou l'agriculture n'était fermée aux étrangers. Les premières restrictions en la matière furent posées par les décrets Millerand des 10-11 août 1899 qui rendirent obligatoire l'inscription de dispositions limitant l'emploi des étrangers dans les cahiers des charges des seuls marchés de travaux publics ou de fournitures passés au nom de l'Etat, des départements et des communes.

En inférer que les étrangers étaient soumis à une surveillance continue et tatillonne serait pourtant abusif. L'application des règles de contrôle se heurtait à la mauvaise volonté des inspecteurs du travail qui se refusaient à toute discrimination entre travailleurs, et à l'impossibilité pratique pour la police de contrôler efficacement la nationalité et l'identité des étrangers, faute de passeport ou d'un titre d'identité quelconque. S'ils prirent, dès le milieu des années 1890, la mesure de ces faiblesses, les pouvoirs publics n'éprouvèrent pas le besoin, la reprise économique aidant, de renforcer la « police des étrangers ». Le statut des étrangers était en fait très libéral ; il le restera jusqu'à la Première Guerre mondiale, en dépit des restrictions apportées au début des années 1890. S'ils ne jouissaient pas du droit du vote, pouvaient difficilement entrer dans la fonction publique — deux restrictions que la naturalisation permettait de contourner sans délai d'attente depuis 1867 —, les étrangers bénéficiaient des mêmes avantages sociaux que les nationaux et pouvaient librement adhérer aux syndicats, envoyer leurs enfants à l'école française et créer des associations. Qui plus est, leur circulation sur le territoire français n'était soumise à aucune limitation particulière (sauf atteinte à l'ordre public), la liberté de repartir ou de revenir étant quasiment garantie par la remarquable ouverture des frontières depuis les années 1860.

Le caractère très libéral de ce régime s'explique aussi par l'optimisme d'une révolution pasteurienne qui rabaissait les prétentions des contagionnistes au profit des infectionnistes [13]. Un signe ne trompe pas : c'est en 1889 que s'opère le transfert de l'hygiène publique du ministère du Commerce et de l'Industrie vers le ministère de l'Intérieur au sein d'une unité administrative : « l'assistance et l'hygiène publique [14] ». Jusque-là, les seuls moyens dont disposait l'Etat-nation pour protéger la population contre les épidémies dites « évitables [15] » étaient le contrôle sanitaire aux frontières terrestres et maritimes, ainsi que la police des échanges et la surveillance des passages et des trajets. Or, la révolution pasteurienne bouleverse cette vision des choses, marquée par la hantise des hommes et des choses qui bougent, naviguent ou franchissent les frontières. Désormais, l'accent se déplace vers l'assainissement et la prophylaxie des maladies dites « évitables », sommairement classées entre maladies « exotiques » et maladies « acclimatées » ou « autochtones » (tuberculose, diphtérie, typhus), au point de créer « un devoir gouvernemental ou national au point de vue de la protection de la vie de la population française et au point de vue de la défense (nationale) elle-même ». Surtout, la menace de l'épidémie se fait moins diffuse que par le passé, puisqu'il s'agit d'identifier des colonies bactériennes localisées. Avec la confirmation d'un « modèle infectieux », le danger se resserre et une multitude de vigilances anciennes, se rapportant aux vecteurs possibles de la contagion (vent, aridité des sols, etc.), deviennent anecdotiques [16]. En d'autres termes, il paraît possible et même raisonnable de lutter contre les maladies infectieuses [17], sans forcément recourir à des mesures d'isolement ou d'enfermement des étrangers malades, notamment dans les lazarets. L'optimisme infectionniste rend moins « nécessaire » une différence de traitement entre l'étranger malade fraîchement débarqué et le Français malade.

Reste que cette nouvelle chasse au microbe (le terme sera repris par l'antisémitisme : le « microbe juif ») ou cette lutte contre les maladies infectieuses ayant chacune ses germes pathogènes requiert, dans le cadre de l'Etat-nation, une mobilisation des autorités étatiques et locales (surtout communales) et, par voie de conséquence, des mesures de police sanitaire qui tendent vers une surveillance accrue de la population sur le territoire national. Ne s'agit-il pas de « conserver et accroître ce capital humain dont la moindre parcelle ne peut être perdue sans une atteinte à la sécurité nationale et la grandeur de la patrie [18] » ? C'est bien pourquoi l'hygiène publique passe sous la coupe du ministère de l'Intérieur — matrice primordiale de tous les ministères sociaux à venir — qui exerce sa tutelle à la fois sur la police et les collectivités locales, notamment les communes. La loi de 1902 consacre ensuite la « prise en charge par l'Etat » des assainissements locaux en cas d'épidémie ou de pénurie communale, vaccination et revaccination obligatoires, déclaration obligatoire des maladies infectieuses. La police sanitaire fournira, par la suite, de « bonnes » raisons à une police des étrangers, soucieuse de contrôler ceux qui peuvent porter des germes de maladie exotique.

L'assimilation n'est-elle qu'un phénomène métropolitain ?

L'assimilation fut-elle, enfin, davantage qu'un phénomène strictement métropolitain : une « projection [19] nationale » s'opérant en même temps que la colonisation ? Si la question se pose, c'est parce le terme « assimilation » fut employé à propos des « indigènes », ces musulmans d'Algérie qui n'étaient pas « étrangers » mais sujets français. Il était néanmoins frappé, depuis les années 1850, d'une très forte ambiguïté qui allait durer pendant toute l'histoire de l'Algérie française : pour les colons, l'assimilation revenait *grosso modo* à poursuivre la conquête des avantages, à prendre possession des terres aux dépens des indigènes, à faire pression sur la Métropole [20] pour qu'elle donne son arbitrage et sa caution ; pour les métropolitains, le même terme signifiait la fusion des races, la civilisation des indigènes. Ce clivage irréductible se reflétait dans la lutte opposant les partisans métropolitains de l'assimilation à ceux qui, excipant des particularités algériennes, revendiquaient une autonomie algérienne. Ces derniers avaient du reste bien du mal à contenir un courant séparatiste, certes minoritaire, mais suffisamment actif pour nourrir une certaine méfiance à l'égard des indigènes naturalisés. Quant aux partisans (métropolitains) de l'assimilation, ils étaient eux-mêmes divisés entre ceux qui voulaient une assimilation complète et immédiate, et ceux qui se prononçaient pour une assimilation progressive.

Toujours est-il que l'importante présence étrangère dans les colonies du Maghreb (surtout en Algérie) et l'existence de tendances séparatistes [21] allaient amener les autorités françaises à mettre en œuvre des procédures de naturalisation, dont la première fut définie par le sénatus-consulte du 14 juillet 1865 (jour bien choisi !) : l'étranger qui justifiait d'une résidence de trois années dans la colonie pouvait être admis à sa demande et, après enquête administrative, à jouir des droits de citoyen français. C'est ainsi que 36 869 étrangers (y compris les israélites indigènes déclarés citoyens français depuis le décret Crémieux du 24 octobre 1870 [22]) résidant en Algérie furent naturalisés entre 1865 et 1914 sur la base de ce texte. La procédure se révélant insuffisante pour renverser le rapport numérique en faveur de la population française, la loi du 26 juin 1889 fut, comme il a déjà été dit, appliquée à l'Algérie, mais seulement aux étrangers qui y résidaient. Les indigènes continuaient, en effet, d'être régis par le sénatus-consulte du 14 juillet 1865 (jour bien mal choisi !) qui affirmait dans son article 1 : « L'indigène musulman est Français ; néanmoins, il continuera d'être régi par la loi musulmane. Il peut être admis à servir dans les armées de terre et de mer. Il peut être appelé à des fonctions et emplois civils en Algérie. Il peut, sur sa demande, être admis à jouir des droits de citoyen français ; dans ce cas, il est régi par les lois civiles et politiques de la France. » Ce texte impérial induisait par conséquent deux notions distinctes, la nationalité française et la citoyenneté française que la Révolution française avait pourtant fusionnées en métropole. Il instituait un statut juridique pour les indigènes algériens (et par extension, tunisiens et marocains) qui devenaient des sujets français sans droits politiques et sociaux, soumis à une législation d'exception, le Code de l'indigénat. Le sénatus-consulte de 1865 n'en ouvrait pas moins une voie d'acquisition de la nationalité française aux indigènes algériens âgés de plus de 25 ans, monogames ou célibataires, à condition qu'ils renoncent à leur statut personnel. Aussi logique soit-elle, compte tenu de la distinction établie par ce texte, cette condition impliquait un acte d'apostasie qui valut d'ailleurs aux indigènes naturalisés [23] le sobriquet peu enviable de *mtourni* : celui qui a retourné sa veste. Cette infériorité politique des musulmans d'Algérie, aggravée par une représentation toujours minoritaire dans les assemblées locales et un régime pénal particulier, allait se prolonger jusqu'à la fin de la Seconde Guerre mondiale. La loi du 4 février 1919, qui n'abroge pas le texte de 1865, facilitera pour les 173 000 recrues musulmanes (25 000 sont tombées sur les champs de bataille) ayant notamment « servi dans les armées de terre et de mer et [justifiant] de [leur] bonne conduite par une attestation militaire [24] », les conditions d'accès, sur leur demande [25], à la citoyenneté française, sans abandon du statut personnel musulman. Mais ni les propositions de loi de l'entre-deux-guerres déposées par des députés progressistes, ni le projet Blum-Viollette [26] ne pourront faire prévaloir une conception de la citoyenneté française en Algérie, dissociée du statut personnel musulman.

A l'égard des « indigènes » soumis au Code de l'indigénat, il était du meilleur ton d'invoquer la « doctrine de l'assimilation » qui remettait aux calendes grecques le jour fantasmé de leur parfaite assimilation : les valeurs et les principes républicains étaient censés s'appliquer aux sujets français, mais au terme d'un long travail de « civilisation » visant à combler le « fossé » séparant les métropolitains des indigènes. La doctrine se plaisait ainsi à conjuguer l'égalité au futur en jouant sur les mots et sur les temps ; elle perpétuait, par sa rhétorique, les idéaux révolutionnaires et républicains, tout en faisant du principe d'égalité un processus différé d'égalité et d'identification. Autant de circonvolutions qui rendaient compatible la revendication républicaine de l'héritage révolutionnaire, fondée sur l'égalité de tous devant la loi, avec une vision ethnique et même raciale du rapport colonisateurs-colonisés. L'idéologie coloniale française s'opposerait, de ce point de vue, à la conception allemande de l'administration coloniale, devenue ouvertement ségrégationniste [27] au début du siècle. L'Allemagne s'est tournée vers un modèle ségrégationniste en interdisant (1905) et invalidant (1907) les mariages entre Allemands et Africains, alors que le Code de l'indigénat allemand (1870) prévoyait d'accorder la nationalité allemande aux femmes « indigènes » mariées avec des Allemands et à leurs enfants. En 1908, les hommes mariés avec des Africaines ont même perdu leurs droits civiques, y compris le droit de vote. Il s'agissait non seulement d'entraver un processus de métissage, encouragé par la faiblesse numérique des femmes allemandes dans les colonies, mais aussi d'éviter que les métis obtiennent des droits civiques [28]. Des métis qui furent d'ailleurs déclarés « indigènes ».

Rien ne permet, au demeurant, d'affirmer que la volonté d'assimilation nationale ou projetée sur les colonies, qui caractérise le « modèle » français, ait rencontré auprès des « ex-migrants » devenus immigrés ou des sujets coloniaux une adhésion sans réserve ou, plus simplement, qu'elle ait été partagée. Combien de migrants ont-ils « voté avec leurs pieds », tournant le dos à une République qui se souciait, somme toute, fort peu de leur « intégration » ! Combien d'« indigènes » ou d'étrangers se sont-ils désintéressés des droits politiques, pourtant fondamentaux, attachés à la nationalité française ? En manifestant régulièrement cette volonté d'assimilation, la communauté nationale sacrifierait à un rituel propitiatoire qui l'aiderait à se convaincre de son unité. Il n'en reste pas moins que cette incantation conditionne bien souvent les interprétations, y compris celles des spécialistes de l'immigration. Ainsi, le fait d'être né en France (sur 1 100 000 étrangers recensés en 1891, plus de 420 000, soit 38 %, étaient nés en France), la durée du séjour, l'augmentation du nombre des étrangères et des enfants, le nombre de mariages mixtes sont souvent présentés comme des signes d'intégration des étrangers avant la Première Guerre mondiale, lors même qu'ils sont objectivement et simplement des signes d'enracinement ou de métissage. Est-il enfin besoin d'ajouter que la question de l'assimilation des étrangers se posait alors avec beaucoup moins d'acuité que celle de l'intégration ou de la réintégration dans la nation de certains groupes sociaux (pas seulement les classes populaires) ou institutions qui étaient déjà français : les ouvriers que l'on souhaitait pacifier, les femmes qui ne disposaient pas du droit de vote (naturaliser un étranger, c'était lui reconnaître plus de droits qu'à une femme française), et l'Eglise catholique dont l'Etat s'était séparé depuis 1905 ?

Etrangers et coloniaux dans la Grande Guerre

> *Ce qui différencie le plus la notion d'étranger dans l'ancienne France de nos conceptions actuelles, ce ne sont pas des règles de droit plus ou moins distinctes de nos coutumes juridiques contemporaines, c'est tout un ensemble de mœurs et d'habitudes, absolument éloignées de celles qu'ont créées les nationalismes violents auxquels nous sommes accoutumés. Comment pouvons-nous comprendre, par exemple, la composition des armées de l'ancienne France qui étaient formées de plus d'étrangers que de Français* [1] *?*

La Grande Guerre fut le premier événement unificateur d'une histoire *nationale* de l'immigration qui résonnait jusque-là d'expériences individuelles, éclatées ou entremêlées. Elle inaugure de ce fait une mémoire collective, scellée par l'événement, qui dépasse très largement la mémoire familiale ou individuelle, forcément dispersée, des immigrés. Une illustration frappante de cette « appropriation posthume [2] » est fournie par le thème de la « dette du sang » [3] — cette sorte de deuil contrarié — contractée par la France envers ses « enfants morts pour la patrie commune » ou « ses fils d'Afrique » [4], un thème qui deviendra, dès 1918, l'antienne des militants politiques africains, avant d'être repris par les sans-papiers d'aujourd'hui. La « der des der » confirma en outre les évolutions qui se dessinaient auparavant en amenant l'Etat français à s'arroger l'administration des questions migratoires. De fait, aucun des multiples aspects de l'immigration, que l'initiative patronale avait avant 1914 approchés sous l'angle de la main-d'œuvre, n'échappa à l'emprise de l'Etat-nation engagé dans une guerre patriotique. Qu'il s'agisse des négociations diplomatiques avec les pays d'émigration, de la sélection et du recrutement (342 000 travailleurs introduits), de l'établissement de contrats-types, du convoiement et de l'accueil ou encore de l'encadrement, de l'affectation et de la surveillance policière, rien ne fut vraiment laissé au hasard. L'ampleur de cette « étatisation » ne doit pourtant pas dissimuler deux autres phénomènes : l'intrusion furtive des colonies dans la nation, avec l'arrivée des soldats et des travailleurs « indigènes » ; et la coexistence de populations qui se seraient, en d'autres temps, ignorées du fait de leur éloignement géographique. En définitive, ce sont bien les deux pans jusque-là séparés d'une histoire que la décolonisation rendra longtemps après — mais seulement pour un temps — commune, qui ont physiquement et provisoirement convergé à la faveur de circonstances exceptionnelles : une immigration d'origine coloniale et une immigration d'origine étrangère. Impossible, dorénavant, d'ignorer les relations entre nationaux, étrangers et coloniaux.

L'entrée en guerre

En ce début des hostilités, l'infortune des uns croisa la passion des autres. La présence, sur le territoire, de quelque 120 000 Allemands et Austro-Hongrois (recensement de 1911), devenus indésirables, faisait redouter le pire [5]. Car le danger pouvait venir d'individus suspects d'intelligence avec l'ennemi ou d'éléments nationaux incontrôlés, avides d'en découdre avec les « fauteurs de guerre ». A vrai dire, bien des ressortissants des empires centraux n'avaient pas attendu l'issue d'une crise internationale qui couvait depuis déjà trois années pour regagner, comme beaucoup d'immigrés italiens, leur pays d'origine. Mais qu'advint-il de ceux qui restèrent ? Seulement 2 000 d'entre eux, pour la plupart juifs originaires d'Europe orientale, purent s'enrôler dans la Légion étrangère. Les autres — quelques dizaines de milliers d'Allemands, d'Autrichiens et d'Ottomans, et même, au début des hostilités, des Alsaciens-Lorrains — tombèrent sous le coup du décret du 2 août 1914 leur intimant l'ordre de se faire immatriculer en vue d'être rapatriés ou internés dans des centres spéciaux ou « dépôts d'internés », dont certains allaient être transformés en camps d'internement [6]. Autant dire qu'ils furent nombreux à se soustraire à cette obligation qui devait, en principe, les protéger contre la vindicte populaire.

Quant aux ressortissants des nations alliées, ils furent quelque 22 000 [7] à répondre favorablement aux appels lancés par des groupes d'étrangers en faveur de la défense de la France. Pour minoritaire qu'il soit, cet engagement invite à se pencher sur les motivations des candidats étrangers, trop facilement taxés de « bouffeurs de gamelles » ou de « profiteurs de la situation » par les officiers de la Légion. Il est vraisemblable, comme le suggèrent de nombreuses professions de foi ou lettres de poilus, que le catéchisme républicain diffusé par l'école avait marqué les esprits, y compris étrangers. Le thème de la « dette » à l'égard de la « seconde patrie » ou la crainte panique des ressortissants italiens que la France hospitalière ne soit amenée à se battre contre leur première patrie confirme, par ailleurs, l'existence de liens symboliques transnationaux : deux patries que l'on cherche à assembler. La remarque vaut surtout pour les Italiens de France qui firent tout leur possible pour éviter la guerre entre les deux pays. Ils furent ainsi nombreux à répondre à l'appel aux armes de Ricciotti Garibaldi, petit-fils du grand Garibaldi, ou aux mots d'ordre de la Ligue franco-italienne ou des représentants de l'extrême gauche italienne [8].

La nation en danger put-elle compter sur son vaste Empire pour y puiser le supplément de combattants dont elle avait encore besoin, malgré la mobilisation massive de 2,8 millions d'hommes ? Les prélèvements débutèrent en Afrique du Nord, notamment en Algérie, mise à contribution pour former des corps d'infanterie (les tirailleurs) et de cavalerie (les spahis). Dans un premier temps, le volontariat fut de mise, les primes offertes étant forcément attractives pour les « indigènes » démunis du Maghreb, alors que toute une propagande était mise en œuvre (séances « foraines » du cinéma colonisateur ; brochures et libelles officiels). Mais les pertes militaires très lourdes des premières semaines firent le lit de méthodes d'enrôlement plus insistantes et, à tout prendre, coercitives : utilisation de rabatteurs et pressions sur les communautés pour qu'elles fournissent des volontaires. A telle enseigne que des soulèvements se produisirent, comme dans le Sud constantinois. Il en fut de même en Afrique-Occidentale française (A-OF), où les opérations de recrutement durent être suspendues par le ministère de la Guerre, à la demande pressante du gouverneur général Joost Van Vollenhoven, qui fit valoir la contradiction : à trop prélever des hommes, les colonies s'épuiseraient à honorer les commandes de la métropole. Tous ces mouvements de protestation conduisirent l'administration française à instituer la conscription en Tunisie et en Algérie, où fut organisé, par décret du 7 septembre 1917, un service militaire obligatoire sans remplacements ni dispenses. En définitive, les pays du Maghreb levèrent 269 000 hommes dont 172 000 pour la seule Algérie. Quant au reste de l'Empire colonial, l'A-OF mobilisa 134 000 soldats ; l'Indochine, 43 000, et Madagascar, 34 000.

Etrangers et coloniaux dans les combats

Regroupés dans trois nouveaux régiments rattachés à des unités existantes de la Légion et dans la « légion garibaldienne », les étrangers volontaires ne furent guère ménagés sur les champs de bataille. La « légion garibaldienne » subit, de la fin de 1914 au début de 1915, des pertes considérables dans les combats de l'Argonne (environ 800 hommes tués sur les 3 000 engagés), au cours desquels périrent deux des fils de Ricciotti Garibaldi. Retirée du front peu après, elle fut rapidement dissoute, d'autant que se précisait l'intervention de l'Italie, restée neutre jusqu'en mai 1915. Les cinq régiments de la Légion connurent, eux aussi, des pertes sévères [9] : le 1er étranger, engagé dans la bataille de Carency en mai 1915, perdit les deux tiers de ses effectifs, dont 900 volontaires juifs. Quant au sort des soldats coloniaux (Maghrébins, Sénégalais, Indochinois, Malgaches, Somalis et Canaques), il ne fut pas plus enviable, même si les statistiques officielles indiquent une proportion de tués légèrement inférieure à la moyenne nationale : plus de 70 000 tués se répartissant en parts sensiblement égales entre Maghrébins et recrues de l'Afrique subsaharienne, présents dans toutes les grandes offensives [10]. Mais rapportées aux différents engagements, les pertes furent beaucoup plus lourdes : au Chemin des Dames, pas moins de 7 000 Sénégalais trouvèrent la mort ou furent mis hors de combat sous les yeux du général Charles Mangin, surnommé plus tard le « boucher » ou le « broyeur des Noirs ». Contrairement à la rumeur officielle, les tirailleurs algériens et sénégalais étaient loin de former, du moins au début des hostilités, cette « force noire » affûtée de l'armée française, prête à fondre sur l'ennemi. La plupart d'entre eux n'avaient reçu aucune formation militaire, et c'est avec stupeur et même effarement qu'ils découvrirent l'épreuve du feu, ainsi que les rigueurs hivernales. Pour eux, ni courrier ni permission [11], rien que la guerre. L'encadrement dont ils étaient l'objet s'inspirait des principes de l'administration coloniale et du souci de limiter au strict nécessaire les contacts avec les Français : une surveillance paternaliste, confiée à des officiers qui connaissaient, si possible, les langues d'origine ; une certaine bienveillance à l'égard des coutumes et des fêtes traditionnelles ou improvisées (quand il s'agissait de « faire la bamboula [12] » sans que le cœur y fût), ainsi que le respect des interdits alimentaires et des rites d'inhumation islamiques. Qu'elles fussent négatives (blocage de l'avancement dans la hiérarchie militaire, réduction du nombre des permissions pour ces soldats très éloignés de leur région d'origine) ou positives (cantonnement dans les dépôts des Indochinois et des Malgaches, jugés peu aptes au combat), les discriminations frappant les sujets coloniaux étaient justifiées au nom de considérations morales et sanitaires ou des différences que les autorités militaires croyaient discerner entre les diverses catégories « d'indigènes ».

Si étrangers et indigènes étaient, dans la mesure du possible, regroupés par pays ou contrée d'origine, c'est avant tout parce que les autorités militaires ou les industriels estimaient que l'immersion parmi les siens était encore le meilleur moyen de maintenir le moral du soldat, en lui permettant de vivre selon ses us et coutumes. Mais il faut y voir aussi le souci de séduire, pendant toute la durée du conflit (en Métropole comme dans les colonies [13]), des recrues jugées partout indispensables, avec force primes d'incorporation, indemnités journalières versées aux familles, pensions d'invalidité ou de veuves de guerre, accès à des emplois réservés et ce fameux « certificat de manger » dont l'obtention entraînait presque aussitôt les plantureuses agapes [14] de l'incorporation. A défaut d'intégrer, la Nation en armes laissait à l'armée, cette Grande Muette qui n'avait eu naguère que mépris pour la laïcité, le soin d'incorporer des recrues qui pouvaient, en son sein, observer leurs pratiques religieuses. Certes, le projet de la mosquée de Paris, en gestation depuis 1849 [15], ne vit guère le jour (la construction n'aura lieu qu'en 1926), mais plusieurs mosquées ou salles de prières [16] furent improvisées, comme celles de la rue Le Pelletier près de l'Opéra ou celles en bois du jardin colonial de Nogent-sur-Marne [17], de la poudrerie du Bouchet, de l'hôpital de Neuilly. Quant aux consignes officielles dans les hôpitaux militaires ou aux dépôts de passage des unités, elles étaient d'une grande netteté : ne faire aucune différence de traitement entre Français, étrangers et indigènes. Message reçu par la médecine militaire française qui refusa d'appliquer les mesures d'*apartheid* [18] que les Américains réclamaient en 1918 ou que les Anglais avaient appliquées dans le Nord de la France, notamment à l'égard des travailleurs chinois, les *huagong* : les combattants des troupes coloniales étaient soignés dans les mêmes hôpitaux avec, a-t-on pu dire, une intense curiosité de la part des infirmières. A l'inverse, et parce que la sélection médicale des ouvriers coloniaux avait été « oubliée » dans l'urgence, les médecins chargés d'inspecter les établissements travaillant pour la Défense nationale réclamaient des mesures d'isolement pour les « ouvriers coloniaux porteurs de maladies transmissibles dangereuses pour le contingent français [19] ».

L'autre front

La guerre, avait-on dit en haut lieu, serait courte. Les pouvoirs publics avaient donc tablé sur une mobilisation massive des hommes de 18 à 50 ans pour écraser l'ennemi une fois pour toutes. Aussi n'est-il guère étonnant que les effectifs des établissements où étaient fabriquées les armes et les munitions n'aient pas été augmentés : seulement 7 500 hommes y travaillaient pour une armée dont les effectifs pouvaient s'élever jusqu'à 3 700 000 hommes ! Ce n'est qu'au lendemain de la bataille de la Marne (6-10 septembre 1914) que cette distorsion s'imposa aux esprits : des munitions, il en restait, mais seulement à l'extrême avant et dans les lignes les plus reculées, tous les échelons intermédiaires étant démunis. On avait, en somme, frôlé la catastrophe ! Le ministre de la Guerre, Alexandre Millerand, prit aussitôt la mesure de la situation : « Nous n'avons plus de munitions de 75 ; nous sommes désarmés. Si l'ennemi attaque en force, c'est pour nous le désastre irréparable. Il faut remédier immédiatement à ce manque de munitions [20]. » Et d'exhorter le 20 septembre, à Bordeaux où s'était transporté le gouvernement, les principaux patrons de l'industrie métallurgique à entreprendre la fabrication massive d'obus de 75. Un nouveau front s'ouvrait, celui de la mobilisation industrielle.

Celle-ci impliquait, dans l'immédiat, plus d'installations, d'ateliers et de matières premières que d'hommes et de femmes. On fit du reste appel à tout ce qui pouvait être de quelque utilité pour la fabrication du matériel de guerre, au prix d'une dispersion des efforts et d'un émiettement des responsabilités. Ce n'est guère qu'au printemps 1915, après que la masse flottante des réfugiés (un million) et des chômeurs (entre 500 000 et 600 000) des débuts du conflit eut été secourue et reclassée, qu'une réelle pénurie de main-d'œuvre se précisa, entraînant du même coup la nécessité de rationaliser et de concentrer la production dans de vastes usines de guerre. L'entreprise était délicate, car il s'agissait d'acheminer, vers ces nouvelles unités de production dont se couvrait fébrilement le territoire, à la fois des ouvriers non qualifiés et des ouvriers spécialisés, sans bien sûr dégarnir les rangs des combattants. Mais où puiser cette force de travail, lors même que le CQG réclamait, chaque mois, de 150 000 à 200 000 hommes pour compenser les pertes du front (morts, disparus, prisonniers, blessés, malades) ?

Pour y parvenir, les pouvoirs publics firent feu de tout bois. Jusqu'en mai 1915, leurs efforts furent absorbés par le placement des réfugiés (plus d'un million de personnes avaient fui les départements envahis par les troupes allemandes) et des 600 000 personnes (principalement des femmes et des travailleurs âgés) que la désorganisation brutale de l'économie, consécutive à la mobilisation, avait réduites au chômage. Puis, la pénurie de main-d'œuvre s'accentuant, il fallut se résoudre, par application de la loi Dalbiez du 17 août 1915, à rappeler du front 300 000, puis 500 000 ouvriers spécialisés. Enfin, le recours à la main-d'œuvre féminine, obtenu par l'attrait des salaires et l'appel au patriotisme, se généralisa dans des secteurs qui n'employaient, avant guerre, qu'un pourcentage infime d'ouvrières : métallurgie, manutention et transports, industries chimiques et bois. Pour que ces ouvrières puissent occuper, sans préjudice pour la production, des postes de travail exigeant une certaine force musculaire, la mécanisation et la rationalisation des opérations industrielles dans les usines de guerre furent systématiquement encouragées. Mais était-ce suffisant ?

La situation n'avait en fait rien perdu de sa gravité. Dans un pays de faible natalité qui souffrait déjà, en temps normal, d'un déficit chronique de main-d'œuvre, l'utilisation intensive des ressources humaines disponibles (récurrente en situation d'extrême pénurie de bras) se révélait impuissante à compenser l'absence de plusieurs millions d'actifs que la mobilisation avait détournés de l'agriculture et de l'industrie. Aussi le sous-secrétariat d'Etat à l'Artillerie et aux Munitions, dirigé par Albert Thomas, dut-il se résoudre à organiser le recrutement de mains-d'œuvre coloniale et étrangère. Initiative d'une portée totalement inédite, puisque l'Etat prenait en charge des questions qui relevaient auparavant de la seule initiative patronale, allant jusqu'à négocier directement avec les pays d'émigration et à fixer bilatéralement les règles de recrutement, d'acheminement, d'encadrement et de circulation des immigrés. L'étatisation des questions migratoires prenait, du même coup, le relais de leur nationalisation à la fin du XIXe siècle : l'Etat servait la nation en guerre. Naissait, par la même occasion, une politique publique de la main-d'œuvre immigrée, sommée d'assister une politique de la main-d'œuvre qui se trouvait contrariée par la mobilisation des éléments les plus actifs.

Les conditions de ce recrutement et les modalités d'encadrement ont toutefois considérablement varié suivant les mains-d'œuvre considérées. A l'égard des travailleurs nord-africains notamment, le souci majeur des pouvoirs publics était d'éviter que leur recrutement, en l'absence de service militaire obligatoire, ne prive l'armée de recrues volontaires ou ne pénalise les exploitations industrielles et agricoles des colonies. De là un faisceau de mesures contraignantes (surtout en Algérie, la Tunisie et le Maroc étant quelque peu épargnés par le régime du protectorat), destinées à contrôler l'ensemble des opérations de recrutement. Ce régime de circulation surveillée, facilité par l'institution d'une carte d'identité ou de circulation obligatoire depuis avril 1917, était cependant tempéré par des conditions de travail « assimilatrices » qui s'inspiraient du souci d'éviter l'exaspération d'une concurrence entre mains-d'œuvre européenne [21] et coloniale, toujours préjudiciable à l'effort de production. Un contrat-type prévoyait ainsi un traitement semblable à celui des ouvriers européens de la même profession et de la même catégorie, en leur garantissant, toutefois, un minimum de salaire [22] et certaines prestations en nature [23]. Dans la mesure où les industriels devaient payer, en outre, une redevance à l'Etat (0,50 franc par journée de travail pour les ouvriers nord-africains, 1,50 franc pour les ouvriers chinois), les mains-d'œuvre coloniale et chinoise revenaient plus cher à l'industriel que la main-d'œuvre française, « et celle-ci n'avait plus à craindre une concurrence inégale [24] ».

Si le recrutement des mains-d'œuvre nord-africaine (65 000 hommes), indochinoise (50 000) et malgache (5 000) fut affaire de dosage, celui des travailleurs étrangers se heurta à des difficultés politiques ou diplomatiques. Les anciens pays pourvoyeurs de main-d'œuvre étaient devenus ennemis (Allemagne) ou étaient occupés par l'ennemi (Belgique), tandis que les pays neutres (Espagne, Suisse) craignaient de s'exposer à des complications internationales en fournissant de la main-d'œuvre à l'un des belligérants. Seule la Chine consentit officieusement à autoriser le recrutement, par la *Huimin gongsi* (Compagnie pour l'émigration), de sa main-d'œuvre dite « exotique » (37 000 hommes), à condition qu'il fût effectué, en dehors de toute intervention des deux gouvernements, par des « syndicats » percevant une rémunération proportionnelle au nombre d'ouvriers recrutés. Quant aux travailleurs d'origine européenne (environ 200 000 dont 167 000 Espagnols), plusieurs moyens furent imaginés pour favoriser leur venue en France. D'abord l'encouragement donné à une immigration « spontanée » de proximité : les Pyrénées s'ouvrirent comme par enchantement, laissant passer une armée d'agriculteurs espagnols, estimée à 100 000 hommes. Ensuite, la négociation d'accords avec des gouvernements étrangers (Italie, Portugal [25]) ou des missions organisées par le Service de la main-d'œuvre étrangère aboutirent à fixer des interdits et des obligations dans chaque contrat-type. Il devenait ainsi impossible à un étranger de quitter son pays d'origine sans l'assentiment des autorités locales ; une fois sur le territoire, le travailleur était dirigé vers l'entreprise qui avait demandé son introduction et se voyait remettre une carte d'identité ayant valeur de carte de travail et de carte de séjour, qui lui était retirée contre remise d'un récépissé lors de son arrivée chez l'employeur. Le contrat précisait la durée du travail quotidien, le taux des salaires, pratiquement égal à celui des ouvriers français de même catégorie, le régime d'indemnisation des accidents du travail — si fréquents en temps de guerre — et l'assistance médicale en cas de maladie. Pour une fois, le désir de réglementer ou de couvrir les multiples aspects de la condition du travailleur immigré paraît plus significatif que les conditions réelles dans lesquelles les mains-d'œuvre étrangères ou coloniales ont pu travailler. S'il existait assurément des différences de situation, les inégalités flagrantes étaient assez rares dans les usines de guerre qui accueillaient une multitude de déracinés (dont beaucoup d'ouvrières éloignées de leur domicile).

L'essentiel est ailleurs : dans le processus qui conduisit l'Etat à s'approprier les questions migratoires qui naguère lui échappaient. Or, cette appropriation s'est accompagnée d'une catégorisation et même d'une hiérarchisation des diverses catégories de main-d'œuvre immigrée qui n'ont pas peu contribué à asseoir un certain nombre de préjugés dont l'idéologie coloniale était déjà porteuse. On ne comprendrait pas le poids des stéréotypes sur l'immigration dans l'entre-deux-guerres sans ce travail de classification — effectué de manière concertée par les entrepreneurs français et le ministère de l'Armement — qui fit accroire la « supériorité » de la main-d'œuvre d'origine européenne (réputée plus facilement assimilable) sur la main-d'œuvre coloniale et exotique (essentiellement chinoise) ; de la main-d'œuvre nord-africaine (« inapte à certaines tâches »), malgache et indochinoise sur celle, non sollicitée car jugée « trop peu évoluée », de l'Afrique noire [26]. La représentation et même la définition administrative du caractère d'étranger se fondait, qui plus est, sur une vision métropolitaine : était étranger celui qui venait d'un autre endroit que la Métropole, lors même qu'il était sujet colonial.

Est également prégnante la hantise du brassage entre les populations coloniales et nationales, tout particulièrement entre les « indigènes » et les femmes de mobilisés qui les jugeaient responsables du maintien de leurs hommes au front [27]. « L'hospitalité [28] républicaine » s'est, en fait, moins exercée en fonction des usages nationaux ou du jeu spontané des rencontres qu'à travers la reproduction artificielle — conforme à l'imagerie coloniale — des cultures d'origine dans des espaces réservés et protégés d'une violence intercoloniale dont on se méfiait à juste titre [29]. Comme dans ces cafés maures des villes de garnison, où l'on servait les mets de « là-bas » qui emplissaient le corps et l'esprit des senteurs d'outre-mer. Ou bien lors des principales fêtes religieuses que les autorités militaires et civiles respectaient et solennisaient ; ou même, dans la disposition des baraquements et des zones de circulation autour des usines de guerre, opérée de telle façon que les ouvrières ne puissent croiser le regard des « indigènes » sur leur chemin. Autant de précautions dont la double fonction ritualisée était d'évoquer la contrée d'origine afin de rappeler qu'une fois leur tâche accomplie, ces derniers allaient devoir repartir.

La répartition physique des coloniaux en fonction de leur région d'origine confirme le souci d'éviter les contacts, en l'absence des hommes partis au front. Au Creusot, alors que la plupart des mobilisés étaient logés en ville, tous les étrangers et quelques mobilisés logeaient dans des cantonnements installés par les usines Schneider & Cie, « installations faites en hâte, comme l'exigeaient les circonstances, et pour la plupart défectueuses. Préoccupés avant tout de la question de la production, les organisateurs de ces cantonnements n'ont pu étudier suffisamment la question, et les travailleurs sont très loin d'avoir le minimum de confort et d'hygiène indispensable (...). Rue La Pérouse, six cents Chinois sont dans des baraques Adrian. Ils y sont fort mal. Il y pleut et il y fait froid. On cherche à améliorer en recouvrant le carton bitumé par de la tôle ondulée. On obtiendra ainsi une toiture étanche, mais on ne remédiera pas aux défectuosités de ce genre de baraquements, où les ouvriers sont, de plus, beaucoup trop entassés ». Rue de la Gare, les Kabyles étaient également logés en surnombre dans ces baraques préfabriquées de type Adrian. Quant aux mobilisés, ils étaient regroupés à Montchanin dans « un grand local servant autrefois de magasin. Les murs sont en maçonnerie, mais la toiture est posée sur un voligeage sans plafonnage, et la hauteur du local ayant environ dix mètres, le chauffage y est impossible. Les fenêtres ne s'ouvrant pas, aucune ventilation n'est possible. Les lits se composent de paillasses posées sur trois planches supportées par deux tasseaux. Ils sont à ras du sol et les intervalles entre eux sont de quelques centimètres, les lavabos trop sommaires et en nombre insuffisant sont placés loin du local, sous hangar couvert, mais ouvert [30] ». Pour organiser le logement en commun de ses ouvriers espagnols, arabes et mobilisés, la direction des usines de la Vieille-Montagne à Viviez (Aveyron) avait adopté le principe suivant : « La maison est gérée par un ménage espagnol, s'il s'agit de loger des Espagnols ; français, s'il s'agit de mobilisés ou d'ouvriers français. Un côté du bâtiment, ou même tout le rez-de-chaussée sert d'habitation au gérant et à sa famille. Il comporte généralement deux chambres à coucher, une entrée avec WC, lavabos et une vaste cuisine où peuvent manger tous les pensionnaires qui trouvent là, non seulement des gens de leur pays, qui parlent leur langue, mais aussi des plats et la cuisine qu'ils préfèrent [31]. »

Le front africain « manquant »

Il faut enfin évoquer l'existence d'un « troisième front » : le travail forcé dans les colonies. Celui-ci fut à la fois la « contrepartie » obligée de la mobilisation des indigènes en Métropole [32] et la poursuite de pratiques bien ancrées dans les colonies [33] : « Quand on veut faire travailler le Noir, il faut le sortir de son pays, il faut le déplacer de façon à lui enlever ses moyens naturels d'existence [34] » ; quand on veut l'instruire, « il faut le sortir de son pays, de ses traditions, de son histoire et pour ainsi dire *l'expulser de lui-même* [35] ». « Le travail de l'homme blanc, disait de manière aussi frappante un proverbe mossi, est la mort de l'homme noir [36] » ; la guerre de l'homme blanc signifiait à l'indigène qu'il devait aussi travailler et mourir en Afrique pour une France qu'il n'avait jamais vue. Mais comment intensifier la production agricole et envoyer en France ces 400 000 tonnes d'arachides qu'elle réclamait à cor et à cri, si les villages perdus dans l'immensité africaine étaient à ce point dépeuplés ? Le gouverneur général de l'Afrique-Occidentale française, Joost Van Vollenhoven, n'avait pu trancher ce dilemme. Ce Hollandais naturalisé français en 1899 avait préféré démissionner et rejoindre le front en métropole comme sergent d'infanterie coloniale, laissant à son successeur, Angoulvant, le soin d'affronter les famines meurtrières que la réquisition pour la métropole des productions agricoles et des réserves alimentaires ne pouvait que favoriser. Coupés de leurs villages et soumis à des travaux éprouvants, les milliers d'indigènes recrutés sur les terres cultivées furent bientôt la proie des maladies vénériennes et du béribéri qui affectait d'ordinaire les prisonniers ou les manœuvres des chemins de fer, nourris à base de riz mal cuit.

Mais l'heure n'était toujours pas à l'amélioration rationnelle de leur état sanitaire ; elle était au recrutement systématique d'une main-d'œuvre que l'on souhaitait, au nom de l'intérêt supérieur de la « Mère Patrie », toujours plus nombreuse, malléable et surtout bon marché. L'utilisation à bas prix de la main-d'œuvre indigène supplantait désormais l'impôt dont la finalité était déjà « d'obliger l'indigène à produire des habitudes de travail régulières, faute desquelles la mise en valeur ne saurait se produire ». Pis, la rhétorique de l'impôt et celle, bien plus efficace, de la coutume traditionnelle du travail dû au chef pour les travaux communs du village furent utilisées pour légitimer les « prestations » ou obligation de travail gratuit pour des travaux d'utilité publique (par exemple, sur les chantiers routiers). Gare à celui qui refusait de cultiver ou de travailler sur les chantiers ! Il se mettait alors dans la situation du contribuable qui refuse d'acquitter son impôt, encourant la double sanction de l'administration coloniale et des chefs territoriaux qui avaient pris l'habitude de recruter, moyennant force privilèges et avantages matériels. Le marché du travail aux Noirs a pu ainsi se développer, jusqu'aux années 1930, à la jointure de deux modes de production et de culture hétérogènes mais complémentaires : celui de l'administration coloniale qui considérait ces indigènes privés de toute protection juridique (l'Inspection du travail en Afrique noire date des années 1930) comme des salariés subalternes, et celui du village d'origine et de la parentèle qui créditaient ces mêmes travailleurs d'une parcelle précieuse du pouvoir des Blancs. Ces « collaborateurs de la première heure », selon Catherine Coquery-Vidrovitch, surent accumuler des avantages matériels et symboliques les préservant d'une condition dégradante. C'est la crise des années 1930 qui devait les transformer en sous-prolétaires urbains d'un tiers-monde encore balbutiant.

La guerre allait, enfin, creuser un véritable fossé culturel entre ces travailleurs au rabais ayant fait les frais d'un service du travail obligatoire [37] et les « acculturés » de la mobilisation. 160 000 anciens combattants revinrent en Afrique avec des privilèges et une aura si affirmés qu'ils purent assumer leur propre engagement politique sans encourir une répression toujours menaçante. Cette légitimité d'anciens combattants leur valut en effet d'être exemptés du « Code de l'indigénat », et d'obtenir parfois la citoyenneté française [38] ; elle leur conféra surtout cette liberté de pensée, d'allure et d'expression, qui devait animer des personnalités aussi diverses que Dorothée Lima, Abdoulaye Mara ou encore André Matswa [39]. Si les Noirs ont suivi la voix très modérée du député Blaise Diagne [40], les Algériens ont, durant la guerre, pris conscience de leur « algérianité » au point de prêter une oreille désormais attentive aux discours des leaders nationalistes de l'entre-deux-guerres, notamment de l'émir Khaled [41], petit-fils d'Abd el-Kader. Chez les Malgaches et, plus encore, chez les Indochinois, très encadrés, le passage en France éveilla également des sentiments nouveaux de contestation, tout en accentuant les ambiguïtés — jamais résolues — de l'assimilation.

La décolonisation s'est donc bien insinuée par la Grande Guerre qui a fini par asseoir le principe d'une cohérence apparemment construite mais sujette à bien des interprétations contradictoires entre le peuple et l'organisation politique : faire coïncider coûte que coûte les frontières politiques avec les diverses « nationalités » de l'Europe ; sédentariser pour éviter que se créent des espaces sociaux ou d'insaisissables diasporas qui remettent en cause l'allégeance nationale et échappent au contrôle politique des États. C'est pourtant au nom du même principe de « cohérence nationale » que les mouvements d'indépendance des pays d'Amérique, d'Afrique ou d'Asie se développeront contre les anciennes puissances européennes impériales...

On peut enfin se demander si l'utilisation ultérieure de recrues nord-africaines contre les troupes du Viêt-minh en Indochine, c'est-à-dire de colonisés contre d'autres colonisés insurgés, n'a pas contribué à « abâtardir » l'identité coloniale de la République française. En effet, si la « dette du sang » contractée par la France envers ses « enfants morts pour la patrie commune » est, depuis la Première Guerre mondiale, « exigible » par les « fils ou petits-fils d'Afrique » qui se sont néanmoins prêtés à la démonstration coloniale [42], la « trahison » de certains d'entre eux au profit d'une cause, *a posteriori* juste, l'émancipation d'*une autre* colonie, est des plus difficiles à justifier tant du point de vue « maternel » que « filial ». C'est pourtant bien un fait que la France a levé des troupes de colonisés pour mater des révoltes ou des guerres d'indépendance qui se tramaient en d'autres points de *son* Empire colonial. Telles ces recrues marocaines, retrouvées quatre-vingts années plus tard par Nelcya Delanoë, qui désertèrent en 1946 le corps expéditionnaire français en Indochine pour rejoindre le camp du Viêt-minh. Ces combattants se marièrent à des Vietnamiennes [43] et vécurent vingt-cinq années au Nord Viêt-nam avant de regagner le Maroc [44]. Sans doute les premières forces du Corps expéditionnaire français d'Extrême-Orient ne comprenaient-elles aucun Maghrébin en 1945, car les autorités françaises redoutaient un rapprochement entre les nationalismes algérien et vietnamien, tout en craignant une réaction américaine. Mais l'épreuve de la guerre et la pugnacité des armées du Viêt-minh emportèrent bien vite ces scrupules. Dès 1947, les troupes nord-africaines devinrent une composante essentielle du Corps expéditionnaire, au point d'atteindre 30 % des effectifs en 1954, soit 35 000 hommes originaires des pays du Maghreb. C'est que les combattants coloniaux – attirés par la solde militaire — revenaient 30 % moins cher (sauf pour les officiers) que leurs homologues français ; surtout, on évitait les complications politiques que n'auraient pas manqué de faire surgir l'appel au contingent ou des pertes trop nombreuses dans les rangs des soldats nationaux [45]. D'après les rapports d'inspection militaire, ces troupes étaient indifférentes aux affaires intérieures françaises pour autant qu'elles n'eussent aucun retentissement sur leur vie quotidienne ; un rapport d'inspection note même « qu'il aurait fallu au moins le bombardement de New York pour éveiller les esprits [46] »...

VI

La Société générale d'immigration

La Première Guerre mondiale avait amené les pouvoirs publics à s'approprier la gestion administrative des questions migratoires. Pour organiser le recrutement, l'acheminement et le placement de la main-d'œuvre étrangère et coloniale, de nouvelles structures administratives avaient été créées de toutes pièces. Allait-on, la guerre terminée, conserver ces services qui exerçaient un monopole de fait ? Ou fallait-il revenir à l'organisation très libérale qui prévalait avant les hostilités ? En ce climat de méfiance et même d'anti-étatisme qui régnait au lendemain de l'armistice, des voix s'élevaient pour réclamer leur suppression, à commencer par celle du grand patronat, surtout minier, qui se disait prêt à prendre le relais. Ne s'agissait-il pas de résoudre, par tous les moyens y compris l'immigration, la crise de main-d'œuvre que connaissait alors la France du fait de la disparition prématurée d'hommes en âge de travailler et de produire ?

La répartition des rôles entre les pouvoirs publics et l'initiative privée

En 1918, aucune des questions soulevées par l'immigration n'échappait à l'Etat. Legs du dirigisme de guerre, le

98

Service de la main-d'œuvre étrangère du ministère du Travail [1] (SMOE) et le Service de la main-d'œuvre agricole du ministère de l'Agriculture (SMOA) se partageaient le recrutement et le placement de la main-d'œuvre étrangère. Chargé de la surveillance policière des nouveaux venus et de la répression des délits, le ministère de l'Intérieur s'occupait du visa des passeports et de la délivrance, depuis avril 1917, des cartes d'identité. Le Service du Sceau du ministère de la Justice instruisait les demandes de naturalisation, tandis que le ministère des Affaires étrangères menait, en liaison étroite avec le SMOE, les négociations avec les pays d'émigration en vue de conclure des accords d'immigration.

Pièce maîtresse du dispositif, le SMOE avait fait plus qu'introduire par dizaines de milliers des travailleurs dans les usines de guerre ; il avait, selon le témoignage du député Adolphe Landry, « exercé sur l'ensemble des travailleurs étrangers présents en France un contrôle qui avait permis de stabiliser cette main-d'œuvre, de l'adapter à un milieu nouveau en évitant les conflits, d'améliorer considérablement sa condition économique tout en mettant les travailleurs français à l'abri d'une concurrence inégale [2] ». La guerre finie, ce service fut provisoirement épargné par les violentes critiques qui se dirigeaient contre la plupart des services publics, sous l'influence de la majorité conservatrice élue en 1919. Sans doute parce que son organisation, désormais liée à celle des jeunes offices de placement, se montrait très utile, au moment où le ministère des Régions libérées recherchait plusieurs milliers de travailleurs. Mais aussi parce qu'il pouvait être l'instrument d'une politique de l'immigration sélective, soucieuse de faire venir en France des travailleurs d'origine européenne, choisis par nationalité [3], certaines populations étant désormais jugées, pour différentes raisons [4], « indésirables » (coloniaux, Germaniques, Russes). Il fallut pourtant vite déchanter ! Les dysfonctionnements qui accompagnèrent le recrutement de ces travailleurs, le reclassement des ouvrier(e)s des usines de guerre et la démobilisation dans son ensemble ne tardèrent pas à enflammer le débat. Sans aller jusqu'à démanteler un service qui avait fait ses preuves, les députés conservateurs de la Chambre bleu horizon en profitèrent pour réduire sensiblement le budget et les effectifs du SMOE [5] au point d'en paralyser l'activité : « Tandis que certains pays étrangers transforment certains consulats en véritables ministères chargés d'exécuter leur politique chez nous... des centaines de milliers d'étrangers ont pu se fixer en France, des cités étrangères se sont constituées sur notre territoire, toute une presse étrangère s'y répand à profusion, sans que notre administration ait pu disposer du moindre moyen d'action ou d'information [6]. »

C'était donner les coudées franches à une initiative patronale que le dirigisme de guerre avait clairement évincée des questions de recrutement et de formation, mais que les besoins de la reconstruction remettaient en selle. Dès 1919, divers groupements patronaux, à l'image du Comité des forges de l'Est et de la Confédération des associations agricoles des régions dévastées, avaient commencé d'embaucher des ouvriers italiens et polonais. Ces organisations résolurent d'unifier leurs efforts en fondant une Société générale d'Immigration (SGI), appelée à supplanter l'Etat dans la fonction de recruteur qu'il avait « indûment » remplie pendant les hostilités. Cette société allait être dirigée par des représentants du grand patronat, ayant leurs entrées dans les ministères et le monde politique. A l'image de son président du conseil d'administration, Edouard de Warren, qui fut député de Meurthe-et-Moselle de 1919 à 1932, vice-président de la Commission des Régions libérées et secrétaire général du groupe de l'Union républicaine démocratique ; ou encore de Henri de Peyerimhoff de Fontenelle, élu vice-président du conseil d'administration de la SGI et président du Comité central des houillères.

Dès sa constitution, la jeune société se fit fort d'acquérir aux dépens du SMOE, dont les crédits déclinaient, un quasi-monopole sur les opérations de sélection, d'embauche et d'acheminement de la main-d'œuvre étrangère au profit de tous les employeurs qui en faisaient la demande. Elle s'engageait à leur fournir dans les plus brefs délais toute catégorie d'ouvriers sélectionnés, en bonne santé, accompagnés ou non de leur famille. Les chiffres en disent assez sur l'ampleur de son activité : plus de 400 000 travailleurs furent recrutés et acheminés par ses soins de 1924 à 1930, le recrutement de travailleurs polonais pour les mines françaises étant privilégié. En 1931, les mineurs étrangers représentaient 42 % des effectifs globaux des houillères, 90 % des mineurs de fond en Lorraine et 46 % dans le Nord-Pas-de-Calais pour le charbon. La SGI, dont les représentants intriguaient dans les ambassades européennes au grand dam du Quai d'Orsay, s'appuyait sur des antennes de recrutement installées dans plusieurs pays : Italie, Belgique, Grèce, Autriche, Lituanie, Norvège, Suède, Suisse, Roumanie et surtout Pologne. Il n'était pas rare, dans les années 1920, de rencontrer à Myslowice, à Jaroslaw ou à Wejherowo des agents recruteurs de la SGI vantant les charmes d'une France où rien ne faisait défaut et où le travail à la mine n'avait pas la dureté qu'on lui connaissait ailleurs. Leurs auditoires se laissaient d'autant plus facilement convaincre que l'émigration vers les Etats-Unis était contrariée par la mise en œuvre des « lois de quotas » (1921-1924). Pour les « reçus », que les médecins de la SGI avaient, souvent au terme d'un examen très sommaire [7], déclarés aptes au travail, c'était le grand saut dans l'inconnu : une affectation au hasard de leur date d'arrivée (Nord, Lorraine, Alès, Carmaux, La Mure, Montceau-les-Mines), et surtout, un travail ingrat au fond des puits de mines consistant le plus souvent à pousser des berlines ou à remblayer des galeries. En Saône-et-Loire, leur arrivée était, pour la population locale, un moment d'inégalable distraction : « On toise, goguenard, les nouveaux venus, leur costume paramilitaire, avec de larges culottes bouffantes, leur tunique verdâtre d'un autre âge, leurs bottes et leur casquette à visière de cuir rabattue sur le front. Et les commentaires vont bon train sur les femmes en caraco recouvert d'un châle multicolore qui portent sur la tête un mouchoir à carreaux bariolés [8]. » Relégués dans des baraquements construits à la hâte, à la périphérie des corons traditionnels, et coupés de la sociabilité minière, ces immigrés ne pouvaient participer ni aux élections professionnelles, ni aux banquets, ni aux cérémonies officielles et n'avaient pas droit à la « part sociale » du salaire (allocations, gratifications, œuvres sociales, aides à l'acquisition d'un logement). « Gueules noires », sans trop l'avoir voulu, ces Polonais, dont le sentiment religieux était entretenu par des prêtres, préféraient vivre entre eux et préserver une identité nationale, autant par fierté de voir renaître leur Etat que parce qu'ils avaient à cœur de rentrer chez eux, dès que la Pologne serait en mesure de leur fournir un emploi décent. « Si les rues des corons abritaient majoritairement des Polonais, jamais aucune d'entre elles ne leur fut exclusivement réservée. Ils avaient toujours des voisins français, soit de l'autre côté du mur mitoyen, soit dans le jardin d'en face, soit plus loin sur le même trottoir. Nulle frontière ne séparait Français et étrangers, sinon dans les têtes. Car il est vrai, chacun vivait entre soi [9]. » Le sentiment de vivre une expérience provisoire et l'attachement quasi religieux à une polonité cultivée dans l'exil auront freiné, jusqu'en 1945, une assimilation que les Juifs d'Europe centrale ont au contraire immédiatement recherchée, convaincus du caractère définitif de leur exode.

Le maintien des services de placement depuis la guerre, l'analyse des procédures administratives et l'existence de conventions d'immigration internationales montrent pourtant que le quasi-monopole de la SGI en fait de recrutement n'était pas irrévocable. Les administrations du Travail et de l'Agriculture, qui assuraient bon an mal an près du quart des recrutements, avaient pris soin de définir des règles de contrôle assez strictes, destinées à encadrer les activités d'une SGI qui n'était pas présente dans tous les pays d'émigration. Si cette société recevait l'appui du gouvernement français pour ses missions à l'étranger, son accréditation comportait l'obligation de se soumettre au contrôle de l'administration : elle ne pouvait ainsi introduire de travailleurs étrangers qu'après le visa des demandes et des contrats visés par les ministères du Travail et de l'Agriculture. En outre, ces administrations se réservaient un droit d'intervention dans son fonctionnement par des mesures de contrôle spécifiques. Enfin et surtout, des traités d'immigration conclus entre la France et des pays d'émigration prévoyaient, à travail égal, l'égalité des salaires entre travailleurs étrangers et travailleurs nationaux, ainsi que la « même protection que celle accordée aux nationaux par la législation et par les usages du pays [ayant trait] aux conditions de travail et d'existence ». Souvent sollicités par les pays d'émigration, ces accords faisaient obligation à toute société de recrutement et, par conséquent, à la SGI de recourir à des contrats-types qui énuméraient les avantages sociaux auxquels avaient droit les travailleurs étrangers. Ils ont ainsi permis, pour les catégories d'étrangers les plus nombreuses (les Italiens, les Polonais arrivant en tête), d'aligner, dans une certaine mesure, leur protection sociale sur celle des travailleurs nationaux et de leur assurer, dans certaines conditions, la stabilité de l'emploi. Ils contribuaient, aux dires des juristes, « à pacifier les relations entre ouvriers français et ouvriers étrangers » (les seconds ne pouvant plus être employés à vil prix), et à contenir toute velléité d'immixtion des gouvernements étrangers dans les affaires intérieures françaises.

Le patronat et la main-d'œuvre étrangère

Cette répartition des rôles entre l'Etat et l'initiative privée dans la gestion des questions migratoires et l'existence de clauses protectrices dans les conventions d'immigration masquent cependant deux phénomènes. Le premier, sur fond de vives polémiques autour des activités de la SGI, est la divergence de vues entre l'Etat et les organisations patronales préoccupées par la pénurie de main-d'œuvre. Tandis que l'Etat — non suivi par une classe politique très divisée sur la question de l'immigration — souhaitait définir une politique de l'immigration qui favorise l'assimilation policée des étrangers et compense les effets de la dénatalité française, la SGI se préoccupait avant tout de procurer à ses entreprises adhérentes la plus grande souplesse possible dans la gestion de leur main-d'œuvre. Le second phénomène est le contournement par cette société et par les employeurs des clauses protectrices des conventions d'immigration, qui favorisait certaines formes d'exploitation de la main-d'œuvre étrangère.

Les nombreuses frictions entre les agents de la SGI et les fonctionnaires français du ministère du Travail ne faisaient, en réalité, que refléter l'absence de véritable politique de l'immigration. Observateur lucide, Marcel Paon, qui devait prendre plus tard la direction du SMOE, écrivait en 1926 : « Par suite d'une négligence extraordinaire et presque inexcusable, dans la France, grand pays d'immigration, cette immigration se fait sans principes directeurs, presque sans contrôle, par des frontières largement ouvertes et elle accueille au hasard l'inapte, le taré, l'indésirable, à côté d'éléments parfaitement recevables, dignes d'entrer dans la famille française, et que nous devons attirer à nous [10]. » D'où cette incurie venait-elle, sinon d'abord et surtout des pouvoirs publics qui s'étaient en grande partie délestés des opérations de recrutement sur la SGI, sans parvenir à coordonner l'ensemble des services administratifs impliqués dans les questions migratoires ! Le résultat de cette défection était que beaucoup d'étrangers s'introduisaient en France en dehors des procédures régulières, attendant leur régularisation sitôt un emploi obtenu. Plus grave, la SGI se sentait investie d'une mission diplomatique, puisqu'elle menait à sa guise – en dehors des canaux diplomatiques habituels – des négociations avec les pays fournisseurs de main-d'œuvre, non sans céder à des pratiques voisines de la corruption.

Que, dans ces conditions, la SGI fît l'objet de nombreuses critiques n'est guère surprenant. Ne réalisait-elle pas des bénéfices considérables sur le dos de ses adhérents (environ 80 francs par introduction) en rassemblant le plus grand nombre de demandes d'introduction, même en période de chômage ? Attitude « mercantile » qui valait à ses responsables les épithètes peu flatteuses de « négriers » ou de « trafiquants de chair humaine ». D'autre part, ses méthodes étaient incriminées par les partisans d'une immigration de « qualité », appelée à régénérer une « race française » qui s'étiolait en vieillissant. Auteur d'un *Traité de l'immigration et de la greffe interraciale* (1931), le médecin René Martial reprochait par exemple à ses collègues recruteurs de sélectionner les candidats sur la foi d'un simple coup d'œil, sans nullement tenir compte des tares ou maladies qui pouvaient diminuer la « valeur démographique » des étrangers.

Mais le principal grief, celui qui devait précipiter les mesures légales visant à protéger la main-d'œuvre nationale contre la concurrence possible de la main-d'œuvre étrangère, émanait de la gauche, surtout des communistes et des syndicalistes : les agents recruteurs de la SGI engageaient des spécialistes et les classaient dans des catégories inférieures à celle de leur qualification réelle. Cette pratique rendait leur emploi en France très avantageux pour les employeurs, et concourait à niveler les salaires par le bas. Les syndicalistes de la CGT, conduits par Léon Jouhaux, en étaient parfaitement conscients, qui reprochaient aux agents de la SGI d'exercer, avec la caution ou la « duplicité » de l'administration française, une « action insidieuse et corruptrice » de nature à renforcer l'exploitation des travailleurs par le patronat.

Pour les employeurs français, qui ne cessaient de souligner l'insuffisance du nombre des introductions des travailleurs étrangers, la tentation était forte en effet de tourner les dispositions contraignantes des contrats-types prévus par les conventions d'immigration, en jouant des différences d'expérience, d'ancienneté et de qualification ou des rivalités toujours possibles entre travailleurs nationaux et travailleurs étrangers. Diviser pour mieux régner, voilà bien qui résume la propension de certains patrons à sous-payer les ouvriers étrangers ou à rogner par tous les moyens sur leur rémunération, pour que leurs ouvriers français — les derniers à être débauchés quand les commandes se raréfiaient — soient moins portés à revendiquer. L'égalité des rémunérations entre travailleurs étrangers et nationaux, pourtant prévue par les contrats-types, était du reste bien souvent bafouée par toute une panoplie de mesures : les ouvriers étrangers étaient payés à la journée, tandis que les Français touchaient bien davantage à la tâche ; ils étaient mis indéfiniment à l'essai ou encore voués à une désespérante stagnation professionnelle, aux postes de travail les plus pénibles. Enfin, des employeurs n'hésitaient pas à multiplier pressions, menaces et sanctions pour obtenir des ouvriers étrangers cette fameuse docilité que la production leur paraissait commander. La Compagnie des mines d'Anzin exigeait, par exemple, que tous les membres d'une même famille étrangère, logés par ses soins dans un logement patronal, travaillent ensemble à la mine. En cas de manquement à cette règle, la comptabilité opérait une retenue sur les salaires, et les électriciens venaient couper le courant de l'habitation.

De quoi s'agissait-il, sinon d'une gestion de la main-d'œuvre à deux vitesses qui permettait aux salariés nationaux, dont les rangs avaient été décimés pendant la Grande Guerre, d'acquérir plus facilement les qualifications recherchées et de savourer une promotion sociale que le XIXᵉ siècle leur avait chichement concédée. L'immigration massive des années 1920 aura, en définitive, facilité la promotion sociale des travailleurs nationaux, en contribuant, comme la rationalisation industrielle portée par la Grande Guerre, à stratifier et rigidifier le monde du travail. Les emplois les plus déqualifiés, les plus standardisés, les moins bien situés furent occupés par des Nord-Africains [11] auxquels s'appliquait au premier chef l'expression « faire suer le burnous », par des travailleurs étrangers et par des paysans déracinés, alors que les emplois les plus intéressants et les mieux rémunérés étaient occupés par une main-d'œuvre nationale qualifiée qui connaissait le prix de sa valeur professionnelle.

VII

Français et étrangers dans les années 1920

C'est dans les années 1920, au moment où les lois américaines sur les quotas étaient de leur côté appliquées, que la France est devenue, par rapport au nombre total de ses habitants, le premier pays d'immigration du monde. A la veille de la crise des années 1930, quelque trois millions d'étrangers, soit 7 % de la population totale, vivaient dans l'Hexagone. Qu'un accroissement aussi rapide du nombre des immigrés [1] (près de 10 % l'an de 1921 à 1926) ait suscité un certain nombre d'interrogations et de réactions ne doit pas surprendre. Saignée à blanc par la Grande Guerre, la société française tentait de déchiffrer son avenir dans le miroir de l'immigration, sans se défaire de l'idée malthusienne que son destin aurait pu être autre, si sa natalité n'avait pas constamment décliné depuis la fin du XVIIIᵉ siècle et si la guerre n'avait pas fauché un grand nombre de ses actifs. Or l'immigration, depuis que l'Etat-nation s'était affirmé, lui paraissait engager son avenir en soulevant deux questions lourdes d'incertitudes : les étrangers voulaient-ils ou non s'intégrer individuellement en acceptant les usages et les obligations de la société d'accueil ? Et la nation française pouvait-elle assimiler autant d'étrangers différents sans se « dénaturer » ou perdre cette identité encore bien fragile que les républicains étaient parvenus à construire ?

La France perd ses femmes !

La France avait perdu plus d'un million quatre cent mille enfants au cours des années de guerre, voici qu'elle perdait à présent ses femmes [2] ! Cette perte n'était pas, à proprement parler, nouvelle, puisque la femme qui se mariait se voyait automatiquement attribuer, depuis la promulgation du Code civil en 1804, la nationalité de son mari. Mais le phénomène prenait une plus grande ampleur dans les années 1920, avec le développement d'une immigration économique, principalement composée de célibataires, dans une France où le rapport des sexes était fortement déséquilibré en faveur des femmes dont 680 000 veuves. Or, il pouvait arriver que la femme née française change de nationalité sans le vouloir ni le savoir ; lorsqu'elle s'en apercevait, il était déjà trop tard ! Le vécu des étrangers l'avait rattrapée... Elle apprenait ainsi, avec stupeur, que le bénéfice des allocations sociales était réservé aux Françaises ; qu'elle devait se plier aux obligations incombant depuis 1888 et surtout 1917 aux étrangers (enregistrement et carte d'identité d'étranger) et que beaucoup d'emplois de la fonction publique lui étaient désormais interdits. S'avisait-elle de demander le divorce, comme toute Française était en droit de le faire, qu'elle devait s'assurer que son mari était bien ressortissant d'un Etat ayant autorisé le divorce. Ce n'est pas tout ! L'opinion prêtait une oreille complaisante au cas des Chinoises *made in France*, ces ex-Françaises parties en Chine avec leur mari chinois, qui découvraient, de l'autre côté de la terre, une épouse... légitime. Ces femmes étaient « condamnées à végéter dans une misère et au milieu de privations inimaginables, dans un pays dont elles ne [connaissaient] ni la langue ni les mœurs ». Elles pouvaient se retrouver « séquestrées, ravalées à la situation subalterne de deuxième femme, en butte à l'autorité despotique de la femme légitime » [3] ! Inutile de dire que les bons esprits s'en offusquaient avec gravité. A commencer par les natalistes qui voyaient d'un fort mauvais œil s'échapper, par le seul fait du droit, une partie de la si précieuse fertilité nationale. Les féministes en voulaient aussi à un droit de la nationalité qui ne faisait que prolonger et accentuer l'infériorité juridique de la femme française, au point de lui ôter toute espèce de libre arbitre. Au-delà, c'est toute une frange hétérogène de l'opinion publique, emmenée ou non par les populationnistes, qui ne comprenait pas qu'on pût d'un côté naturaliser et, de l'autre, laisser se « dénationaliser » une partie de la population.

La conscience d'un déclin démographique singulièrement français allait permettre d'inventer un compromis entre les natalistes soucieux de conserver à la femme née française sa nationalité d'origine, les populationnistes pour qui tout surplus de population – y compris immigrée ou naturalisée – était bon à prendre, et les féministes soucieux de restaurer la femme mariée dans son indépendance par rapport à son mari [4]. La loi du 10 août 1927 sur la nationalité donne ainsi des gages aux féministes, puisqu'elle dispose que la femme mariée, née française, aura le choix [5] entre conserver sa nationalité ou devenir étrangère, tout en prévoyant la réciproque : la femme étrangère épousant un Français pourra choisir entre sa nationalité d'origine et la nationalité française. Lèse-t-elle pour autant les natalistes ? Dans la lettre sans doute, mais non dans les faits, puisque seulement 5 % des femmes françaises opteront pour la nationalité de leur mari étranger. Mais la loi fait surtout le bonheur des populationnistes sur au moins trois points. D'une part, en permettant aux femmes, ayant perdu dans le passé la nationalité française par mariage avec un étranger, de la recouvrer par déclaration dans un délai d'un an après la promulgation de la loi (elles seront 35 000 à suivre cette procédure). D'autre part, en réduisant de dix à trois ans le délai nécessaire pour qu'un étranger puisse demander sa naturalisation [6]. Et enfin, parce que plus de la moitié des femmes étrangères, ayant épousé des Français, choisiront, bon an mal an, la nationalité française. Il s'agit, à n'en pas douter, d'une franche « victoire » des populationnistes [7] qui entendaient faire de la naturalisation l'un des instruments obligés de la repopulation du pays, en pariant sur l'assimilation ultérieure des naturalisés : la naturalisation n'entérine plus l'assimilation ; elle la précède pour mieux la favoriser [8].

Rapportés au climat très polémique de l'entre-deux-guerres, les débats autour de la loi de 1927 laissent entrevoir deux conceptions opposées de la nation, relayées, sous des formes plus ou moins ouvertes, par les forces ou groupements politiques. La première, devenue traditionnelle depuis la Révolution (mais héritée de l'Ancien Régime), se fondait sur la conviction nationaliste et volontariste, celle notamment d'un Paul Reynaud [9], que sont ou doivent devenir françaises les personnes résidant sur le sol français à titre permanent et définitif, et manifestant la volonté d'acquérir la nationalité française. Se réclamant d'un héritage doublement historique et biologique, la seconde identifiait au contraire la nation au sang commun, à l'origine commune, à la race ou, à tout le moins, à une longue histoire vécue ensemble. A défaut de s'opposer catégoriquement aux naturalisations, les tenants de cette conception voulaient soumettre l'entrée d'un étranger dans la communauté française à des conditions sévères et à un contrôle très strict. Dans le climat xénophobe des années 1930, leurs idées ont assurément gagné du terrain, puisqu'ils ont obtenu qu'un délai de cinq ans entre la naturalisation de l'étranger et son inscription sur les listes électorales soit institué (décret-loi du 12 novembre 1938).

Les différences stigmatisées

L'ouverture généreuse du droit de la nationalité en 1927 ne semble pourtant pas avoir apaisé les craintes qui s'exprimaient, depuis la fin du XIXᵉ siècle, quant au déclin démographique ou à la capacité d'assimilation de la société française. Elle ne semble pas non plus avoir remis en cause le « besoin national » de différencier l'étranger que l'on se proposait pourtant d'incorporer dans l'Etat-nation. Bien au contraire, l'observation sociale des étrangers, nourrie de données collectées par les services de l'Etat, est venue servir une stigmatisation toujours plus sophistiquée des étrangers.

La thèse fameuse du géographe Georges Mauco (1932), dont le dernier chapitre est consacré à l'assimilation — présentée comme « l'aboutissement de l'intégration » —, en est une bonne illustration. Elle tente, à partir de sources statistiques officielles, d'apprécier le comportement social des étrangers suivant leur nationalité d'origine ou leur origine géographique, tout en pointant les différences qui les séparent des Français. C'est ainsi que la délinquance des étrangers est passée au crible, sans l'appui d'une réflexion critique sur les conditions de fabrication des statistiques mobilisées. Et d'affirmer, par exemple, que la criminalité des Africains est quinze fois supérieure à celle des nationaux ou que la proportion des étrangers justiciables des assises est trois fois supérieure à celle des nationaux. En 1926, 20 % des arrestations dans le département de la Seine concernaient des étrangers, tandis qu'ils représentaient 15 % des condamnés en cour d'assises à Paris, soit le double de leur part dans la population. Chiffres élevés qui comptabilisaient toutefois des délits inaccessibles aux nationaux, tels que les infractions aux règles de séjour et aux arrêtés d'expulsion. Ces statistiques à usage démonstratif (il s'agit de justifier ou d'aiguillonner l'action des pouvoirs publics) restaient bien sûr indifférentes aux conditions particulières de vie et de travail des étrangers. Elles étaient tout à la fois l'expression et la cause d'une inquiétude diffuse dans l'opinion publique.

Dans un esprit très voisin, d'autres statistiques étaient sollicitées pour démontrer la prétendue dangerosité sanitaire des allogènes, sans bien sûr tenir compte des conditions particulières de vie et de travail des étrangers en France. On apprenait ainsi qu'ils étaient plus nombreux que les nationaux à être victimes d'accidents du travail (et vraisemblablement de maladies professionnelles dont la recension statistique a toujours été plus délicate) ; à être atteints d'affections respiratoires, de tuberculose, de maladies vénériennes et de troubles mentaux. Quant à la proportion des étrangers hospitalisés, elle était supérieure à celle de la population nationale (8 % contre 6 % en 1927). Etait-ce dû, comme le prétendaient nombre de journalistes et publicistes contemporains, à l'insuffisance des contrôles sanitaires aux frontières et au fait que l'étranger était porteur de germes pathogènes appelés à se diffuser dans la société d'accueil ? Sans écarter cette hypothèse qui réveillait de vieux débats entre « infectionnistes » et « contagionnistes », les rapports d'inspection faisaient ressortir que la plupart des maladies étaient contractées non pas au départ du pays (maladies dites exotiques), mais bien en France (maladies dites « autochtones » ou « acclimatées ») [10]. Et d'indiquer, non sans raison, qu'elles étaient surtout imputables aux privations que les étrangers s'imposaient pour envoyer de l'argent à leur famille, à l'insalubrité des logements et à des conditions de travail particulièrement pénibles. La tuberculose n'échappait pas à la règle, qui affectait surtout les immigrés nord-africains. Quant à la sur-représentation étrangère dans les hôpitaux (Paris était « devenu l'hôpital du monde »), précisons que ceux-ci accueillaient alors surtout les malades les plus pauvres, les Français même modestes se tournant plus volontiers vers la médecine libérale.

Qu'importe ! Toutes ces données s'ajoutaient à la liste, déjà longue, des avantages « indus » dont bénéficiaient les étrangers, lestant le dossier, promis à un grand avenir, du coût social des allogènes. Le petit peuple des villes en voulait à ces étrangers qui envahissaient les Habitations à Bon

Marché (HBM), surchargeaient les hôpitaux et les écoles, et surtout menaçaient la tranquillité des Français. En clair, les étrangers coûtaient trop cher à la Nation et ne méritaient pas tant d'égards. Voilà bien de quoi nourrir des préjugés tantôt naïfs, tantôt délibérément racistes qu'une presse hargneuse s'empressait de diffuser. On les disait travailleurs ces Polonais, dont les vêtements empestaient la cuisine au chou, mais pourquoi donc buvaient-ils autant (« *soûl comme un Polonais* ! ») ? Au moins avaient-ils cette franchise dont les Levantins, aussi laids qu'hypocrites, étaient totalement dépourvus ! Ces derniers étaient assurément fourbes, affairistes et, par-dessus le marché, maîtres-chanteurs ; au contraire des Allemands, bien connus pour leur sens incurable de la discipline et de l'organisation, mais tellement... francophobes. Et les Nord-Africains ? Leur métamorphose depuis la guerre intriguait. Que restait-il, en effet, de ces fameux « tchouk-tchouks [11] » d'avant 1914, qui ressemblaient à ces grands enfants aux yeux effarouchés, dont le sort et l'accoutrement excitaient la compassion autant que la curiosité ? Ils étaient devenus les « Sidis [12] », dont la guerre avait révélé la cruauté et le caractère bagarreur : « un véritable danger pour les femmes et les enfants », selon la police de Longwy, en 1937. Ils seront plus tard ces « bicots », sales, instables et murés, qui plus est, dans une religion de l'incommunicabilité. Ah, s'ils savaient au moins travailler !

Ces préjugés sont révélateurs du souci de débusquer des différences de comportement, sans chercher à les comprendre. Il faut sans doute y voir la présomption et même la conviction que tous les étrangers n'étaient pas également assimilables ou que certains l'étaient davantage que d'autres. La tentation fut forte, notamment chez les juristes, les fonctionnaires, les hommes politiques, les médecins [13] et autres spécialistes de l'immigration, de classer les immigrés sur une échelle d'assimilabilité (au reste très variable d'un auteur à l'autre) en fonction de leurs origines ethniques, de leurs dispositions ou de leur aptitude au travail. De là cette quête aussi vaine qu'illusoire de signes d'intégration ou de non-intégration qui, par un effet de miroir, fournit des indices sur la manière dont les Français percevaient leur propre intégration dans la communauté nationale. Dans une société peu salariée et encore très rurale (en 1931, un peu moins de 50 % des habitants vivaient en zone rurale), ces derniers se montraient très attachés, depuis la fin du XIXᵉ siècle, à la petite propriété et au monde des petits producteurs indépendants qui, par l'épargne et leur labeur, s'attiraient l'estime de leurs concitoyens. Bien qu'il fût depuis la guerre malmené par l'inflation, ce modèle social « individualiste », dont le parti radical-socialiste s'était fait l'infatigable défenseur, était profondément ancré dans les mentalités ; il innervait les représentations d'une société qui se référait volontiers au mythe de la Belle Epoque. Il était surtout, comme en témoigne l'âpre combat mené contre les assurances sociales, violemment opposé au modèle salarial, fondé sur une relation déséquilibrée qui rendait l'ouvrier ou l'employé dépendants du bon vouloir de son employeur.

Or, l'individualisme dont il était porteur s'opposait à l'attitude « grégaire » de certains groupes allogènes, qui passait pour un coupable refus d'intégration. Combien de fois cette propension des étrangers à « vivre entre eux » et pour « eux-mêmes » aura-t-elle été fustigée ou raillée ! Il est vrai que les exemples d'enclaves, repliées sur des valeurs communautaires ou sur des formes de sociabilité originelles, ne manquaient pas. A Marseille, dont le cœur battait pourtant napolitain depuis les années 1900, la rue des Chapeliers emportait le promeneur dans une casbah qui étalait ses cafés, ses boutiques et ses épiceries aux mille parfums. C'était un monde plus étrange qu'étranger, clos et non colonisé, à deux pas des bassins du premier port colonial français ; une enclave qui cultivait les traditions et cultures d'origine ; où les usages vestimentaires, alimentaires, musicaux et religieux s'exprimaient sans retenue, indifférents aux normes environnantes. « C'était, écrivait Louis Bertrand [14], une ville étrange et bariolée. Parmi les bourgerons et les petites blouses marseillaises serrées à la taille, éclataient les gandouras multicolores des fellahs d'Alexandrie à la peau brune, tatouée de charbon. Des Arabes, marchands de moutons, le poignet passé dans la courroie de leurs matraques, se réunissaient, formaient des groupes silencieux et graves, drapés dans leurs longues blouses bleues de maquignons. De petits matelots japonais, tout fiers de porter l'uniforme européen, fraternisaient avec des soldats. Au milieu de cette foule, un vieux moine grec s'appuyant sur un bâton aussi haut qu'une crosse et surmonté d'une double croix, se hâtait, d'un petit trot de souris peureuse... Tout l'Orient était là comme chez lui. »

Sans atteindre un tel niveau d'exotisme, la « petite Italie » de Nogent-sur-Marne étudiée par Marie-Claude Blanc-Chaléard [15] n'en était pas moins un lieu typé, où l'on pouvait entendre siffler ou chanter des airs d'opéra italien par des hommes qui n'avaient jamais entendu parler de Verdi. Là vivaient depuis le dernier tiers du XIXe siècle, au cœur de la ville, les hommes du Val Nure, maçons depuis plusieurs générations, et leurs femmes, plumassières ou blanchisseuses. La ville s'en trouvait fort aise, qui, chantier après chantier, avait grandi grâce à leur savoir-faire. Seul le Nogent bourgeois y trouvait à redire, las de ces bals musette, aussi bruyants que populaires, où triomphaient avec fracas les accordéonistes Toni Murena et Augusto Baldi.

Après l'Afrique du Nord et la « Ritalie », voici maintenant la Pologne qui avait élu ses quartiers à Lens, capitale des « petites Polognes ». Il s'y côtoyaient les travailleurs venus directement du pays d'origine, et ces « Westphaliens », passés par la Ruhr, qui refusaient de conserver la citoyenneté allemande, dès lors que leur pays se reconstituait. Si les employeurs se félicitaient de leur rendement élevé, les ouvriers français se gaussaient de ces « polaks », confits en dévotion. Ces mineurs, poursuivis par l'obsession du retour, ne juraient que par leurs aumôniers, nommés par le Primat de Pologne et affectés par la Mission catholique polonaise en France, mais surtout logés et entretenus — à grands frais, disait-on — par les patrons des grands centres miniers ! Au pays d'Emile Combes, ce statut hybride aux relents de paternalisme avait de quoi agacer et même exaspérer. C'était du reste partout la même rengaine : ces Polonais refusaient de se mêler aux autres et ne voulaient vivre qu'entre eux... N'avaient-ils pas obtenu, en 1924, du ministère de l'Instruction publique, pourtant fort regardant, l'autorisation de créer, à la charge du grand patronat, un enseignement complémentaire en langue polonaise ? Ne possédaient-ils pas leurs propres journaux (37 au total), depuis que les Westphaliens de Lille et de Lens avaient fait transférer, en 1924, les deux grands quotidiens fondés dans la Ruhr, *Wiarus Polski* (« Le Brave Polonais ») de Bochum et *Narodowiec* (« Le National ») de Herne ? Mais ce qui faisait surtout enrager les ouvriers du Pas-de-Calais, qui perdirent contre eux bien des matchs de football et des courses cyclistes, c'était de voir se multiplier, sous le régime très souple de la loi de juillet 1901, des sociétés sportives, des fanfares, des chorales, des troupes de théâtre, réservées aux Polonais (plus de 400 dans le seul Pas-de-Calais !) et donc fermées... aux Français. Autant de signes de repli qui passaient pour un refus ostensible d'intégration ou pour un ostracisme « endogène » dont les travailleurs polonais étaient tenus pour seuls responsables...

Les Juifs d'Europe orientale et centrale, bien plus nombreux à venir en France que par le passé [16], avaient aussi leur quartier, notamment à Paris [17] où la rue des Rosiers était encore, dans les années 1920, un point de ralliement pour ceux qui fuyaient la Révolution russe, la famine et les pogroms en Pologne (Lvov en 1918, Vilna en 1919). Mais d'autres quartiers comme Belleville ou près de la place de la

République ouvraient désormais leurs échoppes [18] aux métiers que l'on disait « juifs » (tailleurs, casquettiers, brocanteurs, ébénistes, colporteurs, barbiers, etc.) parce qu'ils étaient identifiés à ceux qui les pratiquaient. Aucune autre immigration ne présentait, dans les années 1920, une telle palette d'activités, allant des métiers ambulants à ceux de l'industrie de la confection (la sous-traitance étant un marchepied ou un sas obligé [19]) en passant par ces petits métiers qui semblaient appartenir à l'âge révolu des migrations, qu'ils soient appris sur le tas ou apportés *in der Hand* : un savoir-faire pour seul précieux bagage. A quoi tenait cette permanence dans la diversité des genres, sinon à une structure et à un mode d'éducation familiaux relativement homogènes qui, indépendamment du niveau très variable de pratique religieuse ou des traditions culturelles spécifiques à la région d'origine (Galicie, Lituanie, Roumanie, etc.), entretenait la mémoire des métiers dans un espace visiblement circonscrit, où se superposaient pratique religieuse, vie familiale et activité professionnelle. C'est en partie sur cette unité dans l'hétérogénéité (ce « singulier » pluriel ou ce pluriel « singulier ») [20] et sur cette solidarité entre coreligionnaires, toutes deux taxées d'un esprit d'exclusive et d'un affairisme démesurés, que se focalisera, sur fond de crise économique, l'antisémitisme des années 1930.

Halte à l'ingérence des gouvernements étrangers !

Pour les pouvoirs publics, le sentiment d'être confrontés à des enclaves rebelles à l'assimilation était conforté par l'ingérence des pays d'émigration dans les affaires intérieures françaises. Le fait n'est pas nouveau, puisque des pays comme la Belgique en 1896, l'Italie en 1901, 1910 et 1913 avaient signé des conventions avec la France, montrant par là tout l'intérêt qu'ils portaient à la situation juridique de leurs ressortissants. En outre, ces mêmes pays avaient cautionné la création de paroisses nationales en France, principalement à Paris, où il existait des missions catholiques, parfois depuis le début du XIXᵉ siècle, pour les Polonais (1826), les Italiens (1899), les Belges (flamande depuis 1862), les Espagnols, les maronites et les Anglais. Mais la volonté politique de contrôler les ressortissants émigrés s'est surtout affirmée à compter de 1919. Dans un premier temps, l'Italie, qui possédait depuis 1901 un Commissariat général à l'Emigration, a tenté de filtrer le départ de ses ouvriers qualifiés. Puis, le fascisme a cherché à limiter l'émigration, tout en affichant la volonté de conserver des liens privilégiés avec les immigrés italiens de France. Quant à la Pologne qui traitait directement avec la SGI, elle surveillait étroitement les conditions de voyage, de logement et d'exécution des contrats de ses ressortissants. En 1927, le maréchal Pilsudski tenta même, sans grand succès, d'étendre en France la protection des offices polonais en cheville avec la SGI. Les gouvernements de ces deux pays avaient, en tout cas, parfaitement compris que le moyen le plus efficace de contrôler leurs ressortissants était encore de tirer parti des frustrations qu'ils rencontraient dans l'exercice de leur foi catholique. Ni les Italiens, ni les Polonais ne se sentaient, en effet, à leur place dans ces églises françaises, confrontées à une lente déchristianisation et peu enclines à des démonstrations de ferveur [21]. Les uns et les autres réclamaient leurs prêtres et des pratiques plus ostentatoires. Message bien compris par l'*Opera Ferreri* qui, depuis 1928, s'attachait à ranimer, depuis l'Italie même, la ferveur de ses ouailles en installant des bibliothèques et en organisant de grands pèlerinages, comme au Sacré-Cœur où 20 000 Italiens vinrent un jour se recueillir. Les services des ambassades italienne et polonaise n'étaient pas en reste qui apportaient, comme beaucoup de sociétés caritatives très liées au pays d'origine, leur soutien aux nouveaux immigrés, les aidant dans leurs démarches et n'hésitant pas, au besoin, à soutenir leurs réclamations.

De ce vagabondage dans la France étrangère une même impression se dégage : la société française ne comprenait pas que les étrangers inclinent à reproduire leur culture d'origine, surtout quand celle-ci prenait des allures ostentatoires. Comme s'ils n'avaient pas le « droit » de vivre en communauté ou de former des noyaux allogènes, c'est-à-dire hétérogènes dans une société qui doutait de son homogénéité et des vertus de la laïcité, fraîchement apprises. Ainsi, tout ce qui pouvait ressembler à un mode de vie communautaire – et la suspicion poussait très loin l'amalgame – était appréhendé de manière négative et même considéré comme répréhensible. En clair, les chemins de l'intégration ne pouvaient qu'être individuels, comme ceux qui avaient permis aux immigrés de l'intérieur (Bretons, Auvergnats, Savoyards...), passés par l'école laïque et républicaine, de se faire une place dans la Nation, c'est-à-dire de se fondre dans le peuple de France. Si ce déni bien français de l'intégration communautaire a longtemps eu le caractère « d'évidence historique » — y compris aux yeux des historiens eux-mêmes —, c'est sans doute parce qu'il s'accordait avec une œuvre républicaine de nationalisation qui ne reconnaissait d'autre communauté que nationale, c'est-à-dire fondée uniquement sur une relation entre l'individu — pourvu qu'il soit citoyen français de sexe masculin et âgé de plus de 21 ans, ce qui est déjà fortement restrictif — et la Nation. C'est aussi parce que la dénatalité française et l'hécatombe humaine causée par la Grande Guerre entretenaient un profond scepticisme sur la capacité de la collectivité nationale à absorber des communautés qui lui étaient étrangères. C'est enfin parce que l'arrivée par vagues successives de réfugiés politiques dès les années 1920, ainsi que celle de nombreux travailleurs clandestins donnaient l'impression que l'immigration était un phénomène subi, porteur de tares sociales et de maux politiques.

Pourtant, et c'est sans doute le principal enseignement à tirer d'un processus d'intégration largement invisible, ces nombreuses petites « patries » de l'entre-deux-guerres, axées sur une relation privilégiée entre un village de départ et une agglomération ou un quartier d'arrivée, auront contribué par leur organisation sociale à intégrer leurs membres dans la société française. Conservatoires, à l'origine, d'une identité culturelle très forte, cimentée par la langue et souvent la religion, elles auront favorisé discrètement, par le contrôle social exercé sur les plus jeunes et leur forte cohésion interne, l'insertion en douceur du groupe social sur au moins deux générations.

VIII

L'immigration politique
dans les années 1920 et 1930

La France était, depuis la seconde moitié du XIXe siècle, une terre d'asile politique, accueillant les disgraciés, les vaincus des luttes sans lendemain ou encore les apprentis révolutionnaires, comme les futurs vainqueurs de la révolution russe de 1917. Beaucoup de ces réfugiés ne faisaient pourtant que passer. A l'image de ces anarchistes qui, de capitale en capitale, s'abîmaient dans des rêveries nihilistes ; ou de ces Juifs d'Europe centrale et orientale fuyant les pogroms tsaristes ou de Roumanie, qui faisaient halte dans le *Pletzl* (autour de la rue des Rosiers) où l'on parlait yiddish et l'on mangeait casher. Si, parmi ces derniers, 35 000 s'y étaient installés à la Belle Epoque, les autres préféraient tenter l'aventure en Amérique. L'enracinement était, à vrai dire, l'exception.

C'est en fait la Grande Guerre avec son cortège de reclassements territoriaux et politiques qui modifia la donne au point de rendre familière la présence massive des réfugiés en France. Il faut cependant distinguer deux mouvements de rythme sensiblement différent : le premier est celui des vagues de réfugiés se formant au gré d'événements politiques, ramassés dans le temps ; le second, beaucoup plus étalé dans la durée, concerne l'émigration antifasciste qui, par la diversité de ses composantes, sa très grande mobilité et sa régularité, appelle un éclairage particulier.

Avec, une fois n'est pas coutume dans l'histoire des immigrations (les dates communes étant rares), une année d'inflexion, celle de l'arrivée au pouvoir des nazis (1933), qui ouvre une phase d'amplification sensible de l'émigration politique.

La France des réfugiés

Les premiers qui affluèrent en France fuyaient la Russie bolchevique : Russes blancs (2 000 dès 1917 et 64 000 à la fin des années 1920) et Ukrainiens de diverses obédiences. Vinrent ensuite les Arméniens dont les passeports portaient la mention « sans retour possible [1] », puis les représentants des minorités religieuses du Moyen-Orient, à l'image des Assyro-Chaldéens d'Irak. Enfin, des pays voisins arrivèrent, outre les libéraux et progressistes espagnols, les nationalistes catalans fuyant la dictature de Primo de Rivera, ainsi que les Italiens — environ 20 000 — qui s'opposaient au fascisme. Tous ces réfugiés entrèrent en France par saccades, y compris les opposants au régime de Mussolini, chassés par les violences squadristes, qui déferlèrent en deux temps : au lendemain de la « Marche sur Rome » en 1923-1924, puis juste après l'adoption des lois fascistissimes [2] de 1926.

Ces immigrations ont suscité ou importé de fortes solidarités, cependant qu'elles ont transposé, dans l'exil, des antagonismes hérités d'une histoire récente. Au moins l'entraide a-t-elle permis à beaucoup de réfugiés, arrivés dans le port de Marseille, de trouver une place dans les meublés du centre-ville ou d'échapper aux camps improvisés (Mirabeau, Victor-Hugo et Oddo) où ils étaient entassés. Mais sans jamais faire disparaître le traumatisme de l'exil ou chasser ce mal-être qui vous envahit lorsque vous prenez soudainement conscience qu'il n'est point d'Eldorado, mais seulement un pays inconnu dont la population est indifférente à vos états d'âme. Du travail ? Bien sûr qu'il y en a, mais à condition d'être peu regardant et surtout docile : sur les quais du port de Marseille, dans les usines de textile de l'Isère, dans les établissements métallurgiques d'Ile-de-France comme chez Renault à Billancourt, ce petit village russe où les églises orthodoxes côtoient les bistrots. La chance sourit de toute manière à qui sait attendre, épargner et même emprunter : quelques économies en poche, et l'on peut enfin ouvrir son échoppe ou renouer avec cette indépendance professionnelle (celle d'un chauffeur de taxi, d'un cordonnier ou d'un tailleur plongé dans l'anonymat sécurisant d'une grande ville) qui fait tout le sel de la liberté.

Les divisions importées

Ni les solidarités de toutes natures, ni la fidélité à un passé collectif n'ont pourtant eu raison des divisions intestines, emportées dans les affres de l'exil. Pas plus d'ailleurs que la communauté de pratiques religieuses, censée rassembler les fidèles autour d'une même foi. C'est que la diversité des tendances politiques et l'arrivée de réfugiés engagés dans d'autres combats entretiennent et même attisent les conflits. Comme ceux qui voient s'affronter les Russes restés fidèles au tsarisme et les exilés de la seconde vague ayant quitté l'Union soviétique en toute légalité au début des années 1920, au moment où le régime présentait des signes de libéralisation. De même, les Polonais étalent clairement leurs dissensions à l'occasion du « Mouvement de Mai » dont le vainqueur est, en 1926, le maréchal Pilsudski. Si certains émigrés ne tarissent pas d'éloges envers le nouvel homme fort d'une Pologne enfin reconstituée — qui soutient habilement les associations polonaises de France ainsi que la presse d'exil —, d'autres ne voient en lui qu'un dangereux dictateur conduisant le pays à sa perte.

Mais c'est surtout parmi les Italiens que le ton monte, d'autant que toutes les nuances politiques de l'Italie prémussolinienne sont présentes en France : catholiques et laïques, monarchistes et républicains, libéraux et sociaux-démocrates, anarchistes, socialistes et, depuis peu, communistes. Si les opposants au régime fasciste, les *fuorisciti*[3], prédisent à l'unisson la chute rapide du Duce, des divisions se creusent parmi eux, dès lors qu'il s'agit de définir une stratégie de lutte depuis la France ou de rallier à leur cause une population immigrée que la politique indiffère bien souvent. Un pas vers l'unité s'esquisse pourtant en 1927, avec la constitution d'une « Concentration antifasciste » à l'initiative du président de la Ligue italienne des droits de l'homme (LIDU), Luigi Campolonghi. Cette organisation non communiste (50 % des militants antifascistes sont pourtant communistes) rassemble en une sorte de cartel les principaux partis politiques en exil ; elle coordonne les actions de propagande tout en popularisant, avec l'aide des formations de la gauche démocratique française, la cause de l'antifascisme. Mais l'initiative tourne court, car les socialistes décident de conclure un pacte d'unité d'action avec les communistes, ce qui entraîne l'éclatement du mouvement. En outre, une poignée de jeunes intellectuels, emmenés par Carlo Rosselli et Emilio Lussu, créent un mouvement rival, *Giustizia e Libertà*, dont l'objectif est de promouvoir un programme de gouvernement qui assure la relève du régime mussolinien. Or, ni le pacte d'unité d'action socialo-communiste, ni ce dernier mouvement n'auront raison de la désunion. En effet, le 9 juin 1937, Carlo Rosselli et son frère Nello, qui avaient caressé l'espoir de rattacher leur mouvement au pacte, mais que la guerre d'Espagne met en mauvaise posture (les *fuorusciti* ont engagé la lutte en ordre dispersé de l'autre côté des Pyrénées), sont assassinés à Bagnoles-de-l'Orne par les hommes de la Cagoule à la solde des services secrets mussoliniens. C'est à peine si le parti communiste réussit à se défaire de cet imbroglio en constituant à Lyon, en mars 1937, une nouvelle organisation aussi éphémère que les précédentes :

l'*Unione popolare italiana* (UPI) qui semble avoir rassemblé une quarantaine de milliers d'adhérents. Ainsi, le *fuoruscitisme* n'aura jamais réussi à transcender ses divisions face au fascisme.

Les agents consulaires et autres émissaires de l'Italie fasciste ont dès lors beau jeu d'orchestrer une contre-propagande et de concurrencer directement les *fuorusciti* sur le terrain stratégique de l'assistance aux immigrés italiens pour s'assurer le contrôle de ceux-ci. Tel ce Nicola Bonservizi, ami personnel du Duce, qui anime, à grand renfort de démonstrations tapageuses, le *fascio* de Paris. Signe des temps, cet activiste sera abattu le 21 février 1924 par des antifascistes ; une cérémonie funèbre célébrée en son honneur dans l'église de la Madeleine attirera une nuée de corbeaux fascistes aux ailes bardées de décorations. Etait-il isolé dans son combat pour le fascisme et la conquête de la population italienne immigrée ? Secondés par des squadristes, des policiers déguisés et des espions, d'autres agents du même acabit se montrent actifs dans les régions où l'immigration italienne est traditionnellement importante : depuis Lille, où un *fascio* étend son emprise à toute la banlieue textile et minière ; à Marseille, à Nice, Lyon, etc. Au total, quelque 270 « faisceaux » seront recensées en 1938, tous dirigées contre les *fuorusciti* qui se voient ainsi très sérieusement contestés dans leur fonction d'assistance. Ces organisations, qui recrutent essentiellement chez les notables, créent en effet des bureaux de placement, organisent des « secrétariats locaux » pour aider les immigrés dans leurs démarches et s'ingénient à mener des actions à caractère symbolique : on ouvre des écoles et des cours de langue ; on incite les femmes à revenir accoucher en Italie, on y envoie les enfants en colonies de vacances ; on habille ces derniers en *ballilas*. Autant de marques de bienveillance de la part d'un Duce enclin à limiter l'émigration, qui trouvent un certain écho chez les immigrés italiens, rongés par l'obsession du retour et confiants dans le dynamisme retrouvé d'une Italie mise au pas. La crise des années 1930 aidant, beaucoup d'entre eux iront jusqu'à douter d'une « excellence française » qui se paye cher en sobriquets [4] et vexations de toutes sortes.

La « France étrangère »

La violence entre les diverses factions de réfugiés politiques était donc monnaie courante dès avant l'arrivée des nazis au pouvoir, en janvier 1933. Il ne se passait guère d'année ni même de mois sans qu'on apprenne, par une presse qui s'en délectait, des assassinats spectaculaires (celui de Paul Doumer en 1932 perpétré par le réfugié russe Gorguloff, et celui du roi de Yougoslavie, Alexandre Ier, en octobre 1934 en sont deux exemples célèbres) ou des règlements de compte, impliquant des étrangers sur le territoire français. Les « colonies » étrangères passaient ainsi pour ces lieux de conflit « où la pègre de l'étranger venait régler ses comptes ».

En provoquant presque immédiatement de nouvelles vagues d'émigration, la prise de pouvoir par les nazis va renforcer, en pleine crise économique, les tensions au sein des communautés étrangères ou entre Français et étrangers. Non sans une certaine confusion d'ailleurs, car les clivages idéologiques (pour ou contre le fascisme ou le national-socialisme, pour ou contre le communisme) se superposent à des oppositions entre formations politiques qui, elles-mêmes, dissimulent de fortes rivalités entre factions d'une même communauté allogène. Quant aux relations entre Français et étrangers, un antisémitisme désormais débridé se charge de les envenimer, qui tire argument du nombre largement surestimé [5] de réfugiés (juifs) allemands [6] (« juif » et « réfugié » deviennent alors synonymes) et se ressource dans l'imaginaire névrotique d'une affaire Dreyfus toujours bien présente dans les esprits [7]. Contrairement à une idée souvent répandue, les Juifs de France vont cependant réagir face à ces menaces extrémistes. Dans leur combat contre l'Action française et la montée du fascisme, ils se rallient aux grandes organisations républicaines, comme la Ligue des droits de l'homme [8] (rejointe par Pierre Mendès France, Salomon Grumbach) dirigée par Victor Basch, sans négliger, comme au tournant du siècle, de se doter, toujours dans le cadre de la République, d'une structure de défense propre aux accents militants, le Comité de vigilance [9] (CDV). Le vieux fonds de commerce des partis ou ligues d'extrême droite (le Parti populaire français, le Rassemblement anti-juif de France, le Francisme, etc.), qui végétait depuis l'affaire Dreyfus, en tire argument pour délivrer la même antienne : concurrence économique, collusion avec la franc-maçonnerie, ennemis de la France, risque de dégénérescence de la race française, etc. On assiste même à une division du travail entre une droite économique qui cherche à se procurer et conserver, y compris durant la crise des années 1930, le volant de main-d'œuvre étrangère dont le grand patronat industriel et agricole prétend avoir besoin, et une « droite idéologique » (Joseph Rovan) qui, par le canal des journaux populaires et démagogiques (*Gringoire*, *Candide*, *Je suis partout*), entend imposer ouvertement sa haine du « métèque » et du « Juif » à de larges franges plébéiennes profondément hostiles aux idéaux républicains.

Mais c'est en juin 1936, au lendemain de la victoire du Front populaire, quand l'Espagne bascule dans la guerre civile, que les esprits s'enflamment. Tandis qu'une nouvelle vague de réfugiés se forme depuis les Pyrénées, l'agitation sociale éclate au grand jour, arrachant les travailleurs immigrés à leur traditionnelle réserve. Sur fond de liesse populaire et d'espoir retrouvé en dépit d'une crise économique qui s'éternise, les exemples d'engagement politique s'incarnent dès lors avec force. Des leaders syndicaux avaient, il est vrai, montré la voie dès 1932, à l'image du Polonais

Thomas Olszanski, très actif au sein de la fédération CGTU [10] des mineurs, qui avait été reconduit à la frontière, malgré la mobilisation d'un comité de défense animé par Georges Friedmann, Jean Guéhenno, Paul Signac, André Malraux et Paul Nizan. D'autres unitaires polonais dont un certain Edouard Gierek [11], menacés de congédiement par la Compagnie minière de *L'Escarpelle* pour activités militantes et, pour tout dire, d'expulsion, avaient également pris les devants en « s'enfermant [dans la fosse 10] avec des mineurs français à Leforest dans le Pas-de-Calais [12] », en août 1934. Mais, avec la victoire du Front populaire, le mouvement ne se cantonne plus dans la lutte syndicale ; il s'étend à de nouvelles luttes ou revendications politiques. Des nationalistes noirs se rapprochent ainsi, à l'instar de l'instituteur soudanais Tiemoko Gouran-Kouyaté, du parti communiste français [13] ; les plus politisés d'entre eux se tournent vers la Gauche prolétarienne de Marceau Pivert. Leader de l'Etoile nord-africaine, Messali Hadj adhère très tôt au Front populaire et fait participer activement ses militants aux occupations d'usine. L'heure est décidément à la formation politique des futurs leaders indépendantistes. La CGT réunifiée n'est pas en reste, qui revendique pas moins de 400 000 adhésions d'étrangers en 1937 (50 % d'Italiens) contre 50 000 au début de 1936. Plus largement, les forces de gauche, les associations caritatives et la CGT se mobilisent, au sein d'un « Centre de liaison des comités pour le statut des immigrés », sur les différences de statut entre l'immigré et le travailleur français, qui leur paraissent nourrir une xénophobie empreinte d'antisémitisme. Elles réclament pour les immigrés les mêmes droits sociaux et libertés (y compris de circulation entre les professions) que pour les travailleurs français, une révision de la procédure d'expulsion (confiée non plus au tribunal administratif, mais à un tribunal civil) et la création d'une administration spécifique, chargée des questions relatives à l'immigration.

La tournure des événements donne évidemment du grain à moudre à la droite conservatrice tentée par les solutions autoritaires, et à une extrême droite qui y voit l'action conjointe « des milliers et des milliers d'agents provocateurs venant d'Espagne, d'Allemagne, de Suisse et de Russie » ou un « complot de la juiverie internationale ». Dans ce concert discordant, le gouvernement Blum mène une politique d'apaisement, revenant sur certaines mesures restrictives prises en 1935 sur les conditions de séjour et de circulation des étrangers [14]. Mais pour s'assurer, en pleine crise économique, le soutien des syndicats ouvriers dont les effectifs ont considérablement enflé, il reconduit et applique avec fermeté la législation sur la protection de la main-d'œuvre française. Ni les propositions du Comité de liaison, ni celles de Philippe Serre, éphémère sous-secrétaire d'Etat chargé des services de l'immigration et des étrangers de janvier à mars 1938, ne suffiront dès lors à transformer ces expédients en politique cohérente de l'immigration et d'accueil des réfugiés. Pis, les pouvoirs publics doivent faire face à de nouvelles entrées massives de réfugiés, provoquées par la guerre civile en Espagne (50 000 réfugiés en 1937) et par la politique annexionniste de Hitler (réfugiés autrichiens après mars 1938 et tchécoslovaques au début de 1939). Or, ces nouveaux défis surgissent en 1937, au beau milieu d'une psychose collective provoquée par une série d'attentats terroristes (pas moins de cinq affaires retentissantes [15]). Qu'ils soient ou non commis par des étrangers (la responsabilité de la Cagoule sera par la suite établie), ces opérations excitent la fureur d'une très large fraction de l'opinion publique qui les impute soit aux fascistes (la gauche), soit à une nébuleuse composée d'anarchistes, d'antifascistes, de républicains espagnols et surtout d'agents soviétiques (les conservateurs). Comme, de surcroît, la menace de guerre se fait pressante, les étrangers de France, en particulier les ressortissants des puissances italienne, allemande et même polonaise (après que la Pologne eut profité du démantèlement de la Tchécoslovaquie pour s'emparer de la région de Teschen), sont quasiment sommés de choisir leur camp.

De là des mesures de précaution particulièrement restrictives que le gouvernement Daladier, gagné par l'espionnite générale, s'attache dès sa formation à mettre en œuvre. Ministre de l'Intérieur, Albert Sarraut obtient de la Chambre des députés les crédits nécessaires au renforcement des moyens, en hommes et en matériel, de la police des étrangers et des services de contre-espionnage [16]. Et d'organiser, par toute une série de décrets, pris entre mai et novembre 1938 [17], la répression de l'immigration clandestine, la réduction de la liberté de déplacement des travailleurs immigrés, le renforcement du contrôle sanitaire aux frontières, la surveillance des commerçants étrangers et l'intensification des opérations d'expulsion en cas d'atteinte à l'ordre public. Deux décrets pris le 12 novembre 1938 parachèvent le dispositif, l'un en organisant des brigades de « gendarmerie-frontière » afin d'assurer une surveillance rigoureuse de la frontière, l'autre en marquant une discrimination entre « la partie saine et laborieuse de la population étrangère » et les « indésirables » qui, dans l'impossibilité de trouver un pays qui les accepte », seront dirigés vers des « centres spéciaux » où ils feront l'objet d'une surveillance permanente. Si la grève générale du 30 novembre 1938 est un échec pour ses organisateurs, c'est en partie parce que des consignes très dures avaient été données aux préfets, brisant net toute velléité de participation des étrangers au mouvement [18]. D'autres mesures inspirées des mêmes considérations imposent l'obligation de posséder un permis de séjour de plus d'un an pour se marier en France et l'interdiction pour les naturalisés de voter pendant cinq ans à compter de l'obtention de la nationalité française [19].

L'exil des républicains espagnols

L'exil massif des républicains espagnols allait donner au gouvernement l'occasion de tester ces nouvelles mesures, en particulier celle qui prévoyait l'internement des « étrangers indésirables » [20] (ayant des antécédents judiciaires ou politiques) dans des « centres spéciaux ». Le désarroi bien réel des autorités françaises au début de l'année 1939 ne doit pas occulter les signes avant-coureurs du drame. Depuis le printemps 1936, des milliers d'immigrés espagnols étaient retournés en Espagne se battre dans les rangs républicains — mais aussi dans l'autre camp —, tandis que d'autres, également très nombreux, s'étaient mobilisés sur place pour organiser des comités d'entraide, aux côtés des Français. Si la France servait ainsi de base arrière pour les deux camps antagonistes, l'exode des républicains se poursuivait au rythme des violences aveugles engendrées par la guerre civile, avec une augmentation sensible en 1937 liée à l'arrivée des Basques [21]. L'affaiblissement de l'aide internationale au camp des républicains à la fin de l'année 1938 allait bientôt précipiter le cours des choses. Après la conquête de la Catalogne par les armées franquistes en janvier-février 1939, l'exode devient massif, avec près de 470 000 Espagnols dont 170 000 civils se pressant aux frontières [22] : c'est la *Retirada*.

Le gouvernement Daladier, pourtant bien informé de la situation en Espagne, ne se préoccupe guère de l'accueil des réfugiés. Mais comment braver plus avant, sans risque politique, une large partie de l'opinion publique, émue par le sort de ces femmes, enfants et vieillards, mêlés aux soldats républicains, qui attendent, dans la boue et le froid qu'on veuille bien les laisser entrer en France ? La décision d'ouvrir la frontière aux civils est prise le 28 janvier ; celle de laisser passer les soldats républicains, pourchassés par les franquistes, le 6 février. Deux mesures prises à l'unanimité [23] qui feront très rapidement place à de fortes divisions entre les partisans des soldats de la République espagnole, les détracteurs des « rouges » et les « méfiants » ou « réservés » [24]. Obsédé par les questions de sécurité, le ministre de l'Intérieur, Albert Sarraut, applique le décret du 18 novembre 1938 sur l'internement des « étrangers indésirables ». La mesure ne revient rien moins qu'à priver une partie des rescapés du statut – plus favorable — de réfugié politique. Exilés sans droits, les républicains espagnols jugés « indésirables » seront donc dirigés vers des centres ou camps d'hébergement improvisés à la hâte (en France [25], mais aussi en Afrique du Nord [26] où 12 000 personnes seront internées), séparés les uns des autres et, surtout, coupés de la migration traditionnelle [27]. Comme le notent Geneviève Dreyfus-Armand et Emile Temime, « les premiers contacts des réfugiés espagnols avec la France ont été la rencontre avec les forces de l'ordre disposées aux frontières [28] ». Une fois dans les camps, les troupes coloniales (spahis et tirailleurs sénégalais) prennent le relais, provoquant parfois des traumatismes chez les républicains, qui se souvenaient des soldats « maures » utilisés par Franco depuis l'écrasement de la révolte des Asturies en 1934 jusqu'aux opérations punitives de la guerre civile. Au point que les internés ont parfois le sentiment d'être traités, au pays des droits de l'homme, comme des « criminels » par des « esclaves » au comportement imprévisible et parfois brutal [29]. « Tolérées » par les autorités françaises, ces brimades s'ajoutaient à l'humiliation de l'enfermement (les barbelés signifiant la clôture) et à des conditions d'hygiène et de promiscuité déplorables. Combien de temps s'est-il écoulé avant que des « brigades » de spécialistes espagnols, représentant les corps de métier les plus utiles, s'approprient les lieux, aménagent les plages souillées et malodorantes, édifient des latrines — bientôt couvertes de graffitis —, remplacent les cabanes de roseaux par des baraques grises et uniformes, et donnent finalement aux camps leur aspect tristement ordonné ?

Estimée à 275 000 personnes à la mi-février 1939,

173 000 à la mi-juin 1939, la population des camps tombera à environ 30 000 internés en avril 1940. Cette diminution drastique est due aux rapatriements — concernant tous les immigrés espagnols — que les autorités françaises ont très fortement encouragés à l'approche imminente de la guerre : 250 000 réfugiés ont ainsi été acheminés vers la frontière, soit près des deux tiers des personnes arrivées lors de la *Retirada*[30]. La pénurie de main-d'œuvre qui se profilait dans une économie happée par la menace de guerre allait cependant conduire les pouvoirs publics à s'intéresser, dès le printemps 1939, à ce « réservoir de main-d'œuvre » que formait la population des internés espagnols. Un décret-loi du 12 avril 1939 soumit ainsi les étrangers bénéficiaires du droit d'asile aux obligations imposées aux Français par les lois sur le recrutement et sur l'organisation de la Nation en temps de guerre. Avec l'ouverture des hostilités, le gouvernement décida que les réfugiés civils seraient requis dans l'agriculture, et, en cas de refus de travail de leur part, reconduits à la frontière. Quant aux miliciens internés, évalués à 80 000, ils devaient être affectés, pour 15 000 d'entre eux, à l'industrie et, pour 10 000 autres, aux Compagnies de travailleurs mises à disposition du ministre de l'Agriculture. Il était prévu de placer individuellement les hommes considérés comme les « plus sûrs du point de vue politique » ; les autres étant constitués en Compagnies de travailleurs industriels et agricoles. Entre septembre 1939 et janvier 1940, plus de 10 000 réfugiés civils et 15 000 miliciens furent placés individuellement, surtout dans l'agriculture. Tandis que 33 000 miliciens étaient incorporés dans les compagnies de travailleurs (futurs Groupements de travailleurs étrangers ou GTE), au lieu des 10 000 projetés : la guerre avait obligé l'autorité militaire à augmenter ses prélèvements aux dépens de l'agriculture.[31]

La xénophobie aurait-elle, en définitive, triomphé ? L'expression de « repli xénophobe[32] », étendu à tout le spectre politique — y compris communiste[33] —, conviendrait sans doute mieux. Car le volant des mesures restrictives prises au fil des circonstances n'a pas trouvé de relais sur le marché du travail, désormais aspiré par l'effort de réarmement. Les décrets Daladier, qui s'inspiraient du souci de différencier l'étranger du Français, furent aussi, d'une certaine façon, contrebalancés par des mesures de défense nationale, tendant à aligner le statut des allogènes sur celui des travailleurs français. D'une part, la protection de la main-d'œuvre française fut considérablement assouplie ; d'autre part, le décret du 12 avril 1939 étendit aux étrangers sans nationalité et aux autres étrangers bénéficiaires du droit d'asile les obligations imposées aux Français par les lois de recrutement et par la loi sur l'organisation pour le temps de guerre. Enfin, à aucun moment de l'entre-deux-guerres, la tradition d'asile politique de la France, la nécessité de recourir à l'immigration — au moins saisonnière — ou les modes d'acquisition de la nationalité française [34] ne furent remis en cause par les tensions pourtant très vives qui émaillaient les relations entre Français et étrangers.

IX

La crise des années 1930
et le « protectionnisme ouvrier »

Inventé au début des années 1890 dans un souci de régulation sociale, le « protectionnisme ouvrier [1] » n'avait pu être appliqué avant 1914, faute de services de placement et de contrôle administratif et parce qu'une reprise de l'activité économique s'était dessinée à partir de 1895. Son application avait ensuite été différée par la guerre, la mobilisation économique interdisant toute exclusive. C'est en fait le premier conflit mondial qui a mis en scène des politiques qui n'auraient pas pu être menées pendant la Grande Dépression des années 1880, c'est-à-dire au moment où l'Etat-nation s'est administrativement et juridiquement constitué. La formation d'un champ d'action publique, concurrençant directement l'initiative privée sur un terrain qui lui était propre, est en effet le fruit patriotique (la Nation révolutionnaire en armes [2]) d'une économie de guerre que la puissance publique s'est appliquée à faire mûrir en temps de paix. Autant dire que le volet immigration a servi d'alibi ou de justification à des pratiques administratives qui, en temps de paix, pouvaient ou auraient pu passer pour des formes d'ingérence inadmissibles dans le cadre d'une économie capitaliste.

136

La fabrique du protectionnisme ouvrier
et la tentation corporatiste

Forme laborieuse (car spécifique au travail) du nationalisme, le protectionnisme ouvrier n'a connu un début d'application qu'à partir de 1926, en pleine prospérité économique, par utilisation du système de placement mis en place pendant la guerre. Une loi du 11 août 1926 chercha ainsi à mettre un terme à l'instabilité chronique des travailleurs étrangers qui désertaient les emplois agricoles pour rejoindre l'industrie et au débauchage d'immigrés par des employeurs qui voulaient acquérir de la main-d'œuvre sans avoir à avancer les frais d'acheminement. Ce texte interdisait d'employer un étranger non muni de la carte d'identité portant la mention « travailleur », et même de l'employer, pendant un délai d'un an après la délivrance de la carte, dans une profession autre que celle qui y était mentionnée. Enfin, les employeurs furent tenus d'inscrire sur un registre spécial tous leurs salariés étrangers. Pour faciliter le contrôle de ces dispositions, les décrets du 30 novembre 1926 et du 20 janvier 1928 instaurèrent pour tous les étrangers restant plus de deux mois en France, et non plus seulement pour les travailleurs (depuis avril 1917), l'obligation d'une carte d'identité, ayant valeur de titre de séjour. Toutes ces mesures revenaient à créer une frontière administrative entre étrangers en situation régulière et étrangers « en situation irrégulière », c'est-à-dire sans carte d'identité ou dont la carte, valable deux ans, n'avait pas été renouvelée [3].

Pourquoi ce « protectionnisme ouvrier » s'est-il enraciné en pleine prospérité économique ? Si de nombreuses propositions de loi l'avaient envisagé dès la fin de la guerre, les immenses besoins en main-d'œuvre de la reconstruction en avaient reporté l'adoption. Ces textes, qui souhaitaient durcir les conditions d'accès au marché du travail, de séjour et d'établissement des étrangers, se faisaient l'écho d'inquiétudes diffuses face aux mouvements de population incontrôlés que le conflit avait libérés. « Jamais la police des étrangers, pouvait-on y lire, n'a été plus nécessaire. Les longues convulsions qui ont secoué le monde pendant cinq ans, les troubles qui sévissent encore dans de trop nombreux pays provoquent de véritables migrations de peuples. Profitant de ces circonstances, des indésirables s'infiltrent toujours plus nombreux dans notre pays trop largement ouvert à tous et risquent d'y devenir une source de dangers considérables [4]. »

Or, cette peur fantasmatique du « ver qui s'insinue dans le fruit » ou de l'invasion irrépressible était partagée par les syndicats ouvriers eux-mêmes [5] (dont la base réclamait des mesures de contingentement et une priorité à l'embauche pour les nationaux), par les partis de gauche pourtant attachés à l'internationalisme [6] et par certaines corporations professionnelles qui redoutaient un avilissement des salaires ou une dégradation de leur position sociale. Il est vrai que les craintes des premiers avaient quelque raison de s'exprimer : la Société générale d'Immigration, qui assurait les trois quarts des recrutements à l'étranger, engageait en grand nombre les spécialistes et les classait dans des catégories inférieures à celle de leur qualification réelle ; pratique qui rendait leur emploi en France très avantageux pour les employeurs et contribuait à niveler les salaires par le bas.

Encore doit-on se garder d'isoler le protectionnisme ouvrier des évolutions en profondeur que connaissait la société française depuis la Première Guerre mondiale [7]. Ce phénomène est, en réalité, indissociable d'une « corporatisation » de la société française et d'une sectorisation des politiques sanitaires et sociales [8] (et des relations sociales), dont l'inscription locale était avant guerre très forte. Comme le note Gilles Pollet, « l'entre-deux-guerres marque le déclin d'une classe politique fragilisée dans un système politique contesté malgré (ou à cause de) la consolidation de sa dimension parlementaire. Les équilibres politiques traditionnels s'en trouvent profondément transformés, en particulier dans leurs rapports entre un centre controversé et des intérêts privés et locaux qui s'exacerbent [9] ». C'est que les secteurs supplantent, pourrait-on dire, le territoire aux dépens des élus locaux dont la marge de manœuvre s'est, en raison des difficultés de toutes sortes léguées par la guerre, singulièrement rétrécie dans les domaines sanitaire et social. Or, cette sectorisation se traduit par une montée en puissance des revendications et contestations catégorielles [10], auxquelles les pouvoirs publics répondent au cas par cas, faute d'un système autorégulé de relations sociales [11]. De là un traitement segmenté ou éclaté des conflits collectifs et des questions sociales dont l'effet pervers sera de « corporatiser » toujours davantage la société française. L'exemple le plus significatif à cet égard est celui des médecins libéraux qui, par le canal de leurs syndicats puissamment organisés depuis les années 1880 [12], ont fait reculer les gouvernements sur plusieurs lois [13], imposant, dès 1919, leur « conception d'un syndicalisme professionnel doté du monopole légitime de la représentation et de moyens légitimes de contrainte, où s'élabore une stratégie directe et indirecte [14] ». Ce sont leurs syndicats qui tiendront les réfugiés politiques — parmi lesquels figuraient des praticiens juifs — responsables de la « pléthore médicale [15] », et finiront par obtenir le vote de deux lois restrictives : celle du 21 avril 1933 imposant la nationalité française et la possession d'un doctorat d'Etat français pour exercer la médecine et la chirurgie dentaire ; et celle du 22 juillet 1935 interdisant (comme pour les avocats) d'exercer la médecine publique aux naturalisés durant cinq ans à partir de l'obtention de la nationalité française, et subordonnant l'exercice de la médecine à l'accomplissement du service militaire. Signe d'une réactivation des fondements originels de l'Etat-nation (qui ne tolérait pas qu'on pût confier une parcelle de souveraineté nationale à un étranger n'ayant pas fait allégeance), une loi du 19 juillet 1934 interdit qui plus est l'accès des naturalisés aux emplois publics d'Etat pendant une durée de dix ans à compter de la date de leur naturalisation ; ce qui revenait à imposer aux éventuels candidats, sous couvert de protéger la main-d'œuvre nationale, un délai probatoire ou un « stage d'accoutumance aux valeurs françaises [16] ». C'est à se demander si le protectionnisme professionnel, dirigé à la fois contre l'étranger et, pour les professions libérales, principalement contre l'étranger juif, n'a pas acclimaté, avant l'avènement du régime de Vichy, une xénophobie et un antisémitisme d'Etat.

Les étrangers dans la crise économique

C'est, en tout cas, dans un climat « pré-protectionniste » que la dépression mondiale des années 1930 s'est abattue sur l'économie française. Bientôt de toutes parts jaillirent les mêmes récriminations : les étrangers étaient ces « fauteurs de chômage » qui « arrachent le pain de la bouche des Français » ; il fallait rendre « la France aux Français », donner du travail « aux Français d'abord ». A quoi la désignation des « coupables » servait-elle, sinon à propager l'idée sulfureuse (à laquelle devaient souscrire la quasi-totalité de la classe politique — sauf la direction du PCF [17] — et les syndicats ouvriers, y compris communistes [18]) que le chômage n'était pas une fatalité, puisqu'il pouvait être résorbé en réduisant le nombre des travailleurs étrangers. C'était à coup sûr jeter de l'huile sur le feu et cautionner un mouvement xénophobe qui dénonçait déjà le coût social que représentait l'indemnisation des chômeurs étrangers, pourtant assimilés par des conventions internationales aux travailleurs français. Faisant écho aux drames que la France avaient connus à l'extrême fin du XIXe siècle, des rixes xénophobes éclatèrent dans le Nord, où des ouvriers belges furent molestés, lapidés et jetés dans des canaux.

Aussi comprend-on mieux l'unanimisme qui entoura le vote de la loi du 10 août 1932 protégeant la main-d'œuvre nationale. Ce texte fut certes voté sous la pression des milieux nationalistes, mais ni les communistes, ni les socialistes qui s'abstinrent n'osèrent désavouer le principe d'un contingentement que les travailleurs français réclamaient à cor et à cri. S'appliquant, d'une part, aux marchés publics ou de fournitures passés au nom de l'Etat, des départements, des communes et des établissements publics, et d'autre part aux entreprises privées, industrielles ou commerciales, la loi renforçait l'obligation pour les travailleurs étrangers d'obtenir une autorisation ministérielle préalablement à leur entrée sur le territoire français. Elle permettait surtout de fixer par décrets, « soit d'office, soit à la demande d'une ou plusieurs organisations patronales ou ouvrières, nationales ou régionales intéressées », le pourcentage maximal des emplois qu'ils pouvaient occuper dans les entreprises privées. Si son application fut assez souple jusqu'en 1934, le gouvernement Flandin — non désavoué sur ce point par les gouvernements Blum — accéléra, dès novembre 1934, le rythme de publication de ces décrets : 550 en quelques semaines, contre 72 entre 1932 et 1934. A la date du 25 novembre 1938, 671 décrets avaient été pris ! Dans la mesure où la proportion des étrangers par rapport à l'ensemble des chômeurs s'est maintenue pendant la durée de la crise entre 10 et 12 %, la loi de 1932 ne semble pas avoir produit des chômeurs [19]. Il semble qu'elle ait favorisé les départs contraints des étrangers privés de leur emploi et amplifié le mouvement — initié par le décret du 6 février 1935 dont les effets sont difficilement mesurables — de création d' « irréguliers » non inscrits au chômage.

La progression du chômage amena bientôt les pouvoirs publics à compléter cette action réglementaire par des mesures de restriction (fermeture des frontières, limitation du nombre des régularisations et des opérations de renouvellement des cartes) et même de rapatriement des travailleurs étrangers. Des pressions, discrètes puis ouvertes, furent exercées sur les houillères du Nord et du Pas-de-

Calais – protégées par des barrières douanières dont l'Etat avait le contrôle — pour qu'elles licencient une grande partie de leur personnel étranger. En mars 1934, le gouvernement alla même jusqu'à demander au Comité central des houillères de renvoyer 6 000 à 7 000 ouvriers, pour la plupart polonais. Mais les patrons, qui les avaient fait venir à grands frais (souvent avec leur famille), se firent tirer l'oreille, allant même jusqu'à renouveler leurs contrats. C'est pourquoi la police fut priée, notamment dans les départements frontaliers où la concurrence sur le marché du travail faisait craindre le pire, de « tenir la liaison avec Monsieur l'inspecteur du travail pour l'examen du renouvellement des contrats » et de faire connaître à celui-ci « les condamnations pénales pour opportunité des mesures d'exclusion ». De simples infractions, « comme le fait de rouler sans éclairage à bicyclette ou de laisser son chien divaguer », furent ainsi méticuleusement consignées à l'effet de « motiver le rapatriement du condamné ». La promulgation du décret du 6 février 1935 imposant aux étrangers de demander l'autorisation de changer de département ne fit que compliquer les choses. Claudine Pierre cite le cas de cet ouvrier tchécoslovaque venu du Nord dans les Ardennes, coupable d'une double infraction : pour avoir changé de département sans autorisation et pour avoir travaillé avec un avis défavorable au renouvellement de sa carte ; n'ayant plus de carte valide, il lui était impossible d'obtenir le droit de changer de département même avec un certificat de travail ; il dut retourner dans le Nord où il n'eut plus d'emploi ni de carte ! « Cette situation si kafkaïenne est typique de ce qu'ont pu vivre de nombreux étrangers : ni expulsion ni refoulement au sens juridique du terme, mais un départ "contraint". On accule ainsi au départ des personnes qui n'ont plus le choix qu'entre quitter la France et s'y maintenir en situation irrégulière » (Claudine Pierre).

Il n'en reste pas moins que le nombre des mineurs nationaux a baissé, dans l'Hexagone, de 14 %, tandis que celui des mineurs étrangers chutait de 24 % ; les Polonais et les Italiens venus en Lorraine après 1918 furent licenciés, parce qu'ils n'ont « ni habitudes et mœurs communes, ni mérite quelconque d'avoir combattu avec nous pendant la guerre [20] ». Plus généralement, les chômeurs étrangers se rencontraient surtout parmi les manœuvres, puis, par ordre décroissant, dans les industries des métaux, dans le commerce de l'alimentation, dans le vêtement, le bois, etc. Si l'on raisonne par nationalité, les proportions de chômeurs (par rapport aux actifs) les plus élevées concernaient d'abord les Turcs, puis les Russes, les Italiens (premier groupe de chômeurs en valeur absolue), les Espagnols, les Suisses, les Belges, etc. Quant aux Polonais, ils n'étaient touchés par le chômage qu'à hauteur de 2,7 %. [21]

C'est donc par trains entiers que des travailleurs immigrés ou des étrangers sans ressources furent dirigés vers les frontières [22], sans que l'opinion publique y trouvât à redire. Signe d'une implication très forte de l'Etat-nation dans cette politique de retours forcés, le voyage jusqu'à la frontière fut partiellement, puis, à partir de 1935, totalement pris en charge par le ministère du Travail [23]. Que, dans ces conditions, le nombre des étrangers ait chuté, entre les deux recensements de 1931 et de 1936, de quelque 450 000 individus (parmi lesquels 350 000 exerçaient une profession active) n'est guère étonnant. Toutefois, les rapatriements ne rendent pas compte de la baisse dans sa totalité : il faut aussi tenir compte des naturalisations (en chute libre) demandées par les étrangers qui souhaitaient échapper aux mesures de rapatriement, des refoulements causés par le non-renouvellement des cartes d'identité (décret du 6 février 1935 visant les étrangers qui ne pouvaient justifier d'un séjour de plus de dix années, ou exerçaient leur activité dans un secteur économique touché par le chômage) et des expulsions plus nombreuses que par le passé.

Des mesures d'une efficacité douteuse

Ni l'immigration clandestine ni les demandes de régularisation ne furent désarmées par les mesures d'arrêt et de renvoi. Bien au contraire ! Fuyant le chômage des pays touchés plus précocement par la crise, le nombre des étrangers en situation irrégulière enfla, s'alignant bientôt sur celui des demandes de régularisation. Ces dernières, souvent appuyées par des élus ou des personnalités, prirent bientôt à contre-pied le SMOE qui leur réservait naguère un accueil favorable [24]. D'insidieuses pressions en résultèrent, donnant libre cours à des pratiques douteuses tant dans les murs du Service de régularisation, installé rue de Vaugirard, que sur les trottoirs avoisinants. C'est ainsi que le chef du SMOE, Pierre Pouillot, dut réprimer les ardeurs masculines de ce service à l'égard des femmes immigrées venues demander leur régularisation. Le remplacement des agents par une « section féminine » mit soudainement fin à l'étonnante effervescence que ce service connaissait en dehors des heures de travail, de 12 à 14 heures et de 17 à 19 heures. Et que dire des aigrefins qui hantaient les abords du 391, rue de Vaugirard ! Les immigrés crédules qui les croisaient se voyaient soutirer la somme de 200 francs contre la promesse d'une régularisation fort aléatoire [25].

Il semble en définitive que le protectionnisme ouvrier et la volonté parallèle de remplacer des travailleurs étrangers par des nationaux aient curieusement retardé les mesures structurelles qui s'imposaient face au chômage, en provoquant un certain nombre de dysfonctionnements. Combien de fois les employeurs furent-ils gênés par les quotas professionnels qui les privaient, selon les cas, de main-d'œuvre qualifiée ou de travailleurs de force, impossibles à recruter parmi les travailleurs français ! Le chômage se développait, en effet, alors que les entreprises souffraient d'un manque criant d'ouvriers qualifiés et que certaines d'entre elles ne pouvaient plus se passer d'une main-d'œuvre étrangère spécialisée. De la même manière, l'idée qu'on pût substituer des travailleurs nationaux aux travailleurs étrangers se révélait, dans bien des cas, fallacieuse : les étrangers qualifiés pouvaient difficilement être remplacés par des nationaux dont la formation professionnelle était inadaptée ou défaillante.

Tant et si bien que la nécessité se fit bientôt sentir d'articuler, en une seule politique, les questions jusque-là juxtaposées de main-d'œuvre nationale et de main-d'œuvre étrangère. Cette prise de conscience, qui date de 1933, se traduisit par la fusion des services de main-d'œuvre nationale et des services de main-d'œuvre étrangère en un Service central de la main-d'œuvre au sein du ministère du Travail [26]. En 1935, les offices régionaux de placement furent supprimés et leurs attributions confiées aux inspecteurs divisionnaires du travail. Deux années plus tard était créée une Direction générale du travail et de la main-d'œuvre qui rompait avec la vision duale (main-d'œuvre nationale et main-d'œuvre étrangère) que les pouvoirs publics avaient jusque-là du marché du travail. Une telle configuration allait permettre de lisser opportunément la frontière « emploi » entre nationaux et étrangers et de pallier ainsi les effets de la nouvelle pénurie de main-d'œuvre qui se dessinait du fait du réarmement. D'une part, la protection de la main-d'œuvre française fut considérablement assouplie après la Conférence du Munich de septembre 1938, lorsqu'il apparut que la guerre était inéluctable (décrets des 20 janvier et 19 avril 1939). D'autre part, le décret du 12 avril 1939 étendit aux apatrides et aux bénéficiaires du droit d'asile les obligations imposées aux Français par les lois de recrutement et par la loi sur « l'organisation de la nation en temps de guerre » (« réquisitions individuelles ou collectives, générales ou locales, fondées par la nationalité, sur l'âge ou sur la profession »), tout en autorisant les autres allogènes à s'engager dans l'armée française. C'est donc tout un dispositif protectionniste destiné à pro-

téger la main-d'œuvre nationale contre la concurrence sup-
posée des travailleurs étrangers qui s'est trouvé suspendu
par l'effort national de réarmement et par la mobilisation
industrielle.

X

Les Francétrangers en guerre (1939-1945)

Au cours de la Première Guerre mondiale, la situation des étrangers de France n'avait pas été sensiblement plus dramatique que celle des Français, exception faite – mais elle est de taille — des ressortissants des puissances ennemies que leur nationalité mettait en « porte à faux » et même en péril. Sur le front comme à l'arrière, l'idée d'une guerre juste, plus patriotique que nationaliste, s'était imposée avec force, sans faire de la présence étrangère sur le territoire français un objet de crispation. Bien au contraire, des étrangers s'étaient battus pour leur « seconde patrie » et l'immigration avait même été relancée par les pouvoirs publics. Il en fut tout autrement pendant la Seconde Guerre mondiale. Le régime de Vichy s'est en effet montré ouvertement xénophobe et antisémite, prenant tantôt de sa propre initiative, tantôt sous la pression des Allemands, des mesures d'exclusion, de persécution et de déportation en violation flagrante des droits de l'homme et notamment du droit d'asile. Les conséquences d'une telle attitude sur l'avenir de la politique migratoire auraient sans doute été désastreuses, si étrangers et nationaux n'avaient connu des situations d'infortune sensiblement analogues, luttant parfois conjointement contre l'occupant et le régime du maréchal Pétain ; si des Français ne s'étaient pas sentis, comme Albert Camus, *étrangers* à une certaine France [1] et si des

147

étrangers n'avaient pas été attachés à une France qu'ils voulaient certaine. Ce sont, en toute hypothèse, ce filet de sympathie et cette résistance commune, avant-courière d'une recomposition du tissu politique et social, qui permettront, en 1945, la remise à plat — sans bouleversement douloureux — des questions migratoires par les pouvoirs publics.

Une guerre patriotique menée dans l'ambiguïté (septembre 1939-juin 1940)

Les années 1930 s'étaient achevées sur une ambiguïté majeure : tandis que l'effort de réarmement et la mobilisation industrielle entraînaient de nombreux assouplissements dans l'application du protectionnisme ouvrier, la réglementation sur les conditions d'entrée et de séjour ne cessait de se durcir. Cette distorsion était due à la suspicion dans laquelle étaient tenus les étrangers à l'approche d'une guerre perçue comme inéluctable. Pétrie d'anticommunisme et de considérations diplomatiques, l'espionnite gagnait du terrain, inspirant au gouvernement Daladier des décisions d'une grande fermeté : inscription sur le carnet B des étrangers habitant à moins d'un kilomètre d'un ouvrage militaire ; mesures d'intimidation prises à l'encontre des immigrés avant la grève générale du 30 novembre 1938 et décret du 29 juin 1938 instituant la peine de mort pour les délits d'espionnage.

Loin d'y mettre fin, les tout premiers mois de la guerre prolongent ces ambiguïtés. Car la volonté d'associer les étrangers à la mobilisation militaire et économique le dispute désormais au double souci de ménager les puissances encore non belligérantes, comme l'Italie, et de soumettre les représentants de certaines nationalités à une surveillance étroite et constante (réfugiés espagnols, allemands et autrichiens). Les engagements volontaires des étrangers auraient sans doute été plus nombreux si les autorités françaises n'avaient pas, dans le souci évident de ménager Mussolini (consulté à cette occasion), écarté de nombreuses candidatures italiennes, fussent-elles garibaldiennes (regroupées derrière Sante Garibaldi) ou antifascistes (celles du *Comitato Nazionale Italiano*). La frilosité des autorités françaises [2] est du reste confirmée sur le plan militaire : seules deux armées étrangères furent autorisées à se constituer, la tchécoslovaque (9 000 hommes) et la polonaise (47 000), en raison des agressions subies par leur pays de référence. Si l'on ajoute à ces effectifs ceux de la Légion étrangère (49 000 engagements individuels [3]), on arrive au total de quelque 100 000 étrangers apportant leur soutien à l'armée française : chiffre important, mais très inférieur à ce qu'il aurait pu être, si les autorités militaires n'avaient pas multiplié les obstacles à l'incorporation des étrangers.

Restait le cas plus complexe des réfugiés espagnols, allemands et autrichiens, dont se méfiaient tout particulièrement les autorités militaires et civiles qui voyaient en eux moins des antifascistes susceptibles d'être engagés contre l'Allemagne nazie que des communistes fauteurs de troubles [4] ou, s'agissant des ressortissants allemands et autrichiens — même antifascistes —, des traîtres potentiels indéfectiblement liés à leur pays d'origine. Tandis que la dispersion des réfugiés espagnols s'accentuait de nouveau sous l'effet de diverses mesures [5], les ressortissants du Reich (admis avec parcimonie dans la Légion étrangère) connurent, selon une procédure rodée pendant la Première Guerre mondiale, les conditions très pénibles de l'internement en camp [6], sans qu'il eût d'ailleurs été prévu de séparer antifascistes, ressortissants pro-nazis et juifs [7]. La transgression dont ces derniers avaient fait preuve en récusant un régime totalitaire (qui ne tolérait aucune forme d'opposition), outre qu'elle les condamnait dans leur pays d'origine à une mort quasi certaine [8], ne leur garantissait donc plus aucune protection politique dans le pays démocratique qui les avait accueillis, en dépit de leur statut de réfugié politique : signe, à tout le moins, d'une remise en cause républicaine du droit d'asile [9].

Les étrangers entre exclusion et persécution

Toutes ces ambiguïtés héritées des années 1930 sont effacées au lendemain de l'armistice par le régime de Vichy qui, sans pudeur, s'affiche xénophobe, antisémite et anticommuniste. Cet ostracisme d'Etat entraîne au moins deux ruptures par rapport à la tradition républicaine de l'asile politique. Pour la première fois dans l'histoire de France, un régime officiel s'en prend, au nom d'une mystique de la régénération, aux étrangers qu'il désigne comme responsables du déclin et de la défaite de la France. Surtout, l'Etat français s'engage dans une politique de l'exclusion ou de l'enfermement qui, par une sorte d'amalgame à usage interne (il faut en finir avec les figures de « l'anti-France » qui font obstacle à la « Révolution nationale ») référé à une vision organiciste de la société (les corps étrangers dans le corps social), doit frapper les étrangers (à l'exception des ressortissants des puissances de l'Axe), mais aussi les Juifs, les communistes, les francs-maçons et les gaullistes... C'est là sans doute la différence majeure qui sépare ce régime d'une Troisième République finissante dont la législation d'exception n'était pas le fruit d'une logique d'exclusion [10] bien qu'elle en eût déjà le goût amer.

Dès la signature de l'armistice, les mesures de proscription ou d'exclusion s'enchaînent à un rythme échevelé. Appliquant scrupuleusement l'article 19 de la convention d'armistice, prévoyant la remise aux autorités allemandes des ressortissants allemands qu'elles pourraient réclamer [11], Vichy soumet les réfugiés « suspects » à une étroite surveillance (à laquelle concourent l'occupant et des représentants franquistes), les fait recenser par les préfets [12] et consent à les remettre, en connaissance de cause, aux autorités allemandes. 800 réfugiés seront ainsi livrés à celles-ci, qui remettront certains d'entre eux aux autorités franquistes [13]. S'inspirant davantage d'une logique de protection du marché national que d'une logique d'exclusion (le résultat étant néanmoins le même), une loi du 27 septembre 1940 prévoit l'enrôlement de force, dans des groupements de travailleurs étrangers (ex-CTE), des « étrangers en surnombre dans l'économie française ». Parallèlement et, dans le prolongement des mesures prises sous le gouvernement Daladier, les préfets sont habilités par la loi du 4 octobre 1940 à organiser l'internement, dans des camps prévus à cet effet, des étrangers, des Français communistes [14], des Juifs étrangers et des Tziganes. En juin 1941, ce sont ainsi près de 41 500 personnes qui sont internées dans trois types de camps : les centres de séjour surveillé et centres pour « extrémistes » (c'est-à-dire communistes) français et étrangers ; les centres « d'hébergement surveillé » où se retrouvent la plupart des internés, en l'occurrence « les étrangers qui, n'ayant pas de moyens d'existence et ne pouvant en ce moment quitter le territoire, [devaient] être assistés par le gouvernement français [15] » ; enfin, le camp des Milles et ses annexes, camp de transit avant émigration. Bon nombre de Juifs et d'étrangers sont, en outre, dirigés de la métropole vers l'Afrique du Nord et logés dans des camps, bientôt rejoints par des Juifs français et algériens [16].

En dehors de cette politique d'internement, les autorités françaises prennent de leur propre chef toute une série de mesures d'exclusion à caractère xénophobe ou antisémite. C'est ainsi qu'une loi du 17 juillet 1940 réserve les emplois publics aux Français nés de père français [17] : l'exercice d'une fonction publique, y compris dans les collectivités locales, est désormais subordonné non plus à la citoyenneté française, mais au fait d'être né dans une lignée française. Ce texte marque, à l'évidence, une rupture par rapport à la tradition de l'Etat-nation républicain qui avait jusqu'alors, moyennant de sérieuses restrictions comme en 1934, toujours admis le principe de l'accès des naturalisés aux emplois publics d'Etat. Comme le note Marc-Olivier Baruch, c'est le « champ politico-administratif », soit le cœur de « l'organisme » de l'Etat-nation, qui se trouve en premier touché par ces mesures d'exclusion [18]. Revendiquant son inscription dans la continuité nationale, le régime de la Révolution nationale n'en fait pas moins une exception à l'égard des anciens combattants étrangers et de leur famille directe en leur accordant la possibilité d'entrer dans le « sein » de la fonction publique. C'est que le sang versé constitue bien, quelles que soient les origines des donateurs, une créance sur l'Etat-nation dont la traduction politique importe moins que sa préservation. Plus grave, une loi du 22 juillet 1940 d'application rétroactive revient de manière décisive sur le droit de la nationalité en permettant, après avis d'une commission *ad hoc* composée de magistrats et de hauts fonctionnaires, de réexaminer toutes les décisions de naturalisation prises en vertu de la loi de 1927 [19]. Entraînant aussitôt la déchéance de 446 Français, dont le général de Gaulle, le général Catroux et René Cassin, elle sera étendue, le 23 février 1941, à tout Français qui, « hors du territoire métropolitain, trahit par ses actes, discours ou écrits, les devoirs qui lui incombent en tant que membre de la communauté nationale ». 15 154 personnes ont ainsi perdu la nationalité française, dont environ 6 000 Juifs [20] pour lesquels la déchéance valut bien souvent déportation [21]. Au total, plus d'un million de Français auront vécu durant quatre années « dans la menace de perdre leur nationalité et, s'ils étaient juifs, dans la crainte d'être livrés à l'occupant nazi [22] ». Certains auront néanmoins connu un enchaînement de situations ou de statuts qui en dit assez sur le désarroi et la solitude du Francétranger des années 1938-1945, pris entre le désir de s'intégrer et la perception de son rejet, mais continûment « enkysté » dans la zone la plus névralgique de l'imaginaire national :

étranger, puis français par naturalisation dans les années 1930, renvoyé de nouveau à son « étrangeté » par dénaturalisation sous le régime de Vichy, et, le cas échéant, réintégré par annulation de la loi du 22 juillet 1940 (24 mai 1944) dans la nationalité française...

Que la cible principale de ces mesures ait été la population juive (surtout étrangère) est confirmé par l'acharnement législatif dont ils furent très tôt l'objet. Dès le 3 octobre 1940, le statut des Juifs, salué par Jacques Doriot comme un juste retour des choses depuis que « l'affaire Dreyfus avait tourné à leur avantage [23] », interdit aux Juifs tout emploi dans la fonction publique ou l'exercice d'une série de professions libérales, tandis que les préfets se voient reconnaître le droit discrétionnaire d'interner dans des camps spéciaux ou d'assigner à résidence forcée « les ressortissants étrangers de race juive [24] ». Une loi datée du 7 octobre abroge le décret Crémieux du 24 octobre 1870 et aligne [25] les droits politiques des 110 000 Juifs indigènes des départements de l'Algérie [26] sur les droits des musulmans algériens, leurs droits civils réels et personnels restant réglés par la loi française.

Mais c'est la réforme en profondeur de l'appareil d'Etat [27], au cours de l'été 1941, qui va donner à ces mesures d'exception prises sans l'ombre d'une pression allemande [28] leur caractère systématique, sans nullement dissiper cette curieuse confusion des genres dans la désignation des responsables de la défaite (antisémitisme, anticommunisme, xénophobie et lutte antiterroriste n'étant pas superposables). Les services de police en sont les premiers bénéficiaires : d'une part, les polices municipales sont intégrées dans la police nationale ; d'autre part, la gendarmerie mobile, interdite en zone occupée, est remplacée par un corps unique de Groupes mobiles de réserve (GMR), mis à la disposition des préfets régionaux et des intendants de police. Enfin, la police nationale se dote de services spécialisés : Service de police anticommuniste (SPAC), Police aux questions juives (PQJ) et Police des sociétés secrètes. Un tel déploiement est autant lié à la conjoncture internationale (attaque allemande contre l'URSS) qu'au souci de doter de nouvelles structures plus spécialement chargées de conduire une politique d'exclusion, comme le Commissariat général aux questions juives (CGQJ), d'une force d'intervention rapide et efficace.

C'est donc d'un appareil d'Etat considérablement renforcé que Pierre Laval hérite à son retour aux affaires en avril 1942. A cette date, le nouveau chef du gouvernement était convaincu de la victoire prochaine de l'Allemagne nazie, et souhaitait pour la France une place de choix dans le nouvel ordre européen qui semblait se profiler. D'où la tentation d'utiliser les deux monnaies de réserve dont il affectait d'être le dépositaire : les quelque 40 000 Juifs français et étrangers dont les Allemands réclamaient la déportation [29] programmée dans le cadre de la Solution finale [30], et la main-d'œuvre française dont les usines allemandes avaient alors le plus grand besoin depuis que la guerre était devenue « totale ». Déjà aggravée par les dénaturalisations et la politique de la main-d'œuvre, la politique antisémite du régime est dès lors mise au service d'une collaboration d'Etat, bien que Pétain et Laval aient redouté qu'une « confusion ne s'établisse entre la déportation des Juifs » et le départ des travailleurs français pour l'Allemagne [31]. L'étatisation et la centralisation des forces de police françaises confiées à René Bousquet (qui cumule, à partir de mai 1942, les fonctions de secrétaire général de la police et de directeur général de la police nationale) et la pression croissante d'un occupant de plus en plus décidé à s'ingérer dans les affaires françaises [32] auront à l'évidence précipité une collaboration dont les deux principes généraux (autonomie de la police française et collaboration étroite avec son homologue allemande) ont été scellés par les accords Oberg-Bousquet du 6 août 1942 [33]. Dès lors les rafles se sont succédé jusqu'en avril 1944 — celle du Vél' d'hiv' des

16 et 17 juillet 1942 étant la plus massive —, frappant sans distinction les Juifs de toutes nationalités (y compris française), des femmes et des enfants. Les chiffres se passent de tout commentaire : 75 721 personnes déportées (25 % des Juifs présents en France en 1940) dont les deux tiers étaient étrangères ; seulement 2 500 survivants. Mais ils révèlent en creux le poids des réseaux d'entraide ou de l'action sociale dont les Juifs, français et étrangers, ont pu bénéficier pendant toute la durée de l'Occupation, et auxquels des étrangers, comme le Tchécoslovaque Joseph Fisera [34] ou l'Espagnol Francisco Ponzal Vidal [35], ont pleinement participé.

L'étatisation « antinationale » du travail

Sur cette autre « frontière » que constitue l'emploi [36], les choses sont assurément moins dramatiques mais plus complexes, compte tenu de la partition du territoire en plusieurs zones, de l'existence d'un chômage initialement élevé (un million de personnes en novembre 1940) et de l'inféodation de l'économie française à celle du Troisième Reich. Tandis que le régime de Vichy fait d'emblée de la résorption du chômage (très important en zone occupée) une priorité, les Allemands cherchent à se procurer à bon compte de la main-d'œuvre pour les chantiers et entreprises, placés sous leur contrôle. Or, les moyens utilisés par les autorités françaises pour lutter contre le chômage vont faciliter le travail de prospection de l'occupant. Qu'il s'agisse de la fusion entre les fonds de chômage (destinés à indemniser les chômeurs) et les organismes de placement, de la création d'un Commissariat à la lutte contre le chômage (CLC) ayant à gérer les formations de main-d'œuvre encadrée (GTE et Service de la main-d'œuvre indigène) ou encore de la réactivation de la loi du 10 août 1932 sur le contingentement professionnel, toutes ces mesures prises sous l'autorité du ministre de la Production industrielle et du Travail, René Belin, contribuent à rendre visibles les actifs sans emploi et singulièrement les étrangers dont l'accès au marché du travail se trouve entravé. Aussi les Allemands ont-ils pu récupérer un grand nombre de chômeurs — notamment étrangers — dans le cadre des réquisitions, en faisant pression sur le CLC et les Offices régionaux et départementaux du travail ; en outre, les embauches libres ont été favorisées par l'occupant qui payait mieux son personnel pour une durée du travail beaucoup plus longue. Les mesures prises par l'occupant se sont donc conjuguées avec celles du régime de Vichy pour stabiliser la main-d'œuvre étrangère sur le territoire français, en la dirigeant soit vers des secteurs vitaux ou stratégiques, soit vers des chantiers ou des entreprises travaillant pour le Troisième Reich [37].

C'est bien pourquoi les prélèvements de main-d'œuvre à destination de l'Allemagne ont concerné au premier chef les chômeurs français. Redoutant les effets sur l'opinion des départs vers l'Allemagne, les responsables de Vichy ont bien promulgué, dès septembre 1940, une loi interdisant aux ouvriers français d'aller travailler à l'étranger sans autorisation spéciale. Mais, se heurtant à une réaction très vive de la Commission allemande de l'Armistice, ils ont invité les services de main-d'œuvre français « à collaborer loyalement avec les services allemands ». Etait ainsi posé le principe même du volontariat qui sauvegardait les apparences de neutralité des autorités françaises dans un domaine réputé hautement sensible. Cette position de neutralité allait cependant voler en éclats sous la pression des Allemands dont les besoins en main-d'œuvre, depuis la campagne de Russie, allaient grandissant. Le basculement s'est fait en mars 1942 : les autorités vichystes ont alors renoncé à leur « neutralité » en acceptant d'inscrire les questions de main-d'œuvre dans une collaboration d'Etat qui battait de l'aile. D'une part, des délégations consulaires françaises ont été installées en Allemagne pour suivre et représenter les intérêts des ouvriers français en Allemagne ; d'autre part, des agents français ont été détachés dans les services de placement allemands en France pour permettre aux prétendus volontaires d'entrer en rapport avec les consulats français en Allemagne.

Au terme de cette période marquée par une politique de résorption du chômage, les autorités de Vichy se sont donc trouvées dans une situation où il devenait paradoxalement plus facile de libérer de la main-d'œuvre française que de la main-d'œuvre étrangère, dont les services extérieurs du ministère du Travail avaient de fait perdu le contrôle. En clair, les conditions d'un service national du travail obligatoire étaient réunies, avec pour seule justification l'espoir — en partie déçu — d'obtenir la libération de prisonniers de guerre français contre l'envoi en Allemagne d'ouvriers spécialisés. Qu'il s'agisse ainsi de la Relève (septembre 1942) ou du STO (février 1943) se réclamant de cette logique, les quelque 600 000 travailleurs envoyés en Allemagne furent dans leur très grande majorité des citoyens français.

Non que l'idée d'envoyer prioritairement des travailleurs étrangers en Allemagne n'eût pas séduit les responsables de Vichy, mais la segmentation des marchés du travail ne s'y prêtait guère. Les pouvoirs publics s'en aperçurent à l'été 1943, quand il fallut établir, compte tenu de la raréfaction de la population active et des déportations opérées par ailleurs, la ventilation des différentes catégories de main-d'œuvre assujetties à la loi du 4 septembre 1942. Le STO devait d'abord concerner les Français (non juifs) de sexe masculin (les femmes n'étaient soumises qu'aux mutations internes) appartenant à des classes d'âge précises (vite élargies) ou, dans les mêmes conditions, les étrangers « libres » (décision prise le 1er septembre 1943 en application du décret du 26 août 1943), tandis que la main-d'œuvre coloniale et les étrangers encadrés seraient mobilisés dans le cadre des réquisitions locales opérées en coordination étroite avec les services allemands de recrutement, ou dans le cadre de l'Organisation Todt. Ce partage souffrait néanmoins des exceptions, s'agissant des actifs français les plus âgés ou des étrangers « libres », puisque les uns et les autres pouvaient faire l'objet de mutations « internes » (sur le territoire français) ou être réquisitionnés en vue d'assurer l'exécution des mesures entraînées par la présence des troupes d'occupation (loi du 15 juillet 1943) ; les travailleurs français pouvaient, en outre, faire l'objet, comme en décembre 1943, de mutations pour l'Organisation Todt.

Restait en suspens le sort des Juifs étrangers et français : quelle conduite tenir à leur égard, sachant que nombre d'entre eux, parmi lesquels des dénaturalisés, étaient destinés à la déportation ; ou, plus cyniquement, comment mettre au travail ceux que la déportation avait jusque-là épargnés ? Un compromis fut trouvé, qui aboutissait à lisser la frontière entre Juifs étrangers et Juifs français : l'application de la règle nazie « pas de travailleurs juifs en Allemagne » et leur statut assigné de « monnaie de réserve » les dispensaient du STO, mais n'empêchaient aucunement qu'ils fussent affectés, en tant que de besoin, dans différents secteurs économiques (les mines [38] en particulier), sur les chantiers Todt ou maintenus paradoxalement au service des intérêts allemands. Etait ainsi sauvegardée la possibilité de poursuivre deux formes de collaboration d'Etat parallèles (logique de main-d'œuvre et logique d'exclusion), dont les ressorts et les finalités avaient tendance, depuis l'été 1942, à se télescoper [39].

Il n'est pas surprenant, dans ces conditions, que les fondements nationaux de la politique de la main-d'œuvre (née, rappelons-le, au cours de la Première Guerre mondiale dans un élan patriotique administrativement orchestré) aient été subvertis et que certaines catégories de Français aient été soumis à un traitement « aliénant » (aliéner : « rendre autre » ou « rendre étranger »), comme avaient d'ailleurs pu l'être, sous la Troisième République, les sujets coloniaux soumis à des formes inavouées de travail forcé [40] ou encore les travailleurs français restés en zone envahie pendant la Grande Guerre [41]. Un télégramme-circulaire adressé, le 17 mai 1943, aux préfets amorce ce processus : à compter du 1er juin 1943, aucun Français né en 1920, 1921 et 1922 « ne pourra justifier de son identité s'il ne présente à la fois sa carte d'identité et sa carte de travail [42] ». Destinée à confondre les « insoumis » et les « réfractaires », deux catégories nouvellement définies [43], cette mesure n'est pas sans évoquer la police des étrangers sous la Troisième République. La loi du 31 mai 1943 fait ensuite obligation à tous les jeunes gens de ces classes d'âge d'être détenteurs d'un titre de travail (créé à cette occasion) pour « justifier de leur identité dans toute une série d'actes de la vie courante ». Les recommandations musclées de Pierre Laval aux préfets achèvent, enfin, de brouiller et même de subvertir la frontière administrative qui séparait depuis 1917 le régime juridique des étrangers de celui des nationaux : « A des dates aussi fréquentes que possible, les services de police et de gendarmerie vont avoir à procéder à toute une série de contrôles et de vérifications d'identité, qui devront être effectuées sur la voie publique, dans les lieux de plaisir, dans les ateliers des usines, etc. (...) Sur votre ordre, *et ceci doit être considéré comme une ligne de conduite générale*, il conviendra d'effectuer, à l'occasion de ces vastes opérations de contrôle que vous aurez fixées, des prélèvements massifs de cartes. » Celles-ci seront échangées contre des récépissés ; elles seront adressées au directeur départemental du STO ou à l'Office du Travail qui procédera à leur vérification. Puis, elles seront retournées aux services de police qui convoqueront pour les leur rendre leurs titulaires dans les commissariats et brigades. Tous les irréguliers seront alors gardés à vue, conduits vers des centres d'hébergement et mis à la disposition des services compétents [44].

Le régime de Vichy éprouva du reste moins de difficultés à aliéner des franges entières de la population française qu'à transférer en Allemagne la population active étrangère qui se trouvait sur son territoire. C'est seulement au début du mois de septembre 1943, soit sept mois après l'instauration du STO, que l'attention du chef du Commissariat général à la main-d'œuvre (Robert Weinmann) s'est portée sur « les étrangers qui, bénéficiant sur notre sol de la plus large hospitalité, doivent désormais prendre leur part des charges exceptionnelles qui incombent à notre pays ». Une distinction est alors introduite entre, d'une part, ceux qui bénéficient de la protection de leur consul (leur affectation est alors « limitée au territoire français et toujours conçue de manière à ne pas éloigner de son domicile l'étranger père de famille ») et, d'autre part, les « apatrides et les étrangers ayant perdu la protection de leur pays d'origine » (il est recommandé aux préfets régionaux de « s'inspirer à leur égard des mêmes dispositions d'ordre social qu'en faveur des nationaux [45] »). Les aménagements ainsi apportés à la situation des étrangers sont cependant battus en brèche en février 1944, par suite des difficultés rencontrées dans le recrutement de la main-d'œuvre nationale pour le STO. Une circulaire datée du 9 février prévoit ainsi que les étrangers sont susceptibles d'être désignés pour l'Allemagne et compteraient dans les contingents imposés [46]. Une autre, datée du 20, enjoint aux services de main-d'œuvre de considérer comme « mutables en Allemagne les étrangers ayant perdu la protection de leur pays d'origine [47] ». En mars 1944, sont déclarés désormais mutables en Allemagne les Italiens, les Polonais, les Russes blancs, les Arméniens, les Espagnols (« Rouges ») non couverts par une cédule de leur consul en France ou couverts par une cédule postérieure au 25 février 1944. De surcroît, cette circulaire, signée Pierre Laval, ajoute « *que les prélèvements doivent porter par priorité sur les étrangers* [48] », alors que les règles de déplacement en France applicables aux étrangers sont les mêmes que celles concernant les Français [49]. S'il est stipulé, d'un commun accord avec les autorités allemandes, que

« tous les étrangers désignés pour l'Allemagne bénéficieront du même régime que les travailleurs français et que leurs familles jouiront en France des mêmes avantages que les familles d'ouvriers français », il est aussi précisé que tout étranger trouvé « en situation irrégulière est considéré comme mutable en Allemagne, quel que soit le motif qu'il pourrait par ailleurs invoquer ». En outre, les listes des étrangers fournies par les entreprises feront désormais l'objet d'une vérification d'après les fichiers d'étrangers des préfectures ; les étrangers figurant aux fichiers, qui ne seront pas inscrits sur une liste, seront systématiquement recherchés par la police et la gendarmerie. Un nouveau pas est franchi, en avril 1944 : « Il est possible de prescrire le départ en Allemagne des étrangers remplissant les conditions d'âge, même s'ils sont occupés dans les usines "S", sous réserve que leur remplacement sera assuré, au préalable, par des Français de plus de 45 ans. Il est en effet nécessaire que les étrangers ne jouissent pas d'un régime plus favorable que les Français [50]. »

Comment s'expliquer que l'envoi des étrangers en Allemagne ne soit devenu prioritaire qu'en mars 1944 ? Emile Boyez [51], dans une lettre du 3 mai 1944 adressée au commandant suprême des forces militaires en France, devait ainsi se justifier : « La partie la plus importante du premier contingent (action " 44 ") devait être constituée par des étrangers. Or, par suite de circonstances d'ordre diplomatique, indépendantes des services de main-d'œuvre, aussi bien allemands que français, le texte relatif à l'envoi en Allemagne des étrangers n'a pu sortir que le 24 mars 1944. En tenant compte du délai inévitable de transmission des ordres aux services de main-d'œuvre et de police, il était impossible d'escompter pour fin avril un rendement appréciable. En outre, la plus grande partie des étrangers susceptibles de partir sont des ouvriers agricoles dont une décision récente vient de reporter au 15 mai la date à laquelle ceux-ci pourraient être prélevés [52]. » Sans doute le dessein d'envoyer en Allemagne des étrangers « libres » était-il prioritaire avant la lettre ; s'il n'a pu aboutir plus précocement, c'est d'abord en vertu d'une implantation traditionnellement rigide des étrangers « libres » dans l'économie française, rendant aléatoire leur remplacement par des travailleurs français ; c'est aussi en raison de leur affectation circonstancielle dans des secteurs sous contrôle allemand ; c'est, enfin, parce qu'au sein même des structures de l'administration centrale, des fonctionnaires, songeant aux besoins économiques de l'après-guerre, n'ont pas cessé de rappeler les engagements internationaux que la France avaient contractés avant les hostilités [53]. Ces trois données, sur lesquelles se sont greffées des complications diplomatiques, interdisaient tout prélèvement de grande ampleur, de même qu'elles empêchaient de mettre en œuvre, dans le cadre d'une propagande xénophobe, un STO qui eût concerné des travailleurs étrangers « libres ». Vichy s'est ainsi trouvé enchaîné par un STO essentiellement national ou plutôt « anti-national » qu'aucune propagande ne pouvait légitimer.

Les étrangers dans la Résistance

Avec la Résistance, les « sympathies » ne sont plus induites par les circonstances, mais construites et même provoquées par les individus. Elles sont autant l'expression d'une révolte contre les mesures xénophobes, antisémites et répressives du régime de Vichy [54] que le prolongement logique d'engagements individuels façonnés par les expériences militantes ou armées de l'entre-deux-guerres (anciens des Brigades internationales, antifascistes actifs, militants communistes rompus, depuis la dissolution du PCF et de ses organisations étrangères en septembre 1940, à la clandestinité). La communauté de destin entre résistants français et étrangers ne saurait néanmoins dissimuler la contribution spécifique des seconds à la Résistance. Or, celle-ci, en dépit de son ampleur, est restée, pendant plus de quarante années, prisonnière des silences de l'histoire, quand de très nombreux témoins auraient pu faire entendre leur voix. A quoi tient donc cette étrange confidentialité nationale ou ce défaut criant d'écoute ? Il est courant d'invoquer l'instrumentation gaullienne de la Résistance [55] qui, parce qu'elle était tendue vers la recomposition d'une communauté nationale unanime, a pu oblitérer les particularités et les antagonismes des mouvements de résistance étrangers dont le combat s'inscrivait souvent — c'est une différence importante par rapport à la Première Guerre mondiale — dans la perspective nationale de leur patrie d'origine. Mais ce silence qui s'est prolongé jusqu'au milieu des années 1980 [56] n'est pas seulement l'effet d'une mémoire gaullienne dont toute une génération — issue d'une résistance pourtant divisée — s'est au demeurant servie pour asseoir sa présence aux commandes du pays. Il est aussi celui des étrangers ayant souffert de la répression et des déportations, qui aspiraient à se fondre dans une Nation enfin indifférente à leurs différences [57] ; d'un PCF qui, parce qu'il était devenu au lendemain de la guerre l'un des tout premiers partis de France, avait intérêt à valoriser l'image d'une résistance spécifiquement française ; et d'un Etat-nation qui, à défaut d'être entré en résistance, s'appropriait la Résistance.

Dans le paysage très divers de la résistance étrangère, trois môles de résistance étrangère se distinguaient. Le premier, de loin le plus important, était communiste ; mais cette appartenance politique masquait une grande diversité de situations, recouvrant des cousinages plus ou moins assumés ou, dans le prolongement de l'entre-deux-guerres, de fortes tensions avec d'autres sensibilités politiques [58]. Si certains communistes étrangers avaient rejoint des groupes résistants non spécifiquement étrangers, d'autres préféraient rester dans la mouvance des partis communistes étrangers en France. Tels ces militants espagnols qui servirent dans les rangs du Parti communiste espagnol (PCE), parfaitement rodé, depuis la défaite de la République espagnole en 1938, aux techniques de la guérilla urbaine ou du combat en milieu rural. Ce parti fut à l'origine d'une organisation qui se montra particulièrement combative dans les maquis du Sud-Ouest et du Massif central [59] : l'*Union nacional española* (UNE) dont les « guérilleros » se recrutaient bien au-delà des rangs communistes (socialistes, républicains ou anarchistes). Mais les résistants étrangers pouvaient aussi se fier aux organisations étrangères d'un PCF officiellement dissous, dont les militants faisaient l'objet d'une incessante répression. Comme à la Main-d'œuvre immigrée [60] (MOI), animée par Louis Gronowski, Jacques Kaminski et Artur London, qui s'appuyait sur un vaste réseau associatif constitué dans les années 1930. De cette structure organisée en « groupes de langue » (sections roumaine, bulgare, arménienne, italienne, juive, etc.) allaient naître, avec le changement de stratégie communiste consécutif à l'attaque allemande contre l'URSS en juin 1941, deux fractions armées. D'une part, une Organisation spéciale (OS) de combat dans la région parisienne, qui se transforma, lorsque les consignes de Moscou se durcirent en février 1942, en Francs-Tireurs Partisans-MOI, dirigés par le Roumain Boris Holban. D'autre part, le Travail allemand ou anti-allemand (TA), dirigé, dès sa mise en place à l'été 1941, par le Tchécoslovaque Artur London, l'Allemand Otto Niebergall et l'Autrichien Lange. Cette dernière organisation, qui exigeait de ses membres une connaissance parfaite de la langue allemande, devait se spécialiser dans la propagande anti-hitlérienne dans l'armée allemande.

Le deuxième môle de résistance intérieure était représenté par les Polonais de France, eux-mêmes divisés en plusieurs groupes : les « Forces polonaises en France » du général Kleeberg qui regroupaient des officiers n'ayant pu gagner l'Angleterre pendant la drôle de guerre ; l'Organisation polonaise de lutte pour l'indépendance (POWN), et les communistes du Comité polonais de libération nationale (PKWN). La plus importante de ces organisations était le POWN, créé en 1941 par l'ancien consul général de Pologne à Lille, Aleksander Kawalkowski. Cette organisation, soutenue par le gouvernement polonais à Londres, recruta de nombreux immigrés polonais, en particulier dans les départements miniers du Nord et du Pas-de-Calais, où le nationalisme polonais rencontrait un écho particulièrement favorable [61]. A l'image de l'UNE qui faisait de *Reconquista de España* la priorité des priorités [62], le POWN subordonnait clairement sa lutte contre l'occupant nazi en France à la volonté patriotique de débarrasser la Pologne du joug nazi : « Tout pour la Pologne ! Rien que pour la Pologne ! » Cette visée proprement nationale explique en partie l'autonomie de commandement dont cette structure a, même au sein des Forces françaises de l'intérieur (printemps 1944), continûment disposé.

On ne saurait enfin oublier le rôle des combattants étrangers dans les forces de la France Libre, parmi lesquels se trouvaient de nombreux Espagnols [63] et Italiens. C'est sans conteste la 13e demi-brigade de la Légion étrangère (13e DBLE) qui s'illustra le plus vaillamment dans les combats d'outre-mer. Rescapé de la bataille de Narvik, ce corps avait rejoint la France, en juin 1940 ; il était parvenu à s'échapper *in extremis* de la poche de Dunkerque, avant de rallier le général de Gaulle à Londres. Devenu le fer de lance des Forces françaises libres, il s'était ensuite distingué dans l'expédition de Dakar et les opérations d'Afrique-Equatoriale française, puis en Erythrée et en Syrie. En Libye, il avait même tenu tête aux troupes du général Rommel, lors de la bataille de Bir-Hakeim en mai-juin 1942. Le débarquement allié en Afrique du Nord et l'ouverture de la campagne de Tunisie en décembre 1942 lui offrirent ce qu'il n'osait espérer : la réunification d'une Légion étrangère, divisée depuis l'Armistice [64] entre les partisans de la

France libre et ceux du régime de Vichy. Intégrée dans la division blindée commandée par le général de Lattre de Tassigny, la 13ᵉ DBLE ainsi étoffée combattit jusqu'en Autriche. Si l'on ajoute à ces faits d'armes la participation de nombreux soldats étrangers aux opérations de la 2ᵉ division blindée du général Leclerc (le Régiment des marches du Tchad) [65], le rôle des unités composées d'Italiens et d'Espagnols en Provence, dans les Alpes, dans le Sud-Ouest et en Normandie, sans parler des *tabors* ou bataillons marocains et des tirailleurs algériens en Italie et en Provence, on aura une idée plus exacte de l'ampleur de la contribution étrangère et coloniale à la libération de la France.

Que la Résistance étrangère ait subi une répression intense n'est guère surprenant. Les risques très élevés qu'elle prenait pour porter ses coups l'exposaient à des représailles sans merci. Au cours du deuxième semestre 1942, c'est avec des effectifs parisiens ne dépassant pas 60 agents (y compris les agents de liaison, le service de renseignement qui repérait les cibles et le service médical), que les FTP-MOI effectuèrent, dans une capitale quadrillée par les forces de police françaises et allemandes, 70 opérations dont 23 sabotages, 26 attaques de locaux allemands et 16 attentats contre des militaires allemands [66]. Or, tandis que l'activité des fractions armées de la Résistance étrangère se maintenait à un niveau d'intensité élevé, la répression ne cessait, quant à elle, de se renforcer. Les Brigades spéciales (BS) des Renseignements généraux, dont la création en septembre 1939 avait coïncidé avec la dissolution du PCF, s'étaient même, dans un souci d'efficacité répressive, dédoublées en janvier 1942. D'un côté, une BS1 spécialisée dans la répression des propagandistes ; de l'autre, une BS2 chargée de pourchasser ce qu'elle surnommait les « communo-terroristes », c'est-à-dire les auteurs des attentats. Ce sont les policiers de cette dernière brigade qui repérèrent, filèrent, arrêtèrent et torturèrent de nombreux résistants communistes étrangers. Sur 1599 personnes arrêtées par la BS2 dans la région parisienne, 655 furent remises aux Allemands, 216 furent fusillées, les autres étant pour la plupart déportées [67].

C'est à partir de l'été 1943 que les forces de la Résistance étrangère subirent des revers importants. A Paris, où les FTP avaient été quasiment décimés, la situation des FTP-MOI était devenue dramatique, alors même que la direction des FTP leur demandait d'intensifier les opérations pour que le PCF pût négocier en position de force avec le général de Gaulle. Fallait-il se lancer dans des opérations hasardeuses alors que les filatures et arrestations se multipliaient et que l'étau policier se resserrait ? Ayant refusé de s'engager dans cette impasse, le chef des FTP-MOI, Boris Holban, fut relevé de ses fonctions et remplacé par l'Arménien Missak Manouchian (1906-1944) dont le destin se laissait ainsi nouer par deux génocides : le premier, arménien, dont la vision le hantait depuis son enfance volée (1915), et le second, juif, qu'il combattait dans sa patrie d'adoption. C'est lui qui, le 28 septembre 1943, parvint à faire exécuter, avec des effectifs pourtant réduits, l'adjoint direct du Gauleiter Fritz Sauckel [68], Julius Ritter. Mais au matin du 16 novembre, à proximité de la gare d'Evry-Petit-Bourg (Essonne), le sort que l'on savait déjà capricieux fit volte-face : les policiers de la BS2 arrêtèrent 68 militants FTP-MOI dont Missak Manouchian qui devait rencontrer le responsable des FTP pour toute la région parisienne, Joseph Epstein. Aussitôt déférés devant un tribunal militaire allemand, 23 d'entre eux furent condamnés à mort et fusillés au Mont-Valérien, le 23 février 1944. Une affiche rouge, apposée sur les murs de France, tenta de réveiller les sentiments xénophobes et anticommunistes des Français, dénonçant « l'Arménien chef de bande » Manouchian et son « armée du crime ». Bien en vain, car les consciences avaient eu le temps de faire la part des choses et de tirer, au vu de l'étoile jaune et des exactions de l'occupant, de la

Milice et de la police française [69], les conséquences des folles préventions et confusions idéologiques que les années 1930 y avaient enfouies.

XI

La nouvelle politique de l'immigration en 1945

Chose curieuse, la réputation de grand pays d'immigration qui collait à la France n'a pas réellement souffert du trouble épisode des années d'occupation. Comme si les ruptures, pourtant violentes, qui s'étaient opérées durant cette période n'avaient fait aucune vague... A quoi tient donc cet étrange paradoxe ? Au contexte politique de la Libération, dira-t-on : l'heure n'était pas ou plus aux révisions déchirantes mais au redressement du pays, et la condamnation unanime du régime de Vichy sur fond d'épuration exorcisait bien des démons. D'autres facteurs ont cependant joué : les exactions dont le régime s'était rendu responsable avaient aussi affecté des Français, tandis que l'évidente xénophobie du régime ne s'était pas compromise outre mesure dans une politique de la main-d'œuvre confrontée à d'insurmontables contradictions. Du fait même de cet esprit d'exclusive aux ressorts souvent inconciliables (les déportations et les mesures d'internement ont privé de bras une politique de la main-d'œuvre qui voulait répondre aux exigences allemandes) et aux cibles multiples, mais aussi grâce à l'engagement conjoint de nationaux et d'étrangers dans la Résistance, les conditions « normales » de la politique française d'immigration avaient pu être sauvegardées.

Comment dès lors comprendre la remise à plat ou, plus

exactement, l'étatisation des questions migratoires en 1945 ? Il s'est en fait produit une « contraction historique », c'est-à-dire une rencontre, à un moment décisif, entre des préoccupations conjoncturelles (redresser le pays) et la volonté politique de résoudre des problèmes dont le caractère structurel était connu depuis la fin du XIXe siècle. D'aucuns, sensibles aux circonstances, y verront l'effet d'une convergence de vues réformistes entre le courant technocratique de Vichy et « l'esprit » de la Résistance [1] ; d'autres, plus attentifs au temps long, la volonté de tirer une fois pour toutes les leçons d'un passé marqué par deux guerres mondiales et par les grandes récessions des années 1880 et 1930.

Réparer les erreurs du passé et préparer l'avenir

La nouvelle politique de l'immigration qui apparaît en 1945 procède en tout cas de cet état d'esprit. Ne s'agit-il pas, aux dires de l'instance chargée de la concevoir — le Haut Comité consultatif de la population et de la famille [2] (HCPF) —, de repeupler une France diminuée de 1 700 000 habitants, en tenant compte des déficits en main-d'œuvre des diverses branches industrielles ? De sélectionner les éléments étrangers susceptibles d'être introduits sur le territoire ? Et de mettre en œuvre un programme d'implantation et d'assimilation à leur intention ? Signe d'un volontarisme sans faille, un levier important est mis à sa disposition, qui assure à l'Etat, pour la première fois depuis la Grande Guerre, le monopole des opérations de recrutement des travailleurs : l'Office national de l'immigration, placé sous la double tutelle du ministère du Travail et de la Sécurité sociale et du tout nouveau ministère de la Santé publique et de la Population.

Ce monopole de recrutement est d'ailleurs expressément prévu par l'ordonnance du 2 novembre 1945 relative aux conditions d'entrée et de séjour des étrangers qui va servir de cadre juridique à la nouvelle politique de l'immigration. Ce texte opère, pour la première fois depuis les années 1920, une séparation entre « titre de séjour », délivré par les services du ministère de l'Intérieur, et « titre de travail », délivré par les services du ministère du Travail. Mais cette séparation est rendue confuse par l'absence de symétrie entre les règles d'attribution des cartes de séjour et les conditions de délivrance des cartes de travailleur. D'une part, les étrangers sont classés en fonction de la durée de leur séjour en trois catégories (étrangers résidents temporaires, étrangers résidents ordinaires, étrangers résidents privilégiés) auxquelles correspondent des cartes de séjour spécifiques ; d'autre part, ces mêmes étrangers sont répartis en quatre catégories distinctes par le décret du 5 juin 1946 qui prévoit quatre sortes de cartes de travail. A l'exception de la carte temporaire, toutes les autres cartes donnent à leur titulaire le droit d'exercer leur profession sur l'ensemble du territoire. Enfin, deux des quatre types de cartes de travail (carte ordinaire permanente et carte de résident privilégié) sont valables sans limites. Par un effet quasi mécanique, lié à la durée de son séjour (trois ans au moins) ou, le cas échéant, à certains accords internationaux, l'étranger peut, en outre, rapidement obtenir une carte de résident privilégié et jouir, après dix ans de séjour en France à titre de résident privilégié, de la faculté d'exercer, sur l'ensemble du territoire, la profession de son choix.

L'ordonnance du 2 novembre offre enfin la particularité de tenir compte de l'aspect démographique en accordant une prime, c'est-à-dire une carte de résident privilégié, aux pères et mères de famille et aux étrangers stabilisés en France depuis au moins trois ans et âgés de moins de 35 ans au moment de leur entrée en France. Cet âge peut être augmenté de cinq ans par enfant mineur ; le délai est réduit à un an pour les étrangers mariés à des Françaises, les étrangers pères ou mères d'un enfant français.

Entre repopulation et main-d'œuvre

Pour autant, cette politique de « repopulation », qui tranche avec les mesures restrictives des années 1930, n'est pas exempte d'ambiguïtés. L'inquiétude nataliste en fait toujours un pis-aller (le relèvement de la natalité française étant l'objectif prioritaire), tout en lui conférant un caractère sélectif, voire racialiste (peur de la dissolution de « l'ethnie française »). Certes, les critères d'« assimilabilité » et de « désirabilité » que le secrétaire général du Haut Comité de la population française, Georges Mauco, avait peaufinés, sont repoussés par le gaulliste Alexandre Parodi, ministre du Travail, et le socialiste Adrien Tixier, ministre de l'Intérieur, puis définitivement écartés par le Conseil d'État qui retire du projet de l'ordonnance du 2 novembre 1945 toute référence à la nationalité ou à l'origine — ethnique [3] — des immigrants. Il n'en reste pas moins qu'une nette préférence culturelle en faveur d'une immigration européenne de proximité s'est logée dans les services du ministère de la Population, chargé « de la sélection ethnique, du contrôle sanitaire, des impératifs démographiques, de la distribution géographique des immigrants » et qu'elle s'est incrustée, jusque dans les années 1970, dans les administrations chargées des questions migratoires. Elle était également présente dans les travaux de la sous-commission de démographie du Commissariat général au Plan qui combinait plusieurs critères : la dimension ethnique et professionnelle, les critères d'âge auxquels était très attaché Alfred Sauvy et des considérations sanitaires. Cette dernière avait d'ailleurs, en mai 1946, taillé à grands coups de ciseaux le profil de l'immigrant idéal :

1° « *Des individus sains* ou indemnes de maladies contagieuses ou de tares transmissibles ;

2° « *Des individus jeunes* de moins de 30 et en tout cas de moins de 40 ans, non seulement parce que c'est l'âge de la productivité, mais aussi parce que c'est l'âge de la pro-création ;

3° « *Des individus des deux sexes*, (...) soit des ménages avec ou sans enfants, soit de jeunes célibataires du sexe masculin, susceptibles d'épouser des Françaises et une proportion nettement plus faible de femmes célibataires ;

4° « *Des enfants* pouvant être recueillis à l'âge où l'assimilation est la plus facile et donne le plus de fruits ;

5° « *Des individus ethniquement assimilables*, condition qui soulève :

— une question de répartition géographique : il faut éviter que le groupement d'étrangers ne crée des noyaux inassimilables ;

— une question de choix des immigrants. Certains immigrants sont plus difficiles à assimiler, soit pour des raisons proprement raciales (jaunes et noirs) qui ne présentent actuellement aucune acuité, soit pour des *raisons ethniques*. »

Et d'ajouter : « Deux problèmes sont à l'ordre du jour : celui de l'immigration nord-africaine est le plus aigu. Il ne paraît pas possible juridiquement de s'y opposer et de fait la pression démographique s'exerce de l'Afrique du Nord vers la France. Pourtant, l'immigrant nord-africain s'est avéré jusqu'à présent inassimilable en raison de ses coutumes et de sa civilisation, les quelques mariages mixtes ont été des précédents peu encourageants. (...) *Le problème de l'immigration allemande* se présente de manière toute différente. Rien racialement ni ethniquement ne s'y oppose ; la réussite de l'Alsace française est un exemple éclatant de la possibilité d'assimilation de l'Allemand. » En outre, « il n'est pas possible de traiter le problème démographique français sans référence à la situation démographique allemande [4] ».

A la fois soufflé par les « populationnistes » et par les « restrictionnistes » [5] qui avaient pris leur revanche sous le régime de Vichy, ce discours reposait, comme l'a montré Paul-André Rosental, sur « l'intériorisation des clichés ethniques, sans doute non universelle à l'époque, mais suffisamment recevable socialement pour servir de critère d'action [6] ». Il a sensiblement influencé la pratique des fonctionnaires du tout nouveau ministère de la Population confié au catholique Robert Prigent [7], qui classaient volontiers les nationalités étrangères sur une échelle d'assimilabilité, tout en considérant les Nord-Africains comme totalement inassimilables. Les rapports des inspecteurs de la population, chargés de veiller sur le terrain aux « bons équilibres [8] » entre les populations étrangères et autochtones [9], expriment ainsi la crainte d'une « défrancisation » et témoignent de la difficulté à penser l'intégration autrement qu'en termes d'assimilation individuelle : « L'arrêt de la francisation ainsi réalisé [dans les Alpes-Maritimes] correspond au "*point critique*". A partir de ce point, il existe une situation statique qui crée la "minorité ethnique" qui conserve ses mœurs et cherche à diffuser sa langue, sa culture et ses coutumes. Cette minorité ne "réagit" plus que collectivement vis-à-vis de la majorité. Elle se déclare opprimée et tend par tous les moyens à se faire octroyer des "garanties" et à obtenir des "libertés". Les questions posées ne peuvent plus être tranchées que par une administration mixte ou par des transferts de territoires et de populations [10]. » Sous-directeur du Peuplement au ministère de la Population, Alfred Wolff s'inquiétait surtout des conséquences possibles d'une libération intra-européenne de la circulation des marchandises, que les Etats-Unis appelaient de leurs vœux pressants. Une telle libération n'eût pas manqué, à ses yeux, de provoquer une libération des mouvements de personnes entre les divers Etats européens. Or, « l'implantation régionale de ces étrangers, si elle s'opérait spontanément, aurait tendance à s'effectuer par agglomération dans les zones frontières du pays qui risqueraient de perdre progressivement leur caractère spécifiquement français pour devenir non pas européennes mais allemandes dans les régions Bas-Rhin, Haut-Rhin, Moselle et italiennes dans les régions des Alpes-Maritimes, des Basses ou Hautes-Alpes et de l'ensemble de la Savoie. De ces considérations découle l'impérieuse nécessité, si on veut sauver l'ethnie française et par suite la civilisation française dans ces régions, de préparer consciemment les possibilités régionales de peuplement dans tout le territoire métropolitain suivant les capacités économiques certes, mais aussi suivant les capacités ethniques, proprement françaises d'absorption de ces étrangers en ménageant les chances d'assimilation à la vie et à la civilisation françaises. En un mot, il s'agit d'éviter que la France soit démographiquement et par là même ethniquement submergée comme le fut l'ancienne Rome et la Grèce au moment des invasions barbares qui firent en très peu de siècles prendre le chemin des musées à ces civilisations prestigieuses que l'humanité a mis plus d'un millénaire à redécouvrir [11] ».

Vibrante mise en garde qui ne doit pas masquer la difficulté des services déconcentrés de l'Etat, relevant d'administrations différentes, à s'accorder sur les priorités d'une politique qui poursuivait à la fois des visées économiques (en fait purement conjoncturelles) et un impératif de repeuplement (sur le long terme) : « Pendant mon inspection dans les Alpes-Maritimes, j'ai pu constater que si l'administration préfectorale était préoccupée des dangers de la saturation italienne pour l'ordre public et la sécurité nationale, les services du travail et de la main-d'œuvre n'hésitaient pas à satisfaire les offres d'emploi avec de la main-d'œuvre italienne [12]. » Des contraintes objectives allaient toutefois trancher cette ambivalence au profit d'une attitude plus pragmatique, soucieuse de répondre *a minima* aux besoins de main-d'œuvre de l'industrie et de l'agriculture, et de ménager une opinion publique toujours aussi méfiante à l'égard des étrangers [13]. D'une part, les difficultés de la reconstruction, accompagnées de déplacements massifs de population (prisonniers de guerre [14] remis par les Américains aux autorités françaises, « personnes déplacées [15] » issues des camps d'Europe centrale, réfugiés, retour de ressortissants aux pays d'origine), réclamaient des ajustements quantitatifs fort éloignés des velléités planificatrices du ministère de la Population. D'autre part, le nouveau statut organique de l'Algérie, fixé par la loi du 20 septembre 1947 [16], avait de quoi saper les visées « qualitatives » d'un ministère de la Population qui, face aux ministères économiques, pensait avoir son mot à dire sur la « qualité des peuples ». Les « Nord-Africains », considérés jusque-là comme totalement inassimilables par les inspecteurs de la population, ne se voyaient-ils pas accorder, en vertu de ce nouveau statut, les mêmes droits qu'aux citoyens français, dès lors qu'ils s'installaient en Métropole ?

En inférer que les fondements culturels de la politique de repeuplement ont dès cette date disparu serait pour le moins inexact. S'il est vrai que les thèses de Georges Mauco ont à la Libération été écartées par le Conseil d'Etat, une certaine préférence culturelle s'est maintenue en faveur d'une immigration européenne de proximité. L'analyse des circulaires du ministère de la Santé publique et de la Population (sous-direction du Peuplement) relatives au regroupement familial révèle, dans le même esprit, que certaines nationalités [17] étaient favorisées. Une aide financière n'était accordée, en effet, qu'aux salariés italiens, allemands, polonais, yougoslaves ou à ceux, germanophones, qui jouissaient du statut de « personnes déplacées [18] ». Les immigrants originaires de pays où l'ONI ne possédait pas de mission devaient supporter tous les frais afférents au regroupement familial. Afin d'alléger la charge sur les finances publiques des transferts de devises, les mesures d'incitation se muèrent, dès janvier 1947, en contraintes : « Tout travailleur étranger chef de famille qui aura été mis en possession d'un logement familial soit par les soins de l'employeur, soit par les soins de la municipalité ou de tout autre organisme public ou privé devra *obligatoirement* souscrire une demande d'introduction de sa famille dans des délais qui seront fixés par les accords d'immigration respectifs dont la forclusion provoquera l'arrêt du transfert des allocations familiales [19]. » Inquiets de l'ampleur des migrations en provenance des départements algériens, les pouvoirs publics renonceront pourtant, dès août 1951, à mener une politique sélective de regroupement familial : les travailleurs salariés de toutes nationalités bénéficieront alors de l'aide de l'Etat pour l'introduction en France de leur épouse et de leurs enfants mineurs [20].

Par la suite, les responsables des questions migratoires favoriseront l'entrée sur le territoire d'Espagnols et de Portugais, jugés *a priori* plus assimilables. Les procès-verbaux du Conseil d'administration de l'Office national de l'immigration montrent d'ailleurs que cette préférence culturelle s'est prolongée jusqu'en 1972 [21], sans être nullement inquiétée par le droit. Ce dernier avait certes exclu en 1945 toute discrimination fondée sur l'origine ethnique des migrants, mais il n'avait pas prévu — les années 1970 marqueront à cet égard une nette inflexion — de sanctionner des pratiques discriminatoires.

XII

La guerre d'Algérie en Métropole et la cristallisation d'une politique sociale de l'immigration

L'action sociale en faveur de *tous les étrangers* entrés « régulièrement » (c'est-à-dire par le canal de l'Office national de l'immigration) ou « irrégulièrement » (par leurs propres moyens) sur le territoire français fut le legs majeur de la guerre d'Algérie à la politique française de l'immigration. Un tel héritage est d'autant plus surprenant que cette politique, définie sur des bases nouvelles depuis 1945, ne prenait nullement en compte les questions spécifiques soulevées par les migrations algériennes et ne comportait aucune dimension sociale. Tout s'est donc passé comme si deux ordres migratoires, juridiquement et administrativement autonomes, l'un défini par l'ordonnance du 2 novembre 1945, l'autre par la « doctrine de l'assimilation », avaient fini par converger et s'imbriquer. Plus exactement, la dimension sociale de la politique algérienne s'est greffée sur une politique publique de l'immigration qui en était dépourvue. Que signifie donc cette greffe dans l'histoire éclatée de l'immigration en France ?

Du paternalisme colonial à l'assimilation par l'action sociale

En 1945, la politique française de l'immigration ne comportait aucune dimension sociale à caractère public. Il n'existait pas *a fortiori* de politique sociale ciblée sur la population étrangère de France. Si des associations françaises et étrangères, confessionnelles ou non, des personnalités et des organisations syndicales ou politiques s'étaient impliquées par le passé dans l'action sociale en faveur des étrangers [1], les pouvoirs publics s'étaient bien gardés d'intervenir dans un domaine où leur action aurait pu être interprétée, depuis la crise des années 1930, comme une aide « déloyale » apportée à la main-d'œuvre étrangère. En l'absence de politique sociale, les droits sociaux des étrangers étaient, pour l'essentiel, régis par d'éventuelles conventions internationales de réciprocité dont l'effectivité dépendait des prises de position des personnalités proches des milieux de l'immigration et des réactions, souvent chatouilleuses, des pays d'émigration.

La redéfinition, en 1945, de la politique de l'immigration sur des bases essentiellement publiques n'apporta aucun changement significatif à cette situation. Soucieux de réduire au minimum le coût social et économique de l'immigration, les pouvoirs publics optèrent pour une organisation administrative de l'immigration qui leur paraissait neutraliser la « question sociale ». C'est ainsi que les contrats d'introduction collectifs n'étaient visés par les services de main-d'œuvre du ministère du Travail que si deux conditions étaient réunies : pas de chômeurs français pour occuper les emplois à pourvoir et des capacités réelles de loger les travailleurs étrangers. Dès l'instant donc où des étrangers étaient recrutés et acheminés en groupes par l'Office national de l'immigration — créé par l'ordonnance du 2 novembre 1945 — les charges afférentes à leur transport, leur installation et leur logement étaient prises en charge par les employeurs. De nature à limiter les coûts sociaux induits de l'immigration, cette règle, observée jusqu'en 1957 (c'est-à-dire jusqu'à l'ouverture en grand des frontières françaises [2]), administrait la preuve que la politique de l'immigration pouvait se passer d'un traitement social spécifique.

Au moment même où la politique de l'immigration mettait ainsi à distance la « question sociale », des décisions d'une portée insoupçonnée étaient prises à l'égard des musulmans d'Algérie. Dans le trouble provoqué par le Manifeste du peuple algérien de Ferhat Abbas de février 1943 [3], l'ordonnance du 7 mars 1944 entreprit, en effet, de réactiver une politique d'assimilation qui se consumait depuis de nombreuses décennies [4]. Son article premier posait notamment le principe de l'égalité des droits et des devoirs entre Français musulmans et Français non musulmans : la loi française devait donc s'appliquer indistinctement aux deux communautés. Il en découlait l'abrogation de toutes les dispositions d'exception inspirées depuis la fin des années 1920 par une volonté d'encadrement policier, ainsi que la dissolution des structures *ad hoc* d'encadrement de la main-d'œuvre nord-africaine. Les attributions sociales des services dissous étaient du même coup transférées à des bureaux sociaux relevant, non plus du ministère de l'Intérieur, mais du ministère du Travail chargé « d'organiser l'encadrement social de la main-d'œuvre nord-africaine en dehors de toute préoccupation policière [5] ».

La loi du 20 septembre 1947 portant statut organique de l'Algérie confirma la volonté nouvelle d'aligner les droits et les devoirs des indigènes sur ceux de la population européenne, soumise aux lois de la Métropole, en proclamant à nouveau le principe de l'égalité des droits entre Français musulmans (FMA) et Français non musulmans. Un tel principe impliquait à tout le moins la reconnaissance d'un droit de circuler librement entre la Métropole et les trois départements algériens. Il fondait surtout une responsabilité publique inédite qui se substituait à l'obligation morale d'assistance dont le paternalisme colonial s'était jusque-là fait l'écho : l'intégration des FMA dans le droit commun devenait, pour la première fois, dans l'histoire coloniale de l'Algérie, une priorité publique. En se convertissant en politique, autrement dit, la doctrine de l'assimilation investissait le présent immédiat ; elle s'affranchissait d'une certaine forme d'hypocrisie coloniale qui l'avait jusque-là conduite à reporter constamment l'application de ses principes.

Las ! L'instauration d'un régime de libre circulation provoqua, comme par le passé [6], la recrudescence des flux migratoires vers la Métropole [7], creusant un véritable fossé entre un discours ouvertement assimilateur et la réalité sociale d'une immigration non contrôlée. Dès lors, les pouvoirs publics furent confrontés à la question cruciale de l'insertion sociale d'une population musulmane démunie : que faire pour intégrer, dans une société métropolitaine encore asphyxiée par les restrictions, une population qui comprenait depuis peu des femmes, des enfants, des malades [8] et des indigents ? Comment rapprocher les faits du droit et des principes ? Questions d'autant plus délicates à résoudre que la qualité de citoyen français reconnue aux FMA interdisait de procéder à la création d'organismes spécifiques dont les interventions auraient précisément contrevenu au principe de l'égalité de traitement.

Pour sortir de cette impasse, les grandes administrations centrales se répartirent la tâche en rapportant les besoins identifiés à leurs attributions habituelles ou, plus exactement, en identifiant les besoins de la population musulmane en fonction de leurs compétences habituelles. Chaque ministère s'efforça, en d'autres termes, de faire bénéficier les FMA d'une action sociale aussi prioritaire que compensatrice [9] dans le but de résorber l'écart entre l'égalité proclamée des droits et l'inégalité flagrante des conditions de vie. Ce qu'il est convenu d'appeler aujourd'hui une discrimination positive était ainsi légitimé par une conception désormais active et même militante de l'assimilation.

Ainsi, deux systèmes référés au phénomène migratoire mais sans parenté aucune avaient, dans les années 1950, pris racine. Le premier, issu de l'ordonnance du 2 novembre 1945, se fondait sur un droit commun d'exception, applicable aux étrangers qui bénéficiaient de garanties relatives à l'emploi et au logement, pourvu qu'ils fussent régulièrement introduits. En équilibre dynamique, il évacuait « la question sociale », puisque l'emploi, garanti par la pénurie de main-d'œuvre et par la croissance, en commandait le fonctionnement. Si les pouvoirs publics acceptaient de participer à l'effort de logement et à la formation professionnelle des étrangers, la sélection professionnelle des immigrés dans leur pays d'origine et la clause relative au logement dans les contrats de travail limitaient les coûts sociaux induits. D'une certaine façon, le système était quasi intégré dès lors que la charge afférente à l'établissement des étrangers était partagée entre l'Etat, les employeurs et les migrants eux-mêmes pourvus d'un emploi.

Le second se fondait, par assimilation, sur le droit commun applicable aux FMA comme aux nationaux et fonctionnait d'une tout autre manière. Ce n'est pas l'emploi qui en commandait la marche, mais bien le droit lui-même. L'emploi n'était, dans ces conditions, qu'une réponse possible [10] parmi d'autres à une question sociale née du fossé entre deux populations égales en droits et en devoirs, mais de condition inégale. Ce deuxième système était-il plus avantageux pour les intéressés que le régime de droit commun d'exception, conçu à l'intention des étrangers ? Certes non, car les conditions dans lesquelles s'effectuait la libre circulation entretenaient un sentiment d'injustice ou de frustration, d'autant plus amèrement éprouvé qu'il se fondait sur la vacuité d'un droit dépourvu de garanties : « On peut faire de grandes déclarations sur la fraternité et l'amitié de la France pour le peuple algérien, dans la réalité, on constate dès qu'on arrive qu'il en est tout autrement. (...) C'est pour nous les journées sans emploi, sans abri et sans nourriture. On a de loin plus de sollicitude pour les travailleurs étrangers [11]. » La population musulmane se voyait par conséquent privée des garanties matérielles qui lui auraient permis de se sentir mieux lotie en droit et en condition que la main-d'œuvre étrangère. L'écart qui la séparait de la population nationale était, en somme, sensiblement plus important que celui qui pouvait exister entre les nationaux et les étrangers bénéficiaires de garanties. Juridiquement, les FMA étaient certes assimilés aux nationaux mais ils tendaient à former une population d'exception dans le droit commun, chacun des ministères faisant en sorte que la préférence nationale leur soit autant que possible appliquée, notamment en matière de placement, et qu'ils bénéficient d'une action sociale prioritaire.

La réactivation d'une politique d'assimilation avait donc paradoxalement créé une nouvelle frontière sociale d'autant plus névralgique qu'elle était fondée, comme pour les ouvriers français qui avaient accédé un siècle plus tôt au suffrage universel, sur une distorsion entre l'égalité des droits et l'inégalité civile des conditions. Elle avait aussi, pour la première fois dans l'histoire française de l'immigration, ouvert à l'autorité publique un très large champ d'action sociale. La question sociale nord-africaine est bien née, en définitive, du hiatus grandissant entre les conditions de vie désespérantes que ces travailleurs sous-qualifiés, très souvent analphabètes et non francophones, ont dû affronter, et l'égalité théorique des droits civils et civiques qui leur était légalement reconnue. Elle sera à l'origine d'un dispositif d'encadrement multiforme (policier, social et administratif) que se partageront, jusqu'en 1962, le ministère de l'Intérieur (MI) et le ministère du Travail et de la Sécurité sociale (MTSS), enclins à s'accuser mutuellement d'empiétement.

L'action sociale en faveur des Français musulmans d'Algérie

Dès 1954-1956, la guerre d'Algérie et ses répercussions dans l'Hexagone modifièrent les données de l'action politique et sociale à l'égard des FMA de métropole. Ne fallait-il pas désormais compter avec l'existence de deux organisations indépendantistes, implantées des deux côtés de la Méditerranée ? D'une part, le Mouvement national algérien (MNA) de Messali Hadj [12], fort de quelque 10 000 militants actifs et de nombreux sympathisants en Métropole ; et, d'autre part, le tout jeune Front (dissident) de libération nationale (FLN) qui ne ménageait pas ses critiques envers « l'autocrate » Messali Hadj, dont l'islamisme affiché s'accompagnait d'un certain attentisme sur le plan politique. Si la conciliation entre les deux mouvements prévalut jusqu'en avril 1955, le FLN, qui venait de créer sa propre Fédération de France (la VIIe Wilaya), se posa très vite en rival du MNA, voulant s'assurer le contrôle exclusif de la population des émigrés algériens. Une lutte très violente entre les deux mouvements s'ensuivit, entraînant des règlements de comptes, des attentats et des mitraillages qui firent, de 1956 à 1962, 4 000 morts et 10 000 blessés. De là bien des interpellations, arrestations et brutalités « préventives » de la part des forces françaises de l'ordre qui acclimatèrent une bien curieuse catégorie de délit sans sanction, mais socialement cautionné par la crainte des attentats : le « délit de faciès [13] ». Si, pour des raisons obscures, l'expression « raton » (le petit du rat) désignant de manière injurieuse le « Nord-Africain » était apparue à la fin des années 1930 (sens attesté depuis 1937), celle de « ratonnade » à propos d'une expédition punitive et brutalités envers les Nord-Africains (et, par extension, contre un groupe social ou ethnique) n'eut aucune peine à se fixer au milieu des années 1950 [14].

Reste que la Fédération de France du FLN, habilement dirigée depuis l'Allemagne par Omar Boudaoud, avait bien en vue de créer une véritable « contre-société » d'émigrés, isolée du reste de la société française, soumise à ses propres règles [15], assujettie à un impôt révolutionnaire (touchant environ 150 000 travailleurs) et politiquement contrôlée [16].

Or, c'est bien contre cette insupportable prétention, lourde de menaces pour la société civile, que le MI entendait désormais lutter. Mais avec quels moyens ? La réponse de ce département ministériel depuis « la capitulation du 6 février 1956 » (visite du président du Conseil Guy Mollet à Alger) [17] trahissait sa volonté d'hégémonie : il fallait resserrer le contrôle policier sur la population musulmane présente en France et renforcer l'action sociale en sa faveur. Le souci de préserver l'ordre public entrait ainsi en compétition avec la volonté de soustraire, par une politique sociale appropriée, la population des émigrés algériens à l'influence grandissante du FLN [18]. Or, cette ambivalence s'est vite muée, du point de vue des autres ministères et, notamment du ministère du Travail et de la Sécurité sociale, en ambiguïté, lorsqu'il fut avéré que l'Intérieur n'avait en vue qu'une politique d'internement des suspects et de contrôle social des musulmans d'Algérie.

Sous son autorité directe étaient, en effet, aménagés des centres d'assignation à résidence surveillée, en application de la loi du 26 juillet 1957 qui étendait à la Métropole les dispositions de la loi sur les pouvoirs spéciaux [19]. Après l'offensive métropolitaine du FLN déclenchée en août 1958, l'ordonnance du 7 octobre supprima, à la satisfaction des services des Renseignements généraux, toute condition préalable d'ordre judiciaire, à l'internement. C'est ainsi que 10 000 Algériens (y compris des familles) ont passé, pour la période 1957-1962, entre un et deux ans dans les camps en France, après avoir été jugés [20].

D'autre part, le ministère de l'Intérieur s'attachait à renforcer ses nombreux services chargés d'observer (et donc de renseigner) et d'encadrer la population musulmane de Métropole. La Direction générale de la Sûreté nationale s'adjoignit notamment un Service de coordination et d'information nord-africaines (SCINA), chargé de coordonner toutes les informations relatives à l'activité terroriste en Métropole, et de centraliser les informations de tous les services de police. Disposant d'antennes dans les IGAMIE [21] et les départements à forte densité de FMA, et travaillant en liaison étroite avec les services responsables de la sécurité du territoire [22], cette dernière structure éditait une synthèse mensuelle et un bulletin journalier « faisant apparaître le nombre d'attentats, d'arrestations, de tués, de blessés, de saisies, etc. ». Quant à l'encadrement social des FMA par le ministère de l'Intérieur, il relevait désormais d'un Service des affaires musulmanes et de l'action sociale (SAMAS) qui coordonnait « toutes les questions d'ordre social concernant les FMA de Métropole [23] ». Cette nouvelle structure disposait de vingt-cinq conseillers techniques pour les affaires musulmanes (CTAM), placés auprès de certains IGAME ou préfets dans neuf régions administratives [24]. Les CTAM, qui avaient rang de sous-préfets et faisaient partie du corps en extinction des administrateurs des services civils de l'Algérie, pouvaient s'appuyer sur un réseau d'aide sociale aux FMA, composé de 135 associations subventionnées qui employaient quelque 200 agents ou conseillers sociaux (200 bureaux d'intervention fixes ou mobiles à la fin de l'année 1962), dont la moitié était issue de l'armée d'Afrique [25]. Si les instructions du MI du 9 septembre 1957 avaient strictement limité leurs compétences « aux questions sociales se rapportant à la population musulmane algérienne en Métropole », celles du 10 février 1958 leur enjoignaient de s'occuper, sous l'autorité des IGAME ou des préfets, de « toutes questions se rapportant aux affaires musulmanes ». Cet élargissement était motivé par « la dépendance étroite qui existe entre les problèmes sociaux et les problèmes d'ordre public [26] ». Les CTAM se voyaient ainsi confier des tâches de renseignement, *a priori* peu compatibles avec l'action sociale dont ils se réclamaient auprès de la population musulmane [27].

Faut-il discerner, en définitive, dans ce double mouvement d'accentuation de l'activité policière et de renforcement de l'action sociale, fondé sur un dispositif aussi dense que tentaculaire, le signe d'une profonde contradiction ? Entre les deux, se découvrait un « contrôle social », dont l'exercice souvent brutal était cautionné par une « action psychologique » aspirant à quadriller la migration algérienne. Comme en Algérie, ce contrôle tolérait d'inexcusables exactions dont les auteurs croyaient se dédouaner en s'abritant derrière une mission de « pacification sociale ». D'une certaine façon, la répression préventive et curative, qui trouvait sa justification dans le « quadrillage de l'immigration » opéré par le FLN contre le MNA, poussait les services de l'Intérieur à se forger une compétence « sociale » selon un mouvement de spirale illimitée. En d'autres termes, les ressorts de l'action dite sociale ne fonctionnaient plus selon une logique assimilatrice, mais de plus en plus selon une logique de contrôle. La bienveillance cédait le pas à la surveillance d'une population dont on se défiait désormais. Il en résultait un changement de paradigme : à l'assimilation se substituait, selon les propres termes de Maurice Bourgès-Maunoury, le principe de « l'appartenance indéfectible de la population d'origine algérienne à la communauté nationale ». La communauté musulmane ne faisait plus, en conséquence, partie de la communauté nationale ; elle lui était rattachée, comme pouvait l'être une colonie à sa Métropole. Du même coup, elle redevenait *hétérogène* dans la double acception du terme, corps à la fois étranger dans l'espace national et composé d'éléments de nature différente.

Ce n'est qu'en décembre 1958, avec l'institution d'une Délégation à l'action sociale pour les FMA, rattachée au Premier ministre, qu'une politique sociale spécifique prit forme, indépendamment des tâches de maintien de l'ordre dévolues au ministère de l'Intérieur. Disposant du Fonds d'action sociale (FAS)[28] et de la Société nationale de construction de logements pour les travailleurs algériens en métropole (Sonacotral), la jeune délégation conduite par un proche du général de Gaulle, Michel Massenet, put dès lors s'employer à « arracher la main-d'œuvre d'origine algérienne à la misère des bidonvilles [29] ».

Le développement depuis 1947 de migrations incontrôlées entre l'Algérie et la France avait, en effet, porté sur la place publique l'épineuse — mais pas encore névralgique — question du logement des immigrés. Selon les statistiques du ministère de l'Intérieur, le nombre des familles algériennes en France était passé de 3 000 à 20 000 entre 1953 et 1960, cette progression étant due pour l'essentiel à la différence des salaires [30]. Les nouveaux bidonvilles (l'usage du terme date de 1953) de l'après-guerre sont nés de l'immigration algérienne ; s'ils sont apparus avant la Toussaint 1954, leur visibilité est devenue forte au moment même où les tensions s'exacerbaient en Métropole et où d'autres bidonvilles, comme celui, portugais, de Champigny prenaient racine (1956). Leur extension doublée d'une marginalisation sociale [31] des familles compliquait singulièrement la tâche des pouvoirs publics, qui ne voulaient pas renoncer aux formes d'habitat collectif pour célibataires que les services sociaux de l'Etat, des communes et des départements et les employeurs avaient jusque-là développées (150 foyers en 1959) sans du reste rencontrer la pleine adhésion des intéressés. D'autant que les possibilités de relogement étaient réduites, pour ne pas dire réservées aux familles françaises. D'où l'idée de se tourner vers les toutes nouvelles structures, la Sonacotral et le FAS, qui résolurent d'injecter, dans la construction de logements pour immigrés, respectivement 30 millions de nouveaux francs et entre 20 à 30 millions de nouveaux francs par an. Si les bidonvilles n'ont pas été résorbés à la fin de l'année 1961, les opérations menées dans des conditions peu favorables (événements politiques, rareté et coût des terrains à bâtir) sont loin d'avoir été négligeables. Les efforts axés sur les régions parisienne, lyonnaise et marseillaise se sont déployés dans trois directions : le relogement des célibataires par la construction de nouveaux foyers, l'aménagement de cités de transit pour les familles (solution d'attente faute de logements vacants) et, dans une bien moindre mesure, le logement définitif des familles.

Que l'action sociale ait ainsi conquis son autonomie n'empêchait nullement l'action policière de se poursuivre dans un climat de double guerre civile qui n'osait dire son nom, l'Etat de droit s'effaçant volontiers devant l'Etat policier. Vienne le second à prendre l'ascendant sur le premier et c'en était fini d'une entreprise qui requérait autant de patience que de mise en confiance. En d'autres termes, ce fragile équilibre que la politique sociale à l'égard des FMA se proposait d'instituer pouvait à tout moment se briser dans la répression, sans autre forme de procès.

La manifestation du 17 octobre 1961

Or, cet équilibre chancelant a soudainement basculé en octobre 1961, au milieu de cette désespérance que provoque la fin des guerres passionnelles, plus particulièrement *francétrangères*. Tandis qu'en Algérie les attentats se multipliaient à l'instigation de l'OAS, la puissante Fédération de France du FLN, forte de ses 130 000 cotisants en 1961, livrait toujours bataille, en Métropole, contre les messalistes, la police française et les groupes de harkis chargés d'infiltrer les structures du FLN en vue de les démanteler. Situation d'autant plus confuse que des responsables comme Roger Frey, ministre de l'Intérieur, et Maurice Papon, préfet de Police, ayant pris leur parti de renoncer à l'Algérie française, luttaient désormais sur deux fronts : contre le camp de l'Algérie française et ses partisans, mais aussi contre un FLN dont la puissance allait grandissant (après l'élimination physique des militants du MNA de Messali Hadj) et les opposants d'extrême gauche. Curieux régime, assurément, qui tirait argument du terrorisme en

Métropole pour étrangler des oppositions sans parenté aucune.

Le 5 octobre 1961 Maurice Papon publiait un communiqué conseillant « de la façon la plus pressante aux travailleurs algériens de s'abstenir de circuler la nuit dans les rues de Paris et de la banlieue parisienne, et plus particulièrement de 20 heures à 4 h 30 du matin [...]. Il est vivement recommandé aux Français musulmans de circuler isolément, les petits groupes risquant de paraître suspects aux rondes et patrouilles de police ». C'est en réponse à ce couvre-feu « au faciès » décidé sans la moindre consultation (le ministère de l'Intérieur avait de son côté décidé unilatéralement de mettre fin à la liberté d'accès des Algériens sur le territoire français) que 20 000 Algériens (chiffres de la préfecture de Police) manifestèrent le 17 octobre.

Très vite, la manifestation tourne au drame : les forces de l'ordre tirent à l'arme automatique sur des manifestants désarmés, puis se ruent sur la foule, frappant à l'aveuglette. Les corps tombent au milieu des cris. La répression qui s'abat est impitoyable. Elle conduit les forces de police à canaliser plusieurs groupes de manifestants vers les ponts de la Seine, d'où certains sont jetés dans les eaux glacées du fleuve ou conduits vers des lieux comme la cour de la préfecture de police où furent commises des exécutions sommaires [32]. Puis ce sont les arrestations en masse. Les manifestants appréhendés sont dirigés vers des centres de tri et dans certains stades où nombre d'entre eux sont roués de coups, puis sommés de rester immobiles, les mains sur la tête, assis ou allongés. Le bilan des opérations, qui ne fut jamais tiré au clair en raison de la surprenante disparition des archives [33], est lourd de mises en cause posthumes : entre 30 et 50 morts (32 morts d'après le rapport Mandelkern de 1998 ; autour de 30 selon Jean-Paul Brunet [34] ; entre 200 et 300 selon Jean-Luc Einaudi) et entre 10 000 et 15 000 arrestations.

Comment une telle violence a-t-elle pu se libérer ? La

conjoncture de l'automne 1961, marquée par l'interruption des pourparlers d'Evian, était à coup sûr favorable aux surenchères. Chacune des parties en présence, gouvernement français et FLN, se préparait à la reprise des négociations en tentant de conforter ses positions par des démonstrations de fermeté ou de force. Si le FLN avait appelé des hommes, des femmes et des enfants à défiler, sans la moindre arme (« pas même une épingle »), dans une manifestation interdite, c'est bien pour faire pression, non sans un risque élevé de dérapage, sur l'opinion publique française et obtenir la reprise des négociations. De leur côté, les partisans de l'Algérie française avaient des raisons de considérer, devant une opinion publique et un pouvoir politique qui « savaient » l'Algérie perdue, que leur cause n'avait plus aucune chance d'être entendue. Mais il existait aussi un terreau propice aux pires exactions. Depuis août 1958, des rafles massives d'Algériens, évoquant les pires heures de l'Occupation, avaient été diligentées par le préfet de police Maurice Papon, en banlieue et sur Paris, avec un art — déjà consommé — de l'organisation. Le 28 août, 5 000 Algériens avaient ainsi été internés dans plusieurs centres de détention, dans l'ancien hôpital Beaujon, le gymnase Japy et le Vél' d'hiv'. Surtout, depuis la création, en novembre 1959, sur décision du Premier ministre, d'une Force de police auxiliaire, composée de musulmans algériens (les harkis) et parcourue de courants extrémistes, un cycle infernal s'était enclenché : détention sur simple décision administrative, internement dans les camps ouverts sur le territoire, destruction des papiers d'identité, torture (« supplice de l'eau agrémenté ou non d'eau de Javel, supplice de la bouteille, avec ou sans empalement, supplice de la broche »). Inutile de préciser que les attentats contre des policiers français ou des commissariats avaient exaspéré les esprits qui, par peur ou vengeance, se disaient prêts à en découdre pour en finir, une fois pour toutes, avec cette Algérie algérienne qui envahissait la capitale.

Compte tenu du silence officiel qui enterra vivants les faits, il n'est pas indifférent de rapporter la réaction du délégué à l'Action sociale, Michel Massenet. Ce dernier avait, en septembre 1961, attiré l'attention de Michel Debré sur la dérive répressive d'un ministère de l'Intérieur qui perdait, à l'évidence, le contrôle de ses troupes : « Depuis quelques mois, les efforts antérieurement accomplis pour limiter au strict minimum les brutalités policières à l'égard des Algériens émigrant en Métropole semblent se heurter à des consignes données par le ministère de l'Intérieur lui-même ou à une absence de contrôle de ce ministère sur ses services. » Les manifestations des 17 et 18 octobre lui inspirèrent cette réflexion : « L'action policière contre le FLN n'a jamais été étayée par une action judiciaire convenable et cette carence qui dure depuis 7 ans est la véritable cause des récents événements ; nous estimons également que des fautes très graves ont été commises depuis le 15 juillet dans le choix des techniques du maintien de l'ordre. » Soulignant au passage que ces manifestations ont enclenché une « dialectique de rupture probablement conforme aux intentions du GPRA [35] », puisqu'elle « accrédite, sur le plan international, l'idée que la France est un pays raciste et oppresseur », Massenet insiste surtout sur les « effets moraux de ces événements », qualifiés « d'incommensurables » : « L'on peut affirmer qu'en quelques jours le travail de quelques années a été détruit et que l'on a obtenu d'une part un progrès foudroyant du racisme en Métropole, une attitude de plus en plus réservée du patronat à l'égard de la main-d'œuvre algérienne et la liquidation de tous les points marqués dans l'action accomplie au service des étudiants [36]. »

Précieux témoignage, si l'on songe que la guerre d'Algérie fut « gangrenée par l'indicible [37] » (Benjamin Stora). Les forces de gauche ne sont pourtant pas restées muettes, du moins jusqu'à la tuerie du 8 février 1962 au métro Charonne, qui éclipsa curieusement le massacre du 17 octobre

1961. Qu'il s'agisse du PCF s'élevant contre la discrimination raciale ; du PSU jugeant « scandaleux » que les Algériens ne puissent manifester sans être l'objet d'une « répression d'une violence inouïe » ; du courant socialiste exigeant derrière Guy Mollet une enquête sur « les violences et sévices » ou bien encore des organisations syndicales, les organisations de gauche ont bien réclamé la plus grande clarté sur les faits. Mais cette réaction unanime est vite retombée, oblitérée par le souvenir des « martyrs communistes », tués au métro Charonne, en février 1962, alors qu'ils manifestaient contre l'OAS. C'est seulement dans les années 1980 que la gauche réinvestira la mémoire du 17 octobre, revenant sur les multiples lois d'amnistie qui s'étaient égrenées de 1962 à 1982.

Que les représentations de l'immigré [38] maghrébin aient par contrecoup changé en l'espace de quelques années, lors même que les pouvoirs publics faisaient de l'intégration des Français musulmans d'Algérie dans le droit commun une priorité, n'est donc guère surprenant. C'est bien en réaction contre la transgression par fait de guerre du cadre franco-algérien du processus d'assimilation (que recouvre la notion « d'Algérie française » et qui renvoie à la grandeur républicaine de l'empire colonial) que « l'altérité » des Nord-Africains s'est renforcée et qu'un racisme anti-arabe a pu se développer. De positive — mais ambiguë qu'elle était au départ : les FMA étaient juridiquement assimilables, mais considérés comme « socialement inassimilables » —, l'image des Nord-Africains s'est rapidement détériorée, tandis que les événements d'Algérie ne cessaient d'alimenter une émigration massive vers la Métropole. A la notion d'assimilabilité différée et juridiquement construite s'est bel et bien substituée celle d'une prétendue « différence culturelle irréductible ». Changement des représentations que traduit bien le slogan postérieur : « On a perdu l'Algérie, mais on a gardé les Bougnoules [39]. » Le renversement d'image est donc bien la conséquence d'une guerre *françalgérienne*, perçue comme une trahison (ou une dépossession) par les partisans de l'Algérie française : la relation proprement organique que l'assimilation républicaine impliquait ne pouvait souffrir de guerre *intestine* sans provoquer une violente déchirure sur le double mode de l'incommunicabilité et du dépit. Il n'est pas absurde de considérer que le « traumatisme algérien » a, par le fait d'une « non-guerre », oblitéré le lien aussi évident que difficile à rétablir (c'est le chaînon manquant de l'histoire française et sans doute même européenne [40] de l'immigration) entre colonisation et immigration.

Mais ce renversement d'image (le Maghrébin fauteur de troubles [41]), annonciateur d'actes racistes, comme de 1969 à 1973 [42], ou porteurs de mots qui tuent, aura aussi été « préparé » ou « mis en réserve de la République » par un mode de gestion colonial des FMA en Métropole qui s'appuyait depuis longtemps sur des organismes *ad hoc* pratiquant des formes institutionnelles de discrimination. Des années 1920 aux années 1960, la population musulmane d'Algérie a été, de manière quasi continue, encartée, fichée, surveillée par des services sociaux et policiers spécialisés. Le sort réservé aux « harkis » illustre, lui aussi, un système fondé sur une ségrégation institutionnalisée qui prolongeait l'administration coloniale. Venus d'Algérie dans une atmosphère de lynchage et malgré l'interdiction du gouvernement français, ces 270 000 Français musulmans (dont seulement 90 000 ont pu venir légalement en France) ont été dirigés vers des camps de transit ou d'accueil, puis, pour longtemps, vers des camps de regroupement isolés en zone rurale (comme au Larzac), vers des « hameaux de forestage » ou vers des cités de transit qui ont perduré jusqu'à la fin des années 1980. « Bâtards de l'histoire [43] », les harkis, qui étaient considérés comme inadaptables, ont été exclus du bénéfice de la « loi fondamentale du 26 décembre 1961 » et ont dû faire une déclaration recognitive de nationalité française en vertu de l'ordonnance du 21 juillet 1962.

L'extension de l'action sociale à tous les étrangers

Les conséquences de la guerre d'Algérie sur la politique française de l'immigration furent importantes, puisque l'action sociale en faveur des travailleurs algériens s'est étendue, dès 1964, aux travailleurs d'autres origines. Le ministre du Travail du moment, Gilbert Grandval, était en effet convaincu « qu'un des moyens de surmonter la crise existant dans le recrutement de travailleurs d'origine étrangère est d'améliorer l'effort social consenti à leur profit ». L'épuisement des réserves de main-d'œuvre en Europe, notamment en Italie et en Espagne, obligeait, en effet, à consentir un effort social « aussi séduisant que celui réalisé par l'Allemagne et la Suisse, qui sont dans le domaine de la recherche de main-d'œuvre étrangère nos grands concurrents ». Ainsi s'imposait l'idée que les liens avec l'Algérie n'étaient « pas à ce point exclusifs » que les migrants algériens fussent les seuls à « bénéficier sur le sol français de privilèges exorbitants par rapport aux autres travailleurs [44] ».

Dès lors, la voie s'ouvrait à un étonnant chassé-croisé. Si les pouvoirs publics renonçaient à aligner le régime migratoire algérien sur celui de l'ordonnance de 1945, l'action sociale perdait sa spécificité algérienne pour faire son entrée dans le droit commun d'exception défini à la Libération par l'ordonnance du 2 novembre 1945 qui ne l'avait nullement prévue. Le décret du 24 avril 1964 étendit ainsi la compétence du FAS, rebaptisé pour l'occasion Fonds d'action sociale pour les travailleurs étrangers, à l'ensemble des travailleurs étrangers venant en France à titre permanent [45], tout en conférant à un délégué à l'Action sociale pour les travailleurs étrangers, placé sous l'autorité directe du Premier ministre, la mission d'animer l'action sociale. Ce délégué prenait personnellement la direction du FAS, dont la tutelle était confiée conjointement aux ministères des

Finances, du Travail, de la Santé publique et de la Population, et pouvait s'appuyer sur l'important levier que constituait l'ancienne Sonacotral transformée depuis 1963 en Société nationale de construction de logements pour les travailleurs (Sonacotra). Cette réforme se traduisait donc par le renforcement des pouvoirs de Michel Massenet, seul chargé de préparer les programmes annuels d'action sociale, membre de droit du conseil d'administration et simultanément directeur de l'établissement. Une telle concentration des pouvoirs, dans une structure aussi légère que la Délégation à l'action sociale (qui, avec le FAS, ne comprenait que 32 membres), répondait explicitement à un souci d'efficacité et de rapidité d'intervention [46]. Approuvés, les programmes étaient soumis pour examen au Premier ministre, au ministre des Finances, au ministre du Travail et au ministre de la Santé publique. Par ailleurs, le SAMAS, dont la compétence avait, deux années auparavant, été étendue aux migrants noirs, s'effaçait, le 22 juillet 1965, devant un Service de liaison et de promotion des migrants (SLPM), rattaché à la Direction générale des Affaires politiques et de l'Administration du territoire (MI). Placés sous l'autorité des préfets, les « chargés de mission » (ex-CTAM) et les « groupes de synthèse régionaux » de ce Service se voyaient confier la tâche d'établir le programme des réalisations à entreprendre au bénéfice des travailleurs migrants et de leurs familles. C'est donc à eux qu'incombait la mission d'identifier les besoins locaux et d'en référer à la Délégation (*via* le SLPM) qui en tenait compte dans l'élaboration des programmes annuels du FAS. Ce dernier prenait le relais des grandes administrations centrales pour subventionner les associations qui, conformément aux orientations de la politique algérienne de la France, s'étaient spécialisées au premier chef dans l'accueil et l'assistance sociale aux FMA. Fort logiquement, les associations moins spécialisées ou attentives aux autres formes d'immigration bénéficiaient désormais de ses largesses [47].

De la rencontre entre une exception dans le droit commun, l'immigration algérienne, et un droit commun d'exception défini par l'ordonnance du 2 novembre 1945, applicable aux étrangers non coloniaux, est donc née, en définitive, une action sociale en faveur *de tous les étrangers*, qui s'est prolongée jusqu'aux années 1980. Peut-on parler, à son sujet, de *politique sociale* ? Il ne saurait en fait exister de politique sociale dont les bénéficiaires seraient exclusivement des étrangers, car le critère juridique et non pas sociologique de la nationalité ne délimite pas un champ d'intervention sociale. Réciproquement, il ne saurait y avoir de politique sociale excluant de son champ d'action les immigrés, sauf à générer des inégalités sociales considérables qui aboutiraient à en invalider la fonction. L'action sociale en faveur des migrants offre la particularité de se démarquer du droit commun tout en cherchant à l'investir. Elle fonctionne comme un sas à clapet qui, théoriquement, ne s'ouvrirait que dans un *seul* sens : du spécifique *vers* le droit commun, sans que, par principe, la réciproque soit possible. A ce titre, elle réclame des institutions spécifiques distinctes de celles que l'action sanitaire et sociale met en œuvre à l'égard des nationaux qui connaissent des difficultés particulières. Ce caractère « différencialiste » (le Français distinct de l'étranger) sera précisément remis en cause dans les années 1980, sans que la nouvelle volonté d'indifférenciation (le Francétranger) soit toujours bien comprise par les structures et dispositifs de droit commun.

XIII

Croissance, décolonisation et construction européenne (1957-1974)

> *Les nations ne sont pas quelque chose d'éternel. Elles ont commencé, elles finiront. La confédération européenne, probablement, les remplacera.*
>
> Ernest RENAN,
> discours prononcé à la Sorbonne,
> le 11 mars 1882.

Si l'histoire coloniale et celle de l'immigration se sont bien rencontrées pendant la guerre d'Algérie, d'autres forces conspiraient déjà à les disjoindre. D'une part, l'expansion économique qui inclinait à assouplir et à homogénéiser les conditions d'entrée et de séjour des migrants de toutes provenances. D'autre part, les effets de la construction européenne et d'une décolonisation multiforme qui se conjuguaient désormais pour faire reculer l'altérité, encore très forte en 1945, des ressortissants « communautaires » aux dépens des migrants issus des anciennes colonies françaises. Or, c'est bien à la faveur des « déplacements » de frontières, consécutifs à ces deux grands phénomènes, que sont apparus des régimes spéciaux dérogeant à l'ordonnance de 1945 sur les conditions d'entrée et de séjour des étrangers. D'un côté, une pluralité de statuts dérogatoires composant avec l'héritage de la colonisation, mais susceptibles de modifications restrictives ou d'alignement sur le régime général de 1945 ; de l'autre, un statut « communautaire » qui avait toute chance d'être harmonisé, libéralisé et étendu dans l'espace « commun » européen. Quel est donc, pour les Francétrangers, le *sens* de ces évolutions contraires ?

Des bras pour les Glorieuses

C'est de main-d'œuvre que l'économie française, emportée par une croissance irrésistible, avait surtout besoin depuis le milieu des années 1950. Partout, la pénurie de bras (estimée à 600 000 travailleurs [1]) se faisait sentir [2], créant des goulots d'étranglement qui pesaient sur l'effort productif des entreprises et pénalisaient les exportations. De quoi nourrir une inflation par les coûts, pénaliser les exportations, conforter les revendications salariales et creuser, en dépit des dévaluations répétées du franc [3], le déséquilibre de la balance commerciale. N'était-il pas temps de desserrer ces contraintes en recourant plus résolument à l'immigration ?

Sans doute, mais le contexte international de l'*immigration organisée* s'était radicalement transformé depuis la Libération. Des pays comme la Belgique, la Hollande et, surtout, la Suisse, l'Allemagne et l'Italie s'engageaient résolument dans la voie de l'expansion économique, au point d'entraîner le tarissement des « sources de main-d'œuvre » européennes — en particulier italienne — auxquelles l'Office national de l'immigration (ONI) avait pris l'habitude de puiser. A l'évidence, cet Office, qui se savait déjà débordé par l'immigration clandestine, se révélait incapable d'étancher la soif de main-d'œuvre que développait la *France de l'expansion* [4] depuis 1956.

Aussi n'est-il guère étonnant que les pouvoirs publics aient décidé, dès ce moment, d'assouplir les conditions d'entrée et de séjour des étrangers en France, fixées par l'ordonnance du 2 novembre 1945. En phase avec le souci « européen » de favoriser la circulation des hommes et des marchandises, cette résolution les amena à conclure, dès 1957, des conventions bilatérales dérogeant au régime du droit commun sur les conditions d'entrée et de séjour des étrangers. Pas moins de 40 conventions furent ainsi signées jusqu'en 1972, qui dispensaient de visa les ressortissants d'Etats étrangers entrant en France pour des séjours en principe inférieurs ou égaux à trois mois. Si l'on ajoute à ces conventions les accords passés avec l'Algérie, les anciennes colonies de l'Afrique subsaharienne ou conclus dans le cadre de la CEE, 77 pays furent concernés en 1972 par la dispense de visa. Autant dire que la règle édictée par l'ordonnance du 2 novembre 1945 suivant laquelle un étranger, pour entrer en France, devait être en possession d'un passeport national revêtu d'un visa consulaire, même pour de très courts séjours, était devenue l'exception. Une immigration largement spontanée se développa au su des pouvoirs publics (parfaitement conscients des avantages à moyen terme que pouvait représenter pour les entreprises françaises une main-d'œuvre abondante et bon marché), au point de superposer à la catégorie administrative d'« immigré régulier » celle, promise à un long avenir, de « faux touriste ». Un faux touriste qu'il s'agissait pour lors de retenir sur le sol national en le régularisant. Selon les chiffres de la Direction de la Réglementation [5], 1 470 000 sur 3 400 000 étrangers (43 %) résidant en France échappaient, en 1971, soit partiellement, soit totalement, aux dispositions de l'ordonnance du 2 novembre 1945. La catégorie administrative du « faux touriste » supplantant celle de l'immigré

« régulier » est ainsi bien née de l'ouverture des frontières, rendue nécessaire par l'expansion économique.

Que l'État-nation, devenu par le fait des nationalisations le premier employeur de France, ait laissé faire n'est guère surprenant : l'importance des effectifs étrangers, notamment clandestins, outre qu'elle contribuait comme par le passé à peser sur le niveau général des salaires, offrait aux entreprises une très grande souplesse. Si le taux de rotation des Maghrébins dans les industries chimiques et métallurgiques était, encore dans les années 1970, quatre fois supérieur à celui des Français, c'est bien parce que beaucoup d'employeurs monnayaient les avantages sociaux sur le dos des immigrés dont le salaire et le niveau de qualification étaient toujours inférieurs à la moyenne. Leur instabilité, entretenue par les employeurs ou voulue par les intéressés eux-mêmes qui trouvaient facilement à s'embaucher, contribuait à les soustraire aux politiques sociales des entreprises, tandis qu'elle permettait, dans bien des cas, de contourner les dispositions toujours plus nombreuses d'un Code du travail conçu d'abord et avant tout pour les travailleurs stables sous contrat à durée indéterminée. Signe d'une certaine adaptation des entreprises à une main-d'œuvre peu qualifiée et de plus en plus interchangeable, l'idée « d'employer en production directe de la main-d'œuvre étrangère et sans expérience industrielle s'est élargie dans le milieu des années 1960 » aux industries employant une main-d'œuvre nombreuse, comme l'automobile. Une extension qui s'expliquerait, selon Nicolas Hatzfeld, « par les progrès des services des Méthodes [chez Peugeot à Sochaux] permettant de réduire les pré-requis culturels des ouvriers de fabrication et par les antécédents créés dans la branche par Simca et Renault notamment [6] ». La généralisation du travail à la chaîne, le recours systématique aux équipes alternées, le travail de nuit et l'usage immodéré des heures supplémentaires avaient de quoi soulager la trésorerie des entreprises qui tournaient en flux continu, au détriment sans doute de leur modernisation et, plus généralement, de l'innovation technologique.

Toujours est-il qu'une déviation corrélative de la politique de l'immigration allait en résulter : la substitution progressive de la procédure de régularisation à la procédure d'introduction légale par le canal de l'ONI [7]. De fait, la proportion des régularisations accusa, à partir de 1957 [8], une augmentation vertigineuse, passant de 28 % en 1956 à 82 % en 1968. Si l'on considère l'immigration familiale, les taux sont encore plus élevés : 90 % des familles de migrants arrivaient à la fin des années 1960 avec un visa de tourisme, en dehors de la procédure légale. Directeur de la Réglementation au ministère de l'Intérieur, Guy Fougier sut prendre la mesure du phénomène : « Progressivement, en raison des besoins en main-d'œuvre de notre économie, d'une certaine lourdeur des procédures normales de recrutement au moment même où les facilités de circulation et le développement des déplacements internationaux permettaient aux employeurs de trouver pratiquement à la porte même de leur entreprise des candidats étrangers à l'emploi, notre politique d'immigration s'est infléchie et les régularisations de pseudo-touristes sont devenues de plus en plus nombreuses pour atteindre leur point culminant en 1968 où 80 % des travailleurs admis en France (non compris les Algériens et les Africains) étaient des régularisés. A ce stade, l'exception était devenue la règle et le contrôle des mouvements migratoires échappait pratiquement à l'Administration qui se trouvait placée devant le fait accompli [9]. »

Une simple décennie (1957-1968) avait donc suffi pour que l'Etat perdît complètement son contrôle sur les flux migratoires ! En clair, le système légal de 1945 ne permettait plus à l'Administration d'exercer un contrôle rigoureux sur l'immigration, sauf à prendre des mesures forcément aléatoires à l'encontre des clandestins. L'abolition généralisée du visa en matière touristique et l'absence de statut pour les immigrés originaires des anciennes colonies françaises avaient sapé le cadre rigide d'une politique de la main-d'œuvre conçue initialement en des termes dirigistes. Autant il avait été facile de mener une politique libérale d'immigration dans un cadre rigide mais se laissant contourner, autant il devenait difficile de mener une politique restrictive dans un cadre devenu libéral. Sur le plan légal, le système de 1945 offrait certes la possibilité de revenir à des pratiques restrictives, ce qui paraissait justifier son maintien ; mais, dans les faits, l'Administration se trouvait dessaisie de la faculté d'exercer ce contrôle *a priori* (introductions par le canal de l'ONI) qui n'aurait pas dû cesser de prévaloir sur le contrôle *a posteriori* [10] (régularisations). C'est donc bien, en définitive, la formidable expansion économique depuis 1956 qui rend compte de la dérive des procédures propres à la politique de l'immigration.

La dérive des frontières et des continents [11]

A l'origine essentiellement européenne, l'immigration s'est, dès le milieu des années 1950, diversifiée pour devenir, au recensement de 1982, majoritairement non européenne (52 %) : jusqu'en 1959, les Italiens ont formé les contingents les plus nombreux (90 % en 1947) avant de marquer le pas devant les Espagnols dès 1960 ; à partir de 1960-1961, ces derniers ont été relayés par les Portugais dont le nombre est passé de 70 000 personnes établies en 1962 à 694 000 dix années plus tard. Ce sont donc les régions du Sud de l'Europe qui ont fourni les plus gros contingents de main-d'œuvre. Dans le même temps s'accroissait le nombre des immigrés en provenance d'Afrique du Nord et se développait une immigration originaire d'Afrique noire.

Les frontières européennes

Faut-il inférer de cette diversification la disparition de la préférence française pour une immigration de voisinage, encore très prégnante en 1945 ? Rien n'est moins sûr, car l'immigration européenne a bien été favorisée pendant les Trente Glorieuses, soit pour contribuer au repeuplement de la France, soit pour rééquilibrer les immigrations d'origine africaine et principalement maghrébine [12]. Qu'il s'agisse de l'immigration italienne, prépondérante au lendemain de la Seconde Guerre mondiale, des immigrations espagnole ou portugaise, toutes auront été appréhendées et traitées — l'analyse des accords de main-d'œuvre bilatéraux l'atteste — comme des migrations de main-d'œuvre et de peuplement. Allemands et Italiens, Espagnols et Portugais ont bien été ces « étrangers » de droit commun (au sens de l'ordonnance de 1945), dont la venue et l'établissement furent favorisés parce qu'ils étaient d'origine européenne, avant d'être ces Européens tardivement dispensés de la carte de travail, pourvus d'un titre de séjour communautaire, bénéficiaires d'un droit à la libre circulation et retranchés des statistiques officielles de l'immigration.

L'exemple le plus représentatif de cette période est fourni par l'immigration portugaise, appelée, en pleine euphorie économique, à prendre le relais des migrations italienne et espagnole déclinantes. Au terme de dix années de flux migratoires, le directeur de la Population et des Migrations, Michel Massenet, la considérait toujours, en l'absence de travaux scientifiques sur la question [13], « comme exceptionnellement utile sur le plan économique et d'un très grand intérêt démographique », car elle était « la dernière immigration facilement assimilable qui se produise sur notre territoire [14] ». Mais pour que celle-ci en vienne à se diriger massivement vers la France, alors que l'Allemagne en mal de main-d'œuvre proposait des salaires beaucoup plus élevés (de 30 à 50 % supérieurs), que d'obstacles il avait fallu surmonter ! Comme les autres pays d'immigration européens, la France dut composer avec les réticences du gouvernement de Lisbonne, que les critiques convergentes des propriétaires fonciers et des industriels ou, encore, des milieux nationalistes confortaient dans un prudent attentisme [15]. Ce furent le développement d'une immigration clandestine servie avec zèle par des passeurs sans scrupules et la crainte d'avoir les mains liées par les règlements prévus par le traité de Rome qui disposèrent le ministère des Affaires étrangères à signer une convention de main-d'œuvre, en décembre 1963, prévoyant, au mépris du principe de territorialité sous-jacent au droit de la Sécurité sociale, le versement des allocations familiales aux familles des travailleurs restées au Portugal.

Mais la *Junta de Emigraçâo*, en activité depuis le 28 octobre 1947, n'en continua pas moins de retarder la délivrance des passeports aux candidats à l'émigration, plaçant la mission de l'ONI installée à Lisbonne dans l'impossibilité d'exercer sa fonction. Aussi le gouvernement français se résolut-il à « suspendre toutes mesures de refoulement et de répression à l'encontre des Portugais venus en dehors des procédures normales d'introduction [16] », donnant ainsi les coudées franches à l'immigration des faux touristes et, bien sûr, à leur régularisation. En butte aux critiques des milieux nationalistes, la *Junta* en tira alors prétexte pour suspendre, le 30 mai 1967, l'émigration organisée (celle-ci ne reprendra qu'en juin 1969), sachant bien que l'émigration clandestine se poursuivrait vers la France sans que celle-ci y trouvât à redire [17]. A l'évidence, l'immigration clandestine était tacitement encouragée des deux côtés, bien qu'elle se traduisît pour les autorités portugaises par une perte de contrôle sur leurs ressortissants, et, pour la France, par un coût social élevé [18] (le volume d'entrées des familles dépassait en ampleur celui des travailleurs) et par l'ébranlement du système conçu en 1945 (l'immigration portugaise représentait plus de 60 % des flux contrôlés par l'ONI, Algériens exclus).

L'importance grandissante de la colonie lusophone en France et la crainte très vive que les autorités portugaises ne « mettent d'elles-mêmes un terme à ce désordre [19] » incitèrent néanmoins le ministère des Affaires Etrangères à rouvrir les négociations dans un esprit de calcul : « Plus grands seront les avantages sociaux inscrits dans nos arrangements, plus ouvert à nos exigences sera le gouvernement portugais [20]. » Le mieux était encore de relever le montant des allocations familiales versées aux familles demeurées au Portugal, quitte à abolir le système mettant fin à leur délivrance au-delà d'un séjour de plus de six années du travailleur en France. La mesure préconisée n'affecterait que très faiblement l'immigration familiale [21] à laquelle il n'était pas question de renoncer, et permettrait d'obtenir, en contrepartie, le contingentement des travailleurs portugais autour de 75 000 par an (en 1970, 100 000 travailleurs issus du Portugal étaient venus en France). Sondée sur ce dernier point, la délégation portugaise, emmenée par Pedro Pinto, objecta, dans un premier temps, que ce chiffre ne pouvait être porté devant l'opinion publique du pays sans soulever un véritable tollé de la part des milieux nationalistes ; à tout prendre, les « inconvénients d'une immigration clandestine déchaînée » étaient préférables « au risque politique que comporterait la fixation d'une immigration officielle moindre, mais cependant située à un niveau élevé [22] ». Matignon était du reste prêt à transiger sur le chiffre de 55 000 personnes, sous réserve que la différence fût obtenue, aux termes d'un échange de lettres, par la régularisation de 20 000 travailleurs par an [23]. C'est, en définitive, sur un contingent annuel de 65 000 que Lisbonne, satisfait d'avoir obtenu d'importants avantages sociaux pour ses ressortissants et convaincu que ce plafond symbolique ne pouvait être atteint par des voies régulières, exprima son accord. Au grand soulagement des autorités françaises qui voulaient mettre fin à l'exception portugaise que la circulaire Schumann du 29 juillet 1968 comportait [24].

Le cas portugais est-il isolé ? Les exemples italien et espagnol confirment, au-delà de leurs réelles spécificités, que la France s'est continûment efforcée de négocier, contre d'importants avantages sociaux compensant la faiblesse relative de ses salaires, le recrutement à grande échelle de travailleurs européens. De surcroît, la construction européenne a favorisé cette politique en détachant par étapes le statut des ressortissants des Etats membres (ou en passe de le devenir [25]) du régime général de l'ordonnance de 1945 pour en faire, selon un double processus d'externalisation des frontières (les frontières nationales sont repoussées à la périphérie de la CEE) et d'assimilation aux travailleurs nationaux, un statut privilégié soumis au droit communautaire. Comme si la qualité d'« Européen » était appelée, non par création d'une supranationalité [26] mais par assimilation au national, à remplacer celle d'« étranger » relevant d'un Etat européen.

L'article 48 du traité de Rome posait clairement le principe de la libre circulation et son corollaire, l'abolition de toute discrimination fondée sur la nationalité entre les travailleurs des Etats membres, en ce qui concerne l'emploi, la rémunération et les autres conditions de travail. Le même article disposait aussi que les travailleurs auraient le droit, sous réserve de considérations d'ordre public, de sécurité publique ou de santé publique, de se déplacer librement sur le territoire des Etats membres pour y répondre à des emplois effectivement offerts, d'y séjourner pour y exercer un emploi dans les mêmes conditions que les travailleurs nationaux et, le cas échéant, d'y demeurer après y avoir occupé un emploi. L'article 49 précisait, de son côté, les conditions dans lesquelles devaient être engagées les mesures tendant à réaliser cette libre circulation, en soulignant la nécessité d'assurer une progression propre à permettre les adaptations nécessaires et à prévenir les déséqui-libres qu'une transformation brusquée risquait de faire naître sur les marchés nationaux d'emploi.

Toute la difficulté était d'inventer un dispositif qui orga-nise la compensation [27] dans un espace *commun* sans remettre en cause la compensation nationale dans chacun des Etats membres et sans porter atteinte à leur faculté sou-veraine de contracter, avec des pays tiers, des accords de recrutement. Pour y parvenir, le règlement 15 de 1961 a d'abord maintenu une priorité de la main-d'œuvre natio-nale que le règlement transitoire 38 de 1964 n'a conservée que dans les cas exceptionnels où le gouvernement noti-fiait à la Commission une suspension pour une région ou une profession déterminée [28] (clause de sauvegarde [29]). Les délais d'accès à toutes les professions salariées sur l'en-semble du territoire ont, en outre, été réduits en 1964 à deux ans (alors que pour les autres étrangers, la qualité de résident privilégié pendant dix ans était exigée). Enfin, le règlement 38 a ajouté à la liberté d'affiliation aux organisa-tions syndicales accordée en 1961, l'éligibilité aux organes de représentation dans l'entreprise, dont la France, l'Alle-magne et la Belgique, d'accord sur le droit de vote, ne vou-laient pas [30]. C'est au cours des ultimes négociations (com-mencées en septembre 1966) portant sur la rédaction définitive du règlement sur la libre circulation des tra-vailleurs que d'importants désaccords se manifestèrent, notamment entre les positions « maximalistes » de la Com-mission de Bruxelles et les positions restrictives de la délé-gation française. Celle-ci avait clairement reçu mission de s'opposer non seulement à la suppression du titre de travail et à la création d'organismes administratifs communau-taires destinés à réaliser un véritable contrôle de l'emploi sur le territoire de la communauté, mais aussi à un contrôle de la politique d'immigration vis-à-vis des Etats tiers [31] (la France recrutait 90 % de sa main-d'œuvre étrangère hors de la communauté) [32]. Si la suppression du titre de travail et celle de la clause de sauvegarde furent acceptées contre les thèses françaises, consacrant ainsi l'égalité d'accès à l'emploi entre les ressortissants de la CEE et les travailleurs nationaux, la souveraineté des Etats en matière d'emploi était sauvegardée par le règlement 1612 du 19 octobre 1968, qui survenait quelques mois après l'établissement de l'union douanière.

C'est donc, en définitive, le principe de l'*assimilation* du ressortissant communautaire au travailleur national qui s'imposa et continue toujours de prévaloir dans une Europe en voie d'élargissement. Cette construction juridique, amplifiée depuis le début des années 1990 par la définition encore incomplète d'une citoyenneté européenne [33], mettait fin, du côté français, à cette contradiction que la diversification de l'immigration avait soulevée entre une préférence culturelle en faveur d'une immigration de voisinage qui n'avait jamais désarmé depuis le XIXe siècle, et l'obligation juridique de traiter en « étranger absolu » celui dont la venue était, pour des considérations économiques et populationnistes, vivement souhaitée. On observera aussi que l'assimilation, en tant que processus juridique conduisant à une identité de statuts, n'a pu et ne pouvait se concrétiser dans le cadre des relations de domination entre puissances coloniales et populations colonisées. Ne trouvait-elle pas tout à la fois sa justification idéologique et son invalidation dans le postulat d'une prétendue infériorité de ces populations et dans un rapport de servitude souligné par la pratique durable du travail forcé [34] ?

En revanche, l'assimilation est ou redevient possible quand elle s'inscrit dans un processus d'intégration, identifié à un espace « commun, national ou, en l'occurrence, européen ». Mais toujours au prix d'un *limes* identificatoire et d'une réduction sécuritaire des libertés qui peuvent conduire, sans crier gare, à une « biométrise » de l'espace (la biométrie étant appelée à écarter les étrangers indésirables) : phénomène sans doute plus radical encore que le renoncement partiel aux attributs de souveraineté nationale. Où l'on retrouve l'idée que l'intégration, nationale ou européenne aspire et refoule, assimile et aliène en « fabriquant » tout à la fois l'Autre et soi-même. Mais comment rendre compte de l'ampleur géographique d'une telle *communauté* de vues et d'*action* qui se traduit aujourd'hui, à travers l'unification progressive des politiques d'immigration européennes [35], par une mise à distance des populations extra-européennes d'origine coloniale, alors qu'elles sont très présentes dans les espaces nationaux ? C'est qu'il existait, surtout depuis le siècle des Lumières, un puissant phylum [36] de représentations dépréciatives de l'Autre (exotique ou indigène) liées à la colonisation ou, plus exactement, à la *justification de celle-ci*. Or, ce phylum a acquis, au XIXᵉ siècle, une dimension résolument européenne [37], en se développant à la confluence d'une « science » des inégalités raciales — marquée par le discours naturaliste du XVIIIᵉ et le darwinisme social [38] — et des *démonstrations* [39] didactiques (*via* la littérature enfantine et les récits d'exploration) et populaires. Qu'il s'agisse des « zoos humains », expositions ethnographiques, *freak shows*, spectacles et expositions coloniales [40], toutes ces manifestations intra-européennes, cautionnées par une anthropologie alors en quête de reconnaissance, auront nourri, en phase d'industrialisation et d'expansion coloniale, un imaginaire eurocentré qui a vraisemblablement permis de catalyser et d'imposer les standards d'une modernité à la fois déstabilisante et uniformisante, au prix d'une infériorisation, voire d'une « animalisation » de l'Autre (scientifiquement cautionnée par la classification des races et, qui plus est, fantasmée et souvent raillée [41]).

Les frontières de la décolonisation

Les « frontières » issues de la décolonisation ont suivi, quant à elles, une évolution rigoureusement inverse, une fois levée l'hypothèque de la question de la nationalité. Les pouvoirs publics étaient partagés entre la volonté de maintenir des liens privilégiés avec les pays ou territoires fraîchement émancipés, ce qui les portait à faire des concessions, et le souci légitime (en ce qu'il tirait les conséquences de la souveraineté des nouveaux Etats) d'aligner les conditions d'entrée et de séjour des anciens sujets ou citoyens français sur celles des étrangers de droit commun (ordonnance de 1945), ce qui les disposait à une certaine fermeté. Or, avant d'être résolu progressivement dans le second sens, ce dilemme fit l'objet de nombreux compromis plus ou moins favorables aux jeunes Etats souverains, compte tenu des statuts particuliers qui étaient les leurs dans le cadre de l'Union française organisée par la constitution de 1946 et des lois qu'il fallut concevoir pour fixer la nationalité des sujets ou citoyens français résidant sur leur territoire. Faible ou forte selon les cas, l'interdépendance entre les questions de nationalité et les problèmes de recrutement, d'emploi et de séjour en France allait entraîner une prolifération de régimes et de statuts spéciaux fort éloignée du souci de rationalisation et d'uniformisation qui avait prévalu en 1945. Symétriquement, la tradition coloniale que la décolonisation et le droit de la nationalité n'ont pas vraiment désarmée (la politique de coopération prenant le relais de la domination française) ont facilité, avant et après l'émancipation des colonies, l'insertion sur le territoire métropolitain des ressortissants de celles-ci, prenant en défaut une préférence culturelle qui se trouvait privée de son caractère exclusif.

Le cas des ressortissants du Cambodge, du Laos et du Viêt-nam [42], trois Etats *associés* dans le cadre défini par la constitution du 27 octobre 1946, constitue un bon exemple de compromis statutaire, façonné par le processus de décolonisation. Tout en conservant leur nationalité propre, ces ressortissants bénéficiaient d'une citoyenneté de « superposition », celle de l'Union française (UF), qui leur garantissait, selon le Conseil d'Etat, une liberté complète et inconditionnelle de circulation, de résidence et d'établissement [43], l'entière jouissance des libertés publiques reconnues aux Français, ainsi que l'accès aux emplois publics. En 1949, les trois Etats d'Indochine accédèrent à l'indépendance, mais des accords bilatéraux avec la France confirmèrent leur commune appartenance à l'UF et, par conséquent, tous les avantages qui en découlaient. Cinq années plus tard, la conférence de Genève proclama (21 juillet 1954), de nouveau, l'indépendance des trois Etats en assignant à celle-ci un caractère inconditionnel, aucune mention n'étant faite de l'UF. Et les autorités vietnamiennes et cambodgiennes d'en déduire que les accords de 1949 étaient devenus caducs et de prendre des mesures unilatérales pour abroger le régime préférentiel dont bénéficiaient les nationaux français fixés sur leur territoire, le Laos préférant, de son côté, confirmer par convention son attachement aux accords de 1949. Quelle attitude fallait-il adopter à l'égard des ressortissants vietnamiens et cambodgiens présents en France ? Comme le fit remarquer Philippe Monod, alors directeur des Affaires administratives et sociales au MAE, ces derniers avaient « adopté la France comme deuxième patrie sous la foi d'un texte constitutionnel qui leur garantissait le maximum de droits ». Aussi bien fut-il décidé que ceux d'entre eux qui s'étaient fixés en France sous l'empire de la constitution de 1946 seraient considérés comme des « étrangers privilégiés [44] », tandis que ceux, entrés sous le régime de la constitution de 1958 (la communauté remplaçant l'Union française), seraient assujettis au régime des étrangers de droit commun [45]. Il ne semble pas pour autant que cette distinction ait été appliquée avec toute la rigueur qu'elle impliquait. « Pour des raisons d'opportunité politique inspirées par le double souci de ménager les situations acquises et d'éviter des mesures de rétorsion dommageables pour les intérêts français dans les pays en cause », il paraissait, en effet, « souhaitable de maintenir jusqu'à nouvel ordre le régime préférentiel dont bénéficiaient en France les ressortissants vietnamiens, cambodgiens et marocains avant l'accession de leur pays à l'indépendance [46] ». De là une certaine bienveillance administrative à leur endroit, qui n'allait pas, de peur de se lier les mains dans les négociations bilatérales, jusqu'à préciser par une loi un statut de fait privilégié. Dans ce cas précis, les questions de nationalité n'avaient donné lieu à aucune difficulté, puisque des conventions bilatérales avaient, selon un critère ethnique, établi que les Français non originaires de ces Etats conserveraient la nationalité française, tandis que les anciens sujets français originaires de ces territoires, c'est-à-dire issus de parents nés là-bas, prendraient la nationalité du pays où ils résidaient.

En ce qui concerne le Maroc ou la Tunisie, les questions de nationalité ne furent pas non plus un obstacle à l'établissement d'un régime de circulation et de séjour conforme aux dispositions de l'ordonnance de 1945. Ayant été placés sous le protectorat de la France, ces deux pays avaient leur propre droit de la nationalité, « qui se combinait plus ou moins bien avec le droit français, notamment pour les enfants d'étrangers nés sur le territoire des protectorats [47] ». De sorte qu'il n'était pas nécessaire de déterminer au moment de l'indépendance qui, parmi les personnes établies dans ces deux pays, conserverait la nationalité française et qui prendrait la nationalité marocaine ou tunisienne. Avec (cas de la Tunisie) ou sans la garantie d'une convention (Maroc), les personnes de nationalité française fixées dans l'un de ces deux pays conservaient de plein droit leur nationalité. En revanche, la question s'est posée de savoir s'il convenait de mettre un terme au statut de « protégé français » dont bénéficiaient les ressortissants marocains et tunisiens depuis le décret du 29 juin 1938 [48]. Sans doute en raison des différences de situation démographique entre les deux pays, l'excédent de population étant plus important au Maroc qu'en Tunisie, la réponse apportée fut provisoirement différente. C'est d'abord par décision unilatérale de la France que les ressortissants marocains ont été soumis à l'ordonnance du 2 novembre 1945. Ceux qui étaient établis en France pouvaient soit conserver leur carte d'identité (carte rose), soit demander en échange une carte de séjour de résident privilégié et, s'ils étaient au travail, une carte permanente de travail pour toutes professions salariées. Sans remettre en cause cette décision de principe, la convention franco-marocaine du 1er juin 1963, portant installation d'une mission de l'ONI à Rabat, accordera confidentiellement aux Marocains nés ou entrés en France avant le 1er janvier 1961 la carte de séjour de résident privilégié et la carte de travail pour toutes professions salariées [49].

Avec la Tunisie, les choses ont longtemps traîné, car une convention, signée le 3 juin 1955, avait clairement établi que les « nationaux de chacun des deux pays bénéficieraient sur le territoire de l'autre du traitement des nationaux de celui-ci pour tout ce qui concerne leur établissement et l'exercice de toutes activités professionnelles ou économiques [50] ». En conséquence, les ressortissants tunisiens, seulement tenus à la possession d'une carte d'identité, étaient dispensés des titres de séjour et de travail qui auraient permis aux ministères du Travail et de l'Intérieur de contrôler leur immigration. Or, l'accord du 9 août 1963 prévoyant l'installation d'une antenne permanente de l'ONI à Tunis n'avait pu mettre un terme à l'immigration des « faux touristes » qui l'avait motivé (98 % de l'immigration tunisienne en 1968) : par suite de la dégradation des relations entre les deux pays, la mission de l'ONI n'avait pas été en mesure de fonctionner. C'est en fait l'application de la circulaire Schumann, ôtant aux Tunisiens la perspective d'être facilement régularisés, qui détermina la réouverture des négociations entre les deux pays. La délégation française voulait réintégrer l'immigration tunisienne dans la procédure normale de recrutement et obtenir la création d'une antenne de l'ONI pour organiser les flux ; elle avait surtout reçu pour mission de refuser à la Tunisie qui les réclamait les avantages accordés à l'Algérie, à savoir la fixation d'un contingent de travailleurs autorisés à venir chercher un emploi en France pendant neuf mois puis à s'y faire régulariser. Sur ces trois points, la France devait, en 1969, obtenir gain de cause, tout en s'engageant moralement à ce que la normalisation des procédures d'introduction des travailleurs tunisiens ne se traduise pas, pendant une durée transitoire de trois années, par une forte réduction de l'immigration tunisienne ; gage de bonne volonté qui impliquait pour les Directions départementales du travail et de l'emploi la recherche active de contrats au profit des travailleurs tunisiens [51].

Droit de la nationalité et régimes de circulation

A l'inverse des exemples qui viennent d'être évoqués, l'interférence entre les problèmes de nationalité et la question du régime de circulation et de séjour fut, s'agissant des Etats francophones de l'Afrique subsaharienne et de l'Algérie, une source intarissable de complications et d'ambiguïtés. Au début des années 1960, le gouvernement français était placé devant une situation inédite : comment régler aussi harmonieusement que possible les problèmes de nationalité que soulevait à grande échelle l'indépendance des anciens territoires d'Afrique noire et de Madagascar d'une part, et celle de l'Algérie, d'autre part ? Le Code de la nationalité de 1945 n'était, de ce point de vue, d'aucun secours, puisqu'il ne reconnaissait que la notion de cession de territoire, sans envisager celle d'accession à l'indépendance. Eût-on ainsi laissé jouer ses dispositions par analogie qu'on aurait privé de leur nationalité française toutes les personnes résidant sur le territoire des nouveaux Etats indépendants, sauf — hypothèse encore moins envisageable —

à provoquer leur retour massif. Eu égard aux nombreux Français d'origine métropolitaine qui s'y trouvaient encore, particulièrement en Algérie et dans certains pays africains, comme le Sénégal, une telle solution était politiquement inacceptable. Cette option écartée, restait à inventer un dispositif juridique, apte à confirmer, par une sorte d'automaticité, les Français d'origine métropolitaine dans leur nationalité française, et suffisamment généreux à l'égard des autres communautés pour que ces mêmes Français bénéficient d'un statut très favorable de la part des autorités locales. Par contraste, les questions migratoires revêtaient une importance secondaire : non seulement la France n'entendait pas se priver d'une main-d'œuvre algérienne d'appoint, mais il n'y avait pas lieu d'organiser à l'intention des Etats d'Afrique noire un régime restrictif de circulation qui se fût vraisemblablement retourné sur place contre les ressortissants français, alors que l'immigration en provenance de ces pays était quasiment nulle [52] et que le « devoir » de la France était de veiller à ce que les Africains restent sur place. Les questions de nationalité ont du même coup éclipsé les questions migratoires, au point de les contourner durablement, sans qu'il soit possible pour les responsables de la politique d'immigration de les articuler logiquement. C'était bien du reste la première fois depuis 1945 que les structures chargées des questions migratoires étaient amenées à composer avec des lois sur la nationalité dictées par les circonstances, qui heurtaient leur double souci de maîtriser les flux migratoires et de privilégier une immigration d'origine européenne.

La loi du 28 juillet 1960 (Afrique noire et Madagascar) et l'ordonnance du 21 juillet 1962 (Algérie) reposaient ainsi sur une distinction entre, d'une part, les personnes à qui la nationalité française était maintenue de plein droit, sans qu'elles eussent à accomplir la moindre formalité (cas des Français d'origine métropolitaine) et, d'autre part, les autres personnes à qui la nationalité française n'était pas ôtée, mais qui ne pouvaient la conserver qu'à la condition de se fixer en France et d'y souscrire une déclaration de reconnaissance de la nationalité française [53]. Comme le note Paul Lagarde, « la déclaration de reconnaissance opérait comme une condition suspensive de la conservation de la nationalité française. Tant qu'elle n'était pas réalisée, l'individu qui y était astreint ne pouvait se prévaloir de cette nationalité et il pouvait notamment faire l'objet le cas échéant d'une expulsion ; mais après la réalisation de cette condition, il était considéré comme n'ayant jamais cessé d'être français. Il est donc vrai que tous les nationaux des nouveaux Etats possédaient en outre virtuellement la nationalité française [54] ». La loi de 1960, articulée sur le critère de l'origine, s'est toutefois montrée plus généreuse que l'ordonnance de 1962 : les personnes nées en métropole [55] ou celles non originaires de la métropole qui, à la date de l'indépendance, n'étaient pas fixées sur le territoire de l'un des nouveaux Etats ont conservé de plein droit leur nationalité française. Toujours est-il que la faculté de se faire reconnaître la nationalité française était ouverte, dans les deux cas, à la totalité des nationaux des nouveaux Etats sans condition de délai. En définitive, la frontière de la nationalité entre ces derniers et les nationaux français était particulièrement mouvante en France, alors que, dans les nouveaux Etats indépendants, elle était rigide entre les ressortissants français et les nationaux de ces pays.

Non sans une certaine cohérence avec la loi de 1960 et toujours pour sauvegarder les intérêts des ressortissants français à l'étranger, les pouvoirs publics avaient signé une série de conventions d'établissement avec les Etats africains qui venaient d'accéder à l'indépendance. Aux termes de ces accords conclus en 1960, les ressortissants des pays d'Afrique francophone jouissaient selon, cette fois, une logique d'*assimilation* des mêmes droits que les nationaux français, dès lors qu'ils étaient établis sur le territoire français [56] : ils pouvaient ainsi entrer en France sous couvert d'une carte d'identité ou d'un passeport, n'étaient pas tenus à la possession d'une carte de séjour et d'une carte de travail et avaient accès à toute activité professionnelle salariée dans les mêmes conditions que les nationaux [57]. De surcroît, et pour éviter toute discrimination, ceux des Etats francophones qui n'avaient pas conclu de convention ont bénéficié pour leurs ressortissants en France d'un régime juridique identique à celui dont jouissaient les ressortissants des Etats signataires [58]. Par la suite, des conventions sur la circulation des personnes seront conclues entre la France et les principaux Etats africains d'émigration, dont le trait commun est d'établir une distinction entre la catégorie de « touriste » soumise à une garantie de rapatriement et celle de « travailleur » soumise à un contrôle sanitaire au pays d'origine par un médecin désigné par le consul de France et à la production d'un contrat de travail visé par le ministère du Travail [59].

La combinaison de deux logiques juridiques d'essence différente, celle de la déclaration recognitive et celle de l'assimilation au national qui impliquait la non-opposabilité de l'emploi, était pour le moins inédite. La première n'avait pu se réaliser du temps où la France exerçait sa souveraineté ou son protectorat sur ses territoires coloniaux ; la seconde, à travers le précédent algérien, avait accompagné le processus de décolonisation de l'Algérie depuis 1944. Leur convergence soulignait la volonté française de conserver des liens qui allaient bien au-delà des relations que pouvaient avoir entre eux des Etats souverains. Ces liens, par-delà les rancœurs accumulées ou les rendez-vous manqués, étaient fondés sur une histoire longtemps commune que l'émancipation de l'Algérie et des Etats africains ne pouvait effacer d'un trait. La porte sur l'Hexagone que l'assimilation et le droit de la nationalité ouvraient ainsi généreusement signifiait aux populations des nouveaux Etats, en des termes encore empreints d'un certain paternalisme colonial, que la civilisation française ne leur était pas fermée ou que l'indépendance n'entraînait pas leur abandon.

Un régime aussi libéral ne pouvait, en tout cas, se prolonger sans que surgissent d'importantes contradictions entre son application virtuelle ou effective et les impératifs de la politique migratoire. Les services de la Direction de la Population et des Migrations [60] reconnaissaient, au début des années 1970, que les immigrants africains venaient en France en qualité de « touristes » sans justifier du versement préalable d'une caution (de rapatriement) et se réclamaient des dispositions des accords d'établissement de 1960 pour s'établir comme travailleurs sans être munis d'un contrat de travail (la situation de l'emploi ne leur était pas opposable) et sans avoir passé la visite sanitaire. Les accords sur la circulation des personnes empêchaient ainsi tout contrôle de l'immigration africaine [61]. Ces mêmes ressortissants avaient d'autre part la faculté de se soustraire à toute réglementation de l'immigration en invoquant le bénéfice des dispositions de la loi du 28 juillet 1960 qui leur permettait d'accéder à la nationalité française par simple déclaration [62]. S'ils parvenaient à prouver qu'ils travaillaient hors d'Afrique au moment de l'indépendance de leur pays, ils étaient réputés Français de plein droit sans avoir à souscrire une déclaration recognitive. De là sans doute la constitution d'officines spécialisées dans la fabrication de faux certificats (acte de naissance, attestation d'emploi et justificatif de domicile) pouvant servir à plusieurs reprises et l'apparition de filières ou de réseaux défiant les services de la police des airs et des frontières ou de la gendarmerie.

Quelles améliorations pouvait-on attendre, dans ces conditions, d'une action sociale qui s'évertuait à résorber les problèmes de santé, de chômage, de logement et de formation professionnelle de l'ensemble des migrants, si l'hypothèque africaine restait entière [63] ? Depuis la conclusion de l'accord franco-algérien du 28 décembre 1968, les Africains étaient bien au demeurant les seuls immigrants étrangers à bénéficier à la fois de la libre circulation, du libre établissement et de l'assimilation totale, en ce qui concerne leur statut social, aux travailleurs français. Le paradoxe de l'immigration africaine s'était, en définitive, substitué à celui de l'immigration algérienne, né lui aussi d'un statut juridique qui ignorait la réalité sociale des candidats à l'émigration. La loi du 28 juillet 1960 avait même, dans sa générosité, aggravé la contradiction, dont avaient déjà souffert les musulmans algériens jusqu'à l'indépendance de leur pays, entre une assimilation de droit aux nationaux et l'écart social qui les en séparait.

Comment revenir au système de 1945 ?

Erigé dès le milieu des années 1960 en objectif politique, l'alignement sur le droit commun des immigrations algérienne et africaine impliquait, d'une part, la révision des textes de 1960 et de 1962 sur la nationalité et, d'autre part, la renégociation, bien plus aléatoire, des accords de recrutement (Algérie), d'établissement et de circulation (Afrique noire). Pour liées qu'elles fussent, ces deux priorités réclamaient des solutions indépendantes soumises à des procédures distinctes : la modification du droit de la nationalité ne pouvait être opérée qu'au sein du Parlement, tandis que celle du régime de séjour et de circulation était subordonnée à des négociations d'autant plus délicates à mener que les intérêts en présence étaient divergents et les contractants fort nombreux. Impossible, au demeurant, de faire l'économie de négociations bilatérales : les réclamations réitérées du ministère de l'Intérieur et du ministère du Travail (abrogation de la loi de 1960 ; institution d'un permis de séjour ; regroupement familial subordonné à l'assurance d'un logement et d'un contrôle sanitaire ; installation d'une mission de l'ONI en Afrique) n'ont pu avoir raison des réserves du ministère des Affaires étrangères (et de

Matignon), soucieux d'éviter toute mesure unilatérale, susceptible de retentir sur la situation des quelque 170 000 Français résidant dans les Etats africains [64]. Ainsi s'explique la lenteur du processus d'alignement dont l'aboutissement ne date que du début des années 1990, soit plus de trente années après la décolonisation.

Le législateur avait pourtant fait diligence en ce qui concerne l'Algérie. La renégociation du protocole de 1964 [65], dénoncé en 1965 par le nouveau président algérien, Houari Boumediene, avait fourni l'occasion de revenir sur l'ordonnance du 21 juillet 1962. Si, comme le souhaitaient les deux parties, l'accord devait porter sur un contingent annuel de travailleurs algériens, il paraissait logique de mettre fin à la faculté reconnue à tout Algérien de statut musulman de souscrire, une fois arrivé en France, une déclaration recognitive. Le contingent était bien la contrepartie obligée de la privation de cette faculté. Mais que cette dernière ait été considérablement réduite par la loi du 20 décembre 1966, puis définitivement supprimée par celle du 9 janvier 1973, n'entamait nullement l'exception de l'immigration algérienne sous le rapport des conditions de recrutement ou même de circulation et d'établissement. D'abord, le principe du contingentement retenu par l'accord du 27 décembre 1968 était bien la manifestation d'une exception, en ce qu'il dérogeait aux accords de recrutement classiques qui, tous, en avaient écarté le principe, et ce, même si le contingent, fixé à 35 000 travailleurs par an pour les trois années à venir, pouvait être révisé « en cas de crise grave affectant sérieusement la situation de l'emploi en France ». En outre, cet accord ne supprimait pas totalement la libre circulation consentie par les accords d'Evian : les ressortissants se rendant en France « sans intention d'y exercer une activité professionnelle [66] » étaient bien tenus à la possession d'un passeport mais dispensés de visa. Enfin, les travailleurs relevant du contingent n'entraient pas en France sur la base d'un contrat de travail préalablement souscrit et visé par le ministère du Travail : titulaires d'une carte délivrée par l'Office national de la main-d'œuvre algérienne (entorse au monopole de recrutement reconnu à l'ONI) et revêtue du timbre de la mission médicale française en Algérie, ils disposaient d'un délai de neuf mois pour se faire embaucher. S'ils obtenaient un emploi, un certificat de résidence valable cinq ans leur était délivré, sinon ils devaient quitter la France. L'accord était enfin très libéral à l'égard de l'immigration familiale, puisqu'il prévoyait que le « conjoint, les enfants mineurs de moins de 18 ans ou à charge », qui s'établissaient en France se voyaient attribuer un certificat de résidence de même validité que celui dont le chef de famille était titulaire [67]. Ce n'est qu'au terme d'une longue période de négociations, dans un contexte radicalement transformé (interruption unilatérale de l'émigration par les autorités algériennes en septembre 1973, suspension de l'immigration économique en juillet 1974 et politique d'aide au retour amorcée en 1977), que l'alignement sera opéré.

Les mêmes observations peuvent être faites pour l'A-OF et l'A-EF. Sur le versant de la nationalité, la loi du 9 janvier 1973 avait certes retiré aux Africains la faculté de reconnaissance prévue par la loi du 28 juillet 1960, mais elle lui avait substitué, selon l'analyse de Paul Lagarde, « une faculté de réintégration — non rétroactive — dans la nationalité française, subordonnée, comme la reconnaissance, au transfert du domicile en France. Celle-ci était toutefois soumise à une autorisation préalable qui pouvait être refusée en cas de défaut d'assimilation ou d'indignité ». Dans la mesure où les ressortissants africains avaient eu, durant treize années (de 1960 à 1973), la possibilité de souscrire une déclaration recognitive, ce second choix revêtait un caractère anachronique qui ne prit fin qu'avec la loi du 22 juillet 1993 abrogeant celle de 1973 [68]. Cette dernière loi a fait aussi disparaître l'attribution de la nationalité française aux enfants nés en France après le

31 décembre 1993 d'un parent né dans un ancien territoire d'outre-mer. Ces enfants sont désormais soumis au droit commun des enfants nés en France de parents étrangers qui n'y sont pas nés et peuvent, par conséquent, manifester leur volonté de devenir français entre 16 et 21 ans, s'ils le désirent et s'ils remplissent les conditions légales [69].

Les autorités françaises n'ont évidemment pas attendu aussi longtemps pour prendre des mesures contre l'immigration clandestine d'origine africaine. La lutte contre les passeurs et le renforcement des dispositifs de contrôle aux frontières ont fait l'objet de décisions interministérielles au tout début des années 1970. Le Comité interministériel tenu, le 8 janvier 1974, sous la présidence de Michel Jobert, décida, d'une part, de tout mettre en œuvre pour que cette immigration « demeure très limitée en nombre, sans être réglée par la voie de mesures de contingentement », et, d'autre part, de soumettre désormais au droit commun du visa et du permis de séjour les nationaux des Etats qui établissaient à l'égard des Français des procédures de cette nature [70]. C'est ainsi qu'une convention de circulation franco-sénégalaise, conclue le 29 mars 1974, institua, dans un esprit de réciprocité, l'obligation du titre de séjour à l'égard des ressortissants sénégalais. Dès après la suspension de l'immigration de main-d'œuvre en juillet 1974, l'engagement fut pris « d'insérer progressivement l'immigration en provenance des pays africains et malgache d'expression française dans le cadre général de la politique française de l'immigration ». Mais, c'est sans attendre la révision des conventions en vigueur, que l'Intérieur et le ministère du Travail, de l'Emploi et de la Population imposèrent, par deux circulaires du 30 novembre 1974, l'obligation d'une carte de séjour et d'une carte de travail délivrées dans les conditions prévues par le droit commun des étrangers [71]. Cette violation unilatérale du cadre conventionnel, dictée par le souci de contrôler l'immigration africaine, fut désavouée par le Conseil d'Etat, dont l'arrêt du

24 novembre 1978 confirma toutefois qu'aucune convention de circulation ou d'établissement ne pouvait avoir pour objet, ou pour effet, de déroger à l'obligation, pour tout étranger résidant en France, de détenir un titre de séjour. S'ouvrirent alors des négociations qui conduisirent à définir, en 1994, un nouveau cadre conventionnel en cohérence avec les dispositions de l'ordonnance du 2 novembre 1945 modifiée [72].

Il semble, en définitive, que la préférence française en faveur d'une immigration d'origine européenne ait facilité l'assimilation des migrants européens, tout en entretenant le doute sur la capacité de la société à assimiler les migrants venus d'autres horizons, et notamment des anciennes colonies françaises en Afrique. A mesure que s'épuisaient les sources de main-d'œuvre européenne et que se confirmaient les flux de migrants en provenance du continent africain, des craintes sans véritable fondement se sont réveillées, provoquant des réflexes d'autant plus vigoureux que la construction européenne tendait à faire reculer culturellement et socialement (alors que l'Espagne et le Portugal ne faisaient pas encore partie de la CEE) l'altérité des migrants issus pour la plupart du Sud de l'Europe. « Si notre pays, a pu ainsi écrire Maurice Schumann en 1968, a été pendant longtemps un pays d'accueil où l'assimilation des étrangers ne posait pas de problème majeur, c'est parce que les immigrants étaient pour la plupart des "voisins" dont la mentalité et les aspirations étaient très proches de celles de sa propre population [73]. » C'est bien du reste à partir de 1968 que les pouvoirs publics ont manifesté l'intention de reprendre le contrôle de l'immigration, d'une part, en revenant à la procédure d'introduction légale par le canal de l'ONI et, d'autre part, en alignant sur le droit commun les immigrations d'origine coloniale.

L'achèvement de cet alignement — au début des années 1990 — par la réforme du droit de la nationalité et l'émergence concomitante d'une citoyenneté européenne ont donné tout leur sens aux évolutions qui se dessinaient depuis 1945. Il s'est, en fait, opéré un véritable chassé-croisé depuis la Libération. D'étrangers « absolus » — au sens de l'ordonnance du 2 novembre 1945 — dont la venue était favorisée, les immigrants européens sont devenus, par le fait de la construction européenne ou d'accords bilatéraux très favorables aux Européens de pays tiers, des étrangers « relatifs » au statut très enviable ; à l'inverse, les ressortissants des anciennes colonies sont passés, à mesure que s'estompaient les conséquences politiques de la décolonisation, d'un statut de Français « relatifs » à celui d'étrangers « absolus ». Cette « liquidation » du passé colonial français dans la construction d'une Europe qui n'a d'autre mémoire communautaire que celle de ses divisions passées n'est évidemment pas sans effet sur l'identité nationale : mettre l'Autre soi à distance, c'est oublier une partie de ses origines francétrangères ; c'est aussi fabriquer dans la mémoire collective « un chaînon manquant » dont l'absence pèse sur la compréhension [74] (par « nous » et « eux », c'est-à-dire « nous autres ») d'un passé bien présent.

XIV

Les immigrés au cœur de l'agitation sociale
(1968-1981)

C'est au seuil des années 1970 que les Français (et, parmi eux, beaucoup de Francétrangers) « s'intéressèrent » aux immigrés. Non qu'ils en eussent ignoré jusque-là l'existence, mais la réalité sociale et économique de l'immigration était comme éclipsée par leur enrichissement et par « la métamorphose de la structure sociale [1] » dont les années de croissance étaient devenues les heureux témoins. Certes, les taudis et bidonvilles nés de l'immigration clandestine (mais aussi légale) avaient de quoi heurter bien des esprits, mais le logement et l'accès à la propriété n'étaient-ils pas depuis des décennies l'obsession majeure des Français ? Ces plaies désolantes ainsi que les emplois ingrats et sous-qualifiés dévolus aux nouveaux migrants allaient même jusqu'à remplir une fonction de régulation, tirée de leur caractère ségrégatif : n'étaient-ils pas aux yeux des nationaux le signe tangible qu'ils n'avaient rien à craindre de la concurrence des étrangers en matière d'emploi et de logement ?

La « découverte » de l'Autre, chez soi, est intervenue au moment où l'euphorie d'un confort matériel âprement acquis portait à s'intéresser à l'envers du décor ou à ce tout « autre chez-soi » qui inspire, ici comme ailleurs, sinon la révolte, du moins la honte. Elle s'est opérée dans le sillage d'une crise morale et culturelle qui révélait une inadéquation frappante « entre les valeurs traditionnelles héritées du

226

XIXᵉ siècle qui [continuaient] à modeler dans ses cadres et ses comportements la société française, et les réalités nouvelles que la croissance et la consommation [faisaient] naître depuis une décennie [2] ». De quoi nourrir une contestation brouillonne, prompte à remuer le fer dans l'héritage colonial et vichyste de la France ou à céder aux sirènes d'un marxisme triomphant, accommodé à de multiples sauces. Si le gauchisme, très attentif aux réalités du tiers-monde, a ré-« introduit [3] » devant l'opinion publique les immigrés, amenant celle-ci à s'intéresser, pour le meilleur et pour le pire, à leur sort [4], c'est bien parce que des correspondances étaient désormais possibles entre la réalité économique et sociale de l'immigration et « l'exploitation » par les pays riches des pays issus de la décolonisation. De simple enjeu de politique administrative qu'elle était depuis 1945, l'immigration devenait un enjeu idéologique.

Mai 1968 et la nébuleuse tiers-mondiste

Clairement envisagée par Maurice Schumann à la fin des années 1960, la dimension « tiers-mondiste » de l'immigration française était loin d'être un leurre : la proportion des immigrés originaires des anciennes colonies françaises atteignait, en 1968, plus de 23 % de la population étrangère totale et tendait même à s'accroître (28 % en 1972 pour les seuls pays du Maghreb). Qui plus est, les Algériens formaient, en ce début des années 1970, la première communauté immigrée de France. Autant de données dont pouvait se saisir un mouvement contestataire ayant fourbi ses premières armes durant la guerre d'Algérie. L'Union nationale des étudiants de France (UNEF) n'avait-elle pas acquis le maximum de son audience en rassemblant la majorité des étudiants contre la guerre d'Algérie ? Si ce syndicat se trouvait, depuis les accords d'Evian, privé de véritables perspectives, les nombreux groupuscules qui s'en étaient détachés se rejoignaient, sous des bannières diverses (anarchisme, maoïsme, trotskisme), dans une même dénonciation de la bourgeoisie, du capitalisme, du patronat exploiteur et d'un néo-colonialisme dévoué à la spoliation des pays sous-développés.

Or, cette attitude trouvait sa motivation première dans l'observation des conditions de vie et de travail faites aux étrangers, qui contrastaient de plus en plus avec celles des Français dont l'enrichissement depuis la fin des années 1950 était devenu manifeste. Les immigrés — principalement ceux venus du Maghreb — se voyaient confier les tâches les plus pénibles, les plus dévalorisées, les plus dangereuses (deux fois plus d'accidents du travail que chez les nationaux) et les plus mal rémunérées (l'ONI recrutait 42 % de manœuvres et 36 % d'ouvriers spécialisés). De nombreux employeurs de petites et moyennes entreprises y allaient de leur couplet, en recourant à des techniques de sous-rémunération, difficiles à surprendre (et donc à sanctionner), dont le rodage avait été l'affaire discrète de l'entre-deux-guerres : fixation des appointements au-dessous du taux indiqué dans les contrats collectifs, classement minoré dans les grilles de qualification, périodes de mise à l'essai systématiquement prolongées, paiement des heures supplémentaires sans majoration, refus d'accorder des promotions, primes distribuées avec parcimonie, etc.

Au regard du logement, la situation des étrangers était tout aussi critique, aussi bien dans les taudis que dans les bidonvilles où s'entassaient, dans des conditions souvent dramatiques, plus de 75 000 habitants (42 % de Nord-Africains) parmi lesquels 6 000 Français [5]. En 1970, dans la seule région parisienne, la population des 113 bidonvilles recensés était estimée à quelque 46 000 personnes (hommes, femmes et enfants). Si proches ou si loin (lorsqu'on y habitait) de « chez-soi », les bidonvilles étalaient, comme à La Courneuve (« La Campa »), à Champigny-sur-Marne ou à Lyon (« Le Chaâba »), leur nuée de baraques faites de bric et de broc, au milieu desquelles se frayait un semblant de canal d'évacuation, grand dégoût collecteur de misères quotidiennes. Les 23 000 personnes, pour la plupart algériennes, qui s'entassaient sur l'aire depuis longtemps surpeuplée [6] de La Folie à Nanterre éprouvaient, au dire de Brahim Benaïcha, le sentiment du double exil, loin de chez eux mais aussi de ces étrangers français : « Il n'y a aucune couleur vive, tout est fade. La tristesse et la misère ont recouvert ces baraques de leur linceul [7]. »

Est-il besoin de dire que les conditions posées pour obtenir un logement social (séjour de dix ans en France et présence d'enfants), quand la « crise » nationale du logement n'était toujours pas réglée, conspiraient, autant d'ailleurs que la méfiance injustifiée des propriétaires, à écarter du parc des logements salubres les étrangers ? Cette situation, dont s'offusquaient l'extrême gauche et de nombreuses personnalités impliquées dans la vie associative et caritative [8], semblait démontrer que le capitalisme bourgeois fabriquait un *Lumpenproletariat* au nom d'une stratégie productiviste aliénant la personne humaine. Que pouvaient bien opposer les responsables administratifs à ces critiques déstabilisantes, sinon l'idée peu convaincante que l'afflux incessant de nouveaux étrangers, en reconduisant cette situation, éclipsait les efforts déployés et le lent processus d'intégration des étrangers fixés depuis plus longtemps en France ? L'idéologie « tiers-mondiste », ainsi désignée par les Renseignements généraux, n'en avait cure, qui voyait dans « l'exploitation » nationale des immigrés une illustration édifiante de l'exploitation internationale des pays en voie de développement par les puissances capitalistes.

La polarisation de la question de l'immigration n'est pas seulement idéologique ; elle est aussi liée à l'activisme d'une extrême gauche qui entendait combler le vide de représentation politique et même syndicale des immigrés. La première rencontre initiatique avec le monde des immigrés date de mai 1968, lorsque l'Union des jeunesses communistes marxistes-léninistes (UJCML) de tendance maoïste crut tenir enfin son tiers-monde en s'aventurant, au-delà du *limes* rassurant du campus de l'université de Nanterre, dans le bidonville de La Folie. Mais c'est la répression des journées de mai qui précipita l'étrange rapprochement entre une jeunesse dorée, que la nouvelle société de consommation portait fièrement sur les bancs de l'université, et un monde immigré très diversifié, connu pour sa méfiance à l'égard de toute activité politique. Ne rappelait-elle pas, bien qu'elle n'en eût guère l'intensité, la violence d'une guerre d'Algérie [9] dont on se remettait à peine ? L'organe *Droit et Liberté* eut tôt fait d'établir le parallèle en illustrant un article par deux photos, l'une montrant une victime algérienne laissée pour morte le soir des ratonnades de 1961 avec pour légende : « Voici bientôt sept ans », l'autre un étudiant victime de violences policières avec le commentaire : « En mai 1968, Paris a eu ses nouveaux ratons, les étudiants [10]. » Les expulsions dont furent l'objet des étudiants étrangers, parmi lesquels Daniel Cohn-Bendit, et quelque 300 travailleurs étrangers, souvent victimes de brutalités policières « au faciès », achevèrent de sceller une double alliance (étudiants/immigrés ; prolétaires [11] immigrés et ouvriers français) que des organisations nées dans l'événement tentaient déjà de faire vivre sur le terrain en dépassant le cloisonnement toujours problématique des langues et des cultures de l'immigration [12] : « Les frontières on s'en fout » ; « Nous sommes tous des étrangers ».

Quant aux conflits du travail (très rares avant 1972) impliquant des immigrés [13] dans les secteurs où ils étaient employés en nombre (automobile, bâtiment et travaux publics, chimie et transports), ils auront, d'une part, mis en évidence les conditions déplorables de travail ou de logement réservées aux travailleurs étrangers et, d'autre part, permis de conforter l'influence des maoïstes et des trotskistes dans les « comités de soutien » aux grévistes. Ne voulant pas être en reste sur un terrain qu'il avait par le passé investi [14] ou par crainte — depuis 1968 — d'être débordé sur sa gauche, le PCF n'eut de cesse de dénoncer « la politique d'immigration du pouvoir [qui] se traduit par une surexploitation scandaleuse et inhumaine pour les travailleurs étrangers. Elle spécule sur la xénophobie et le racisme pour diviser la classe ouvrière. En même temps, elle permet au patronat d'accroître ses profits et de peser sur les salaires des travailleurs français [15] ». A ces prises de position faisait désormais écho l'action des nouveaux « comités » et organisations de soutien aux immigrés, qui entendaient, à l'image du GISTI ou du CDVTI [16], promouvoir et défendre les droits des immigrés, tout en renforçant un front antiraciste aussi hétérogène que stratifié [17]. C'est, on le voit, tout l'encadrement traditionnel des populations immigrées qui se métamorphosait : les groupements ou associations d'étrangers [18], contrôlés par les pays d'émigration et tolérés par les autorités françaises à des fins de régulation sociale, étaient concurrencés par une nébuleuse contestataire qui faisait désormais de l'immigration une question névralgique, ou par des organisations de lutte par pays d'origine jalouses de leur nouvelle autonomie [19].

Le feu aux poudres

Ce furent les circulaires Fontanet et Marcellin, entrées en vigueur en septembre 1972, qui mirent toutefois le feu aux poudres, offrant l'occasion de traduire en actions militantes (grèves de la faim, pétitions, occupations de locaux administratifs, etc.) des propos qui s'épuisaient dans l'atmosphère enflammée des amphithéâtres. En restreignant le nombre des opérations de régularisation et en durcissant le contrôle des flux migratoires, ne reléguaient-elles pas arbitrairement les étrangers licenciés ou les clandestins dépourvus d'emploi en situation irrégulière ? Leur mise en œuvre, dans un contexte marqué par une certaine usure du pouvoir et par la résurgence, depuis la démission de Jacques Chaban-Delmas (5 juillet 1972), de réflexes conservateurs, suscita d'emblée des grèves de la faim dans ces très anciens lieux d'asile que sont les églises, entraînant elles-mêmes la constitution de « comités de soutien », des manifestations dans la plupart des grandes villes et des occupations de locaux administratifs (notamment à Paris et à Lille). D'abord limité à plusieurs localités, le mouvement s'est ensuite répandu, en mars 1973, à la plupart des grandes villes, bientôt soutenu par les hautes instances religieuses (catholiques et protestantes) qui tirèrent argument des manifestations de violence raciste [20] pour réaffirmer le message de l'Evangile « en face des injustices et des atteintes aux droits de l'homme [21] ». La cause immigrée eut même pour effet de réveiller l'œcuménisme et le dialogue entre chrétiens et musulmans [22]. Tenu à l'approche des législatives de mars 1973 à un prudent attentisme, le gouvernement Pierre Messmer fut ainsi confronté à une situation inédite qui tenait autant à l'extrême hétérogénéité des forces mobilisées qu'à la multiplicité des actions engagées. Car enfin, quelle conduite tenir face à un mouvement composé d'étudiants et d'intellectuels, de professionnels du mouvement associatif, de travailleurs sociaux, de juristes (GISTI), de pasteurs ou prêtres progressistes défroqués ou « gauchistes », de grévistes de la faim et... d'immigrés en situation irrégulière ou en passe de l'être ? Comment canaliser un mouvement composite qui cherchait à se démarquer, sous l'influence des maoïstes et des trotskistes, des forces politiques traditionnelles en prenant violemment à partie leurs propositions ?

Point crucial, cette contestation diffuse se dérobait à un traitement d'ensemble par son aptitude à se diffuser et à rebondir sur tous les maillons de la chaîne vitale de l'immigré. Bidonvilles, foyers-hôtels, centres de formation, associations d'alphabétisation et même entreprises, tous ces lieux se métamorphosaient en espaces de luttes ou en tribunes accusatrices qui n'épargnaient ni l'État, dont l'impéritie sautait soudainement aux yeux, ni les chefs d'entreprise qui exploitaient à bon compte une main-d'œuvre sous-prolétarisée.

La politique du logement des immigrés en cause

Que l'agitation sociale autour des immigrés se soit nourrie des insuffisances de l'action publique à l'endroit des étrangers est surtout manifeste dans le domaine du logement social. Si la « crise » du logement des immigrés s'est imposée au moment où s'évanouissait le spectre séculaire de la pénurie de logements pour les nationaux [23], c'est avant tout parce que la fluidité entre le « marché » du logement des immigrés et celui du logement social est longtemps restée faible. La propension à procurer aux étrangers des logements répondant à des normes de confort inférieures à celles que les organismes d'HLM retenaient pour les nationaux fut l'une des caractéristiques majeures de la politique du logement des immigrés au cours de la période 1945-1974. Il importait, au dire des responsables, de régler en priorité la question du logement social des nationaux, pendante depuis la seconde moitié du XIXᵉ siècle. Tant qu'il exista d'importants besoins de logements, cette différenciation assumée ne fut pas « crisogène » ; mais dès lors que ces besoins furent grosso modo comblés, cette forme de traitement social produisit des effets contraires, générateurs de crise.

La création depuis la guerre d'Algérie de structures spécifiques spécialisées dans l'hébergement des immigrés et dans le financement d'opérations immobilières, comme le Fonds d'action sociale (FAS) ou la Sonacotra, avait eu pour conséquence majeure de créer un marché du logement des immigrés autonome par rapport à celui du logement social.

Certes, la Sonacotra s'était bien dotée de trois puis cinq filiales HLM, montrant là son souci de faire accéder les familles étrangères à un degré de confort comparable (mais inférieur) à celui des HLM construites pour les nationaux. Mais la ventilation des crédits engagés par le FAS fit, dès 1964, ressortir une inversion des priorités : le logement des travailleurs isolés accapara l'essentiel de l'effort contributif aux dépens du logement des familles. Dans le même temps, la contribution du mouvement HLM à la construction des foyers resta délibérément modeste, compte tenu de « la difficulté de dégager des crédits HLM sur les contingents normaux déjà très sollicités pour loger les différentes catégories de la population française [24] ».

Présentée comme un moyen – plus durable que les cités de transit — de résorber des bidonvilles qui se développaient [25], la construction massive de foyers pour « célibataires » à partir de 1967 (près de 700 foyers en 1976) a pris le caractère d'une fuite en avant sans l'ombre d'une réflexion sur l'entretien du parc déjà constitué ou sur les « cités de transit ». Ne présentait-elle pas du point de vue des pouvoirs publics et des opérateurs immobiliers de nombreux avantages : faible coût à la construction, rapidité d'exécution [26] et, surtout, modicité des loyers ? Cette dernière caractéristique permettait à leurs occupants d'envoyer aux familles restées au pays d'origine une bonne part de leur salaire. Ces transferts, du moins voulait-on s'en persuader, maintenaient celles-ci au pays d'origine et limitaient le risque de regroupement dans les bidonvilles. En faisant du foyer la forme *normale* et même définitive de l'hébergement des travailleurs étrangers, on contribuait, en outre, à leur fermer la perspective d'être à terme relogés dans des habitats familiaux. Qui plus est, la construction des foyers [27] sous l'égide de la Sonacotra — dont l'activité s'est ralentie de 1963 à 1966, malgré d'importants flux migratoires — préservait la capacité des organismes d'HLM à se consacrer au logement des familles françaises, sans avoir à prendre en charge le logement des étrangers célibataires. Enfin, la concentration des immigrés sur un espace réduit permettait d'articuler entre elles toutes les formes de l'action sociale : alphabétisation, action socio-éducative accompagnant le passage du bidonville au logement en dur, préformation professionnelle, assistance sociale et administrative, etc.

Il n'est pas exagéré d'affirmer que cette politique publique a façonné la représentation « courante » du *Gastarbeiter* à la française (que l'on pourrait aussi qualifier de « migré » : ni vraiment immigré, ni vraiment migrant) venu, en *célibataire* (alors qu'il était généralement marié au pays d'origine [28]), travailler *temporairement* en France. Cette image fut d'autant plus prégnante dans l'opinion publique qu'elle était entretenue par le spectacle des bidonvilles [29] ou des cités de transit, véritables contretypes du foyer pour travailleurs immigrés. « Il y aurait, selon Abdelmalek Sayad, comme une affinité de structure entre le bidonville et la population qui y trouve refuge ; ils ont en commun l'illusion ou même le statut de n'être là que provisoirement, par tolérance, en raison de la situation qui les a amenés là. »

Reste que la nécessité de reloger d'urgence les familles issues des taudis et des bidonvilles conduisait à reporter d'année en année la réfection des foyers les plus anciens, construits avant la création du FAS ou dans sa prime enfance. Occupés surtout par des Africains des pays d'Afrique francophone, ces foyers étaient devenus aussi vétustes, insalubres et surpeuplés que ceux des « marchands de sommeil ». Situation à bien des égards explosive et même dangereuse, surtout en région parisienne où 3 000 à 4 000 personnes couraient quotidiennement de graves dangers, le moindre incendie pouvant engager la responsabilité des pouvoirs publics. C'est du reste la mort par asphyxie (due à des émanations d'oxyde de carbone) de quatre Sénégalais et un Mauritanien dans un foyer d'Aubervilliers (Seine-Saint-Denis), en janvier 1970, qui révéla, devant une opinion publique médusée, la « véritable » condition des travailleurs africains. Qui donc était responsable ? Les Africains qui avaient voulu « réchauffer leur misère » en se calfeutrant, tant bien que mal, dans « une baraque lépreuse, aux murs humides » ? Les gestionnaires du foyer qui refusaient par manque de moyens financiers de remplacer le système de chauffage central, sujet à des défaillances chroniques ? L'administration qui reculait devant la prise en charge financière des opérations de rénovation ? Ou, plus largement, la société française jusqu'alors indifférente à la situation de ces infortunés, qui paraissaient surgir d'un autre âge ?

Qu'importe ! C'est le mode « liberticide » d'héberge-ment en foyer qu'il fallait, du point de vue des organisa-tions d'extrême gauche, combattre avec des arguments empruntés à l'air du temps ou à « l'esprit de mai 1968 ». Symboles d'un système répressif et concentrationnaire, fondés sur la surveillance policière de ses occupants, ces foyers contribuaient à déstructurer l'identité de l'immigré jusqu'à lui dénier le droit de mener une vie familiale (et sexuelle) normale. Il suffisait pour s'en convaincre d'exami-ner leurs règlements intérieurs, dont la rigueur excessive et surannée (bien trop sévère pour qu'ils fussent observés) évoquaient ceux des grandes entreprises à fort taux de main-d'œuvre immigrée. De quel droit imposait-on à l'im-migré des normes de vie en opposition absolue avec celles de sa culture d'origine, au rebours de l'évolution libérale des mœurs occidentales ? Reste que les thèses « révolution-naires » des groupuscules gauchistes ne rencontraient qu'un faible succès auprès des travailleurs étrangers. Ces derniers se montraient bien plus sensibles aux aspects matériels de leur existence qu'à une espérance radicale qui pouvait les exposer aux coups de la répression ou de l'expulsion. Dès lors, n'était-il pas temps de proposer une autre vision du politique en révélant aux immigrés l'exploitation dont ils faisaient l'objet tant sur leurs lieux de travail que dans les foyers-hôtels ? De ce point de vue, l'hébergement collectif

avait l'insigne avantage de « favoriser l'émergence de revendications collectives », le « nombre et la concentration, mis
en place par la collectivité française par la création de
foyers, donnant un avantage stratégique aux résidents des
foyers [30] ». Investir les foyers publics était, en définitive,
plus facile que répandre l'agitation dans l'espace des entreprises.

La crise sociale du logement des immigrés

C'est dans ce climat délétère que s'amorça un mouvement contestataire, sans doute en partie spontané, mais
immédiatement soutenu par les organisations d'extrême
gauche ou de défense des immigrés. Etaient pêle-mêle
incriminés les loyers abusifs, les innombrables dysfonctionnements (chauffage en panne, fuites, fenêtres qui ne ferment pas, etc.), mais aussi l'absence de libertés, le non-
respect de la personne et de la vie privée qui se traduisaient
par des intrusions dans les chambres et des vexations multiples de la part d'anciens militaires (au nombre desquels
figuraient d'anciens directeurs de camps sous Vichy [31]). Issu
de foyers privés ou publics occupés par des travailleurs africains (comme à Saint-Denis dans un foyer de l'Assotraf [32],
en juin 1969), le mouvement prit d'emblée, selon la termi-
nologie administrative, un caractère « autogestionnaire »,
entraînant la mise au pas des gérants. Limitées au départ à
des foyers vétustes de la région parisienne, les grèves, souvent menées par des travailleurs maliens, gagnèrent progressivement des foyers plus récents de Paris et de province
occupés ou non par des Africains. De sporadique, le mouvement devint en 1974 fortement contagieux et parfois
même violent, conduisant nombre d'associations gestionnaires, épargnées par les grèves de loyers, à différer ou à
limiter les hausses de redevance de peur d'affronter le
mécontentement de leurs résidents. En 1978, le maximum

fut atteint avec 133 foyers touchés (82 % dans la région parisienne) et 27 744 grévistes ; 44 % des foyers étaient en situation de blocage total ou partiel de leurs redevances.

Les conséquences de cet interminable conflit furent à moyen terme considérables. Toutes les structures administratives et les associations ayant participé au premier chef à l'effort de construction et de gestion des foyers en pâtirent. A commencer par la Sonacotra [33], de loin la plus touchée par la cessation massive de paiements qui mobilisa, en mars 1976, plus de 15 000 résidents, chiffre ramené à 4 000 en juin 1977. Comme ses tarifs n'avaient pas augmenté depuis le 1er septembre 1975, la société décida, pour combler son déficit de plus de 90 millions de francs, une hausse de 6,5 % au 1er juillet 1977. Cette mesure provoqua aussitôt une recrudescence des refus de paiement : en juillet et août, 8 500 résidents ne payaient plus leur redevance et 6 500 l'acquittaient à l'ancien tarif. Dans le souci d'aboutir à un accord avec le Comité de coordination de la grève, la Sonacotra accepta de libéraliser le règlement intérieur de ses foyers tout en entreprenant un important programme de rénovation des premiers foyers construits ; mais ces améliorations se traduisirent par une hausse de ses charges et de ses investissements. Aussi se trouva-t-elle acculée à une véritable impasse, tout nouvel ajustement des prix destiné à réduire son déficit risquant de renforcer le mouvement de grève des loyers. Tant et si bien que le FAS dut lui porter secours, ainsi qu'aux associations gestionnaires. En 1978, plus de la moitié du programme du Fonds fut ainsi consacrée au renflouement du tonneau des Danaïdes. Autrement dit, « la moitié des fonds destinés à l'action sociale fut accaparée par une population de 100 000 personnes, les quelque 3,5 millions d'étrangers soit isolés ne vivant pas dans les foyers, soit vivant en famille bénéficiant de la même somme [34] ».

Dès l'instant où il fut avéré que l'agitation gagnait des foyers bien entretenus, la marge de manœuvre des pouvoirs publics augmenta. Mais ni les procédures civiles ni les opérations menées par les forces de l'ordre (pour expulser les clandestins) n'eurent raison du conflit. La situation ne commença de se clarifier qu'avec l'invention, en 1977, de l'Aide personnalisée au logement (APL) par le secrétaire d'Etat auprès du ministre de l'Equipement, Jacques Barrot. Cette nouvelle aide instituait une sorte d'équivalence entre résidents des foyers et locataires d'HLM en permettant de dégager de nouvelles ressources au profit des organismes gestionnaires, chargés en retour de procurer à leurs résidents un confort sensiblement égal à celui des HLM. Il fallut cependant attendre la loi du 3 janvier 1977 fixant le régime de l'APL pour que le secrétariat chargé des Immigrés envisage de l'utiliser pour désarmer le conflit des foyers.

Réformer les conditions d'accès des immigrés au logement social n'avait de sens que s'il existait un parc de logements suffisant. Cette question ne reçut aucune réponse tranchée jusqu'en avril 1977. Nommé secrétaire d'Etat chargé des immigrés dans le premier gouvernement Chirac, André Postel-Vinay avait fait de la stabilisation ou de l'intégration sociale des étrangers la contrepartie obligée de l'arrêt durable de l'immigration. D'autant plus que la communauté nationale avait contracté une dette envers eux, en raison de « leur contribution apportée au développement économique du pays ». Il en découlait pour elle un devoir de solidarité, d'autant plus impérieux que l'arrêt de l'immigration privait les pays du Sud de la possibilité de soulager leur misère [35]. Or, c'est bien dans le domaine du logement que les insuffisances étaient les plus criantes. Selon le VIᵉ Plan (1971-1975), plus de 650 000 étrangers vivaient dans des taudis et plus d'un million de personnes logeaient en habitat insalubre.

Sur cette question, dont il faisait pourtant un point d'honneur, André Postel-Vinay ne sut ou ne put rallier à ses vues le jeune Premier ministre, Jacques Chirac. Le

12 juillet, ce dernier opposa un arbitrage défavorable à ses propositions, provoquant la démission du secrétaire d'Etat qui eut cette réaction aussi amère que cinglante : « [...] Vous avez dit, au Comité restreint du 12 juillet, que la question du logement social n'avait aucune importance à vos yeux. Vous avez dit aussi que vous ne donneriez pas un sou de plus pour le GIP, c'est-à-dire pour la lutte contre l'habitat insalubre. Je sais bien que vouliez affirmer ainsi que le redressement de notre situation monétaire vous paraît tellement capital qu'il prime, selon vous, toute autre préoccupation. Ce que vous avez dit n'en reste pas moins grave. C'est grave, parce que cela montre une tendance vraiment étonnante à sous-estimer les problèmes sociaux et humains de notre pays [36]. » La démission retentissante d'André Postel-Vinay eut pour effet de forcer la décision : son successeur, Paul Dijoud, obtint du gouvernement de nouveaux moyens et des réformes de structure. D'une part, la loi du 21 décembre 1975 disposa qu'un cinquième du 1 %, soit 0,2 %, serait affecté en priorité au logement des immigrés et de leur famille. D'autre part, la « fonction logement » fut dissociée d'une action sociale, à laquelle elle était liée depuis la guerre d'Algérie, par la création d'une Commission nationale pour le logement des immigrés (CNLI), chargée de coordonner l'action de Commissions départementales pour le logement des immigrés (CDLI) instituées dans chaque département.

Tant que les organismes du mouvement HLM purent offrir des logements aux immigrés dans les secteurs les moins demandés de leur parc (c'est-à-dire à la périphérie des villes) sans soulever de problèmes de cohabitation, le 0,2 % fonctionna correctement. Mais dès lors que des problèmes de cohabitation se posèrent (l'arrivée d'immigrés entraînant par contrecoup le départ des nationaux), suscitant des pressions de la part des élus locaux [37], ces organismes multiplièrent le recours à ce financement pour des opérations de réhabilitation [38] qui les dispensaient d'accueillir de nouveaux locataires immigrés [39]. Ces dysfonctionnements expliquent que la ventilation des fonds collectés pendant la période 1977-1982 n'ait pas correspondu à l'importance relative des problèmes de logement rencontrés par les familles et les isolés. Alors que la population étrangère comptait 20 % d'isolés, 47 % des fonds 0,2 % ou 0,1 % allèrent, de 1977 à 1982, aux foyers. Imposé, en bonne partie, par le conflit des foyers, ce déséquilibre se surajouta au retard pris par le logement des familles, dont le regroupement, suspendu en juillet 1974, avait de nouveau été autorisé, lors du Conseil des ministres du 21 mai 1975 [40].

Couplant désormais des actions sectorielles sur des actions territoriales, le nouveau dispositif était d'une extrême complexité, l'articulation entre la politique du logement des immigrés et la politique d'aménagement urbain étant, du fait même de la pluralité des acteurs publics ou parapublics, très délicate à assurer. Il semble malgré tout que la politique (territoriale) de résorption de l'habitat insalubre et celle de l'aménagement urbain (lesquelles concernaient Français et étrangers, même si ces derniers étaient les plus concernés) aient pris l'ascendant sur une politique (sectorielle) de logement en faveur des immigrés. La concentration des populations immigrées dans le logement social fut, jusqu'à la fin des années 1970, moins déterminée par des mesures d'attribution ou de réservation que par les vacances dans les grands logements, anciens ou neufs, situés loin des centres-villes. Certes, et c'est la grande différence par rapport aux décennies antérieures, les immigrés purent avoir accès au parc du logement social de droit commun et jouir ainsi d'un certain confort, cependant que reculait le nombre des taudis et garnis, mais ce double processus se traduisit par une discrimination spatiale (centre/périphérie) de plus en plus marquée, et par l'apparition de très fortes concentrations d'étrangers dans des grands ensembles, des quartiers déclassés ou des HLM dégradées relevant le plus souvent de municipalités communistes [41]. Le souci louable de banaliser l'entrée des immigrés dans le parc social ne s'est pas accompagné, du moins jusque dans les années 1980, d'une politique d'insertion sociale prenant en compte les dimensions complexes de la vie de quartier. La dispersion des familles étrangères dans l'habitat urbain réclamait des mesures nécessairement dirigistes, alors que l'organisation libérale du 1 % imposait des compromis et une concertation aléatoire.

En faisant dépendre la politique du logement des immigrés de ce nouveau dispositif, les pouvoirs publics ont certes résolu l'épineux problème de son financement, mais ils ont négligé l'une des missions les plus complexes de la politique de l'immigration, celle qui consistait, depuis 1945, à gérer les équilibres de la population. La manière dont le problème du logement des immigrés fut traité, d'abord sur le mode rigide de la différenciation puis sur celui, libéral, d'une indifférenciation tempérée par la nécessité de faire du spécifique en direction des étrangers, n'aura aucunement empêché la constitution de « ghettos [42] » « pluriethniques [43] » ou multiculturels [44], compliquant à l'envi cette subtile alchimie dont relèvent les Francétrangers.

XV

Le retour des tentations et le choix de la stabilisation (1974-1984)

Que le mouvement d'agitation sociale ait porté la question de l'immigration sur la place publique en dénonçant les conditions de vie et de travail faites aux immigrés, dès avant la fin des Trente Glorieuses, est d'une grande importance : c'est sans alibi possible que les pouvoirs publics durent prendre acte des insuffisances de l'action sociale du passé et qu'ils cherchèrent à inventer une « nouvelle politique de l'immigration [1] ». Impossible de s'y dérober ! Prise à témoin, l'opinion publique réclamait un traitement global de l'immigration, parce qu'elle était à la fois « choquée par les conditions de vie faites aux étrangers » (Paul Dijoud) et inquiète du désordre social que ces conditions paraissaient entretenir.

Cette « nouvelle politique » s'est d'abord définie dans le court terme et de manière pragmatique ; sérieusement mise à mal par des mesures tirées de l'analyse de la conjoncture économique (l'entrée en récession), elle a, ensuite, été reprise par la gauche au pouvoir. Ces fluctuations sont révélatrices de la difficulté à séparer les problèmes d'emploi national du traitement social de l'immigration ou à favoriser l'intégration des étrangers dans un contexte de chômage grandissant. Entre la tentation propre à la politique de l'immigration de durcir, en période de récession, la frontière « emploi » et celle, non moins forte, de lisser par une politique soucieuse d'harmonie sociale l'ensemble des frontières sociales (mais à quel coût ?), le chemin était semé d'embûches. Comment réapprendre à gérer des frontières que le « miracle économique » avait désactivées ? Comment sortir nombre d'étrangers de leur précarité (faire du spécifique), tout en veillant à ce que les nationaux n'y sombrent pas eux-mêmes (faire du général) ?

La « nouvelle politique de l'immigration »

La suspension provisoire [2] de l'immigration économique et familiale fut décidée au terme d'un certain nombre de consultations et sans l'ombre d'une concertation internationale [3] en Conseil des ministres le 3 juillet 1974. Capitale, puisqu'elle administrait la preuve devant l'opinion que les pouvoirs publics étaient résolus à régler définitivement les problèmes sociaux des immigrés présents sur le territoire français, cette décision était loin de régler la question des flux migratoires clandestins. Elle impliquait, en tout cas, les pouvoirs publics — devant l'opinion publique — dans un domaine qu'ils avaient sciemment négligé depuis 1956, celui du contrôle des flux. Son caractère ouvertement « provisoire » exprimait un certain attentisme face aux évolutions possibles de la conjoncture économique : pouvait-on se priver d'une main-d'œuvre d'appoint si la croissance économique, comme beaucoup le pensaient, venait à repartir, ou bien fallait-il envisager dans le cas contraire des mesures restrictives, voire une politique de retours ?

Présentée par le secrétaire d'Etat chargé des immigrés, Paul Dijoud [4], au Conseil des ministres du 9 octobre 1974, la « nouvelle politique de l'immigration » se réclamait d'un constat : « L'immigration est encore une nécessité économique, puisque le degré de développement de notre appareil de production et l'inégal développement des secteurs et des régions semblent bien requérir pendant quelques années encore d'appréciables contingents de main-d'œuvre étrangère ». D'une urgence : la France doit « assumer pleinement les responsabilités de tous ordres, que cette immigration fait naître. » Mais aussi d'un danger : « L'équilibre de notre collectivité est en jeu. Lorsque la proportion d'étrangers atteint 20 % dans certains départements, 40 % dans certaines villes, 60 % dans certains quartiers, le dépassement des seuils de tolérance risque de déclencher de part et d'autre des phénomènes de rejet, compromettant la paix sociale [5]. »

Un programme, comportant trois axes et vingt-cinq mesures, en découlait, dont la mise en œuvre devait incomber aux pouvoirs publics, reconnus seuls capables d'une vue d'ensemble des problèmes : « D'abord, organiser l'immigration nouvelle, après l'interruption actuelle des entrées, dans des conditions qui rendent aux pouvoirs publics une pleine maîtrise des flux migratoires, et qui assurent aux intéressés un accueil favorable en France. Ensuite, améliorer les conditions de vie et de travail des immigrés sur tous les plans, qu'il s'agisse de leur vie professionnelle, du logement ou de leur place dans la collectivité. Enfin, se préoccuper de l'avenir que notre pays peut offrir à ces travailleurs, et veiller à leur promotion. » Pour réguler à l'avenir les flux migratoires, des moyens supplémentaires étaient préconisés, comme le durcissement des conditions de régularisation, quitte à « pratiquer, dans des circonstances judicieusement choisies, des expulsions exemplaires », l'instauration d'une procédure d'aide au rapatriement des non-régularisés et l'installation d'une mission spécialisée dans la répression des trafics de main-d'œuvre et de l'emploi irrégulier de travailleurs étrangers.

Mais tandis qu'André Postel-Vinay faisait de la stabilisation des étrangers la contrepartie obligée de l'arrêt durable de l'immigration, Paul Dijoud se garda « la possibilité d'organiser progressivement une politique de retours » : « La solution la plus raisonnable paraît être de maintenir, dans certaines limites, une politique d'assimilation débouchant normalement sur une pratique libérale des naturalisations, mais de jeter, en même temps, les bases d'une politique fondée sur le retour d'une partie des travailleurs étrangers dans leur pays d'origine après un séjour de quelques années en France. Ma conviction est qu'il est possible et d'ailleurs inévitable de mener de front les deux politiques [6]. » Reste qu'il était délicat de tenir un discours social, prônant la stabilisation, l'amélioration et la sécurisation des conditions d'existence des immigrés, tout en organisant leur retour au pays d'origine [7]. C'était en effet postuler que les étrangers avaient le choix entre partir et rester ; or, un choix ne peut être « libre » que si l'intéressé peut comparer ce qu'il a avec ce qui lui est offert. Si aucune réelle perspective ne l'attend à son retour (notamment dans les pays sous-développés soumis à une forte pression démographique), la décision de repartir ne peut être fonction que de son enrichissement personnel. En outre, cette politique d'aide individualisée au retour remettait en cause les fondements mêmes de l'effort social que l'on se proposait de déployer en faveur des étrangers. Ces fondements reposaient depuis l'intermède Postel-Vinay sur l'idée que la France avait contracté une *dette* morale et matérielle [8] envers les étrangers qui avaient contribué à l'enrichir. Que devenait cette dette, si le retour au pays d'origine était motivé par le souci de libérer des emplois au profit des Français ? Non seulement il était impossible de trouver un principe justifiant cette politique, mais c'était encore valider l'idée politiquement dangereuse que les étrangers occupaient indûment des emplois. Les mesures prises par le successeur de Paul Dijoud, Lionel Stoléru [9], à partir de 1977, seront ressenties par une grande partie des Français, surtout dans l'électorat de gauche, comme une véritable « trahison », les étrangers — premières victimes du chômage — faisant figure de boucs émissaires de la crise économique.

L'action sociale du secrétariat d'Etat pouvait-elle, par

ailleurs, *équilibrer* l'action répressive menée au même moment par le ministre de l'Intérieur, Michel Poniatowski, dans les foyers, les restrictions apportées à l'activité syndicale [10] et les expulsions arbitraires [11] ? Rien n'est moins sûr ! On ne comprendrait pas la passion suscitée par le phénomène « immigration », sans faire ressortir le décalage grandissant entre la perception par les structures administratives de leur propre action et celle que l'opinion publique avait de la politique d'immigration. Celle-ci forme, pour les structures, un tout composé d'éléments qui remplissent des fonctions spécialisées et nécessairement différenciées (la contradiction n'est qu'apparente) ; pour l'opinion publique, ces éléments ne sauraient manifestement se contredire, sauf à susciter des conflits ou des polémiques (la contradiction est réelle). D'aucuns soutiendront que l'action sociale est insuffisante et, de toute manière, naufragée par la police des étrangers ; d'autres, au contraire, estimeront que cette dernière doit se passer d'une action sociale aussi dispendieuse qu'inutile. Or, il est bien évident qu'une telle ambiguïté, dans un contexte de chômage élevé, était source d'incompréhension.

Si l'on considère maintenant les apports de la politique de Paul Dijoud, un phénomène saute aux yeux : la volonté nouvelle de réglementer certains des aspects de l'immigration (et non des moindres) par des voies non plus seulement administratives mais officielles, c'est-à-dire conformes aux principes de l'Etat de droit. Cette orientation apparaît comme l'une des conséquences majeures de l'agitation sociale née de Mai 1968, qui avait porté le thème de l'immigration sur la place publique. Sans cette médiation circonstancielle, aucun secrétaire d'Etat chargé des immigrés n'eût été nommé et la conduite de la politique d'immigration aurait conservé son caractère discrétionnaire. Le fait nouveau est donc bien la publicité donnée aussi bien aux décisions qu'aux nouvelles dispositions réglementaires et légales, ce qui revient à accepter et même à revendiquer la politisation de la question de l'immigration. Mais cette transparence se paie en retour par l'attention de plus en plus aiguë que l'opinion publique porte aux décalages entre la politique affichée et les mesures prises ; entre le droit et les pratiques administratives, liées à la police des étrangers. C'est d'ailleurs cet écart que les gouvernements successifs s'efforceront de combler, soit pour se donner les moyens de mener une politique conforme aux attentes présumées de l'opinion, soit pour mettre des pratiques administratives en conformité avec le droit. Ecartelées, surtout à partir de 1980, entre la politique et le droit, les structures peineront à suivre.

L'illustration la plus remarquable de cette volonté de rompre avec un traitement purement régalien de l'immigration est fournie par la réglementation de l'immigration familiale. Le décret du 29 avril 1976 [12] fit de l'immigration familiale, jusqu'alors régie par de simples circulaires, « *un véritable droit du travailleur étranger* installé dans notre pays. Celui-ci, lorsqu'il remplit certaines conditions visant *exclusivement* à assurer la stabilité de son séjour et l'existence de ressources, a la faculté de faire venir sa famille. Il s'agit là d'une garantie essentielle pour l'immigré, puisqu'elle protège ses liens les plus intimes. La nature même du séjour en France est bouleversée et notamment n'a plus cette précarité qui inquiète tant d'immigrés : en faisant venir sa famille, l'immigré sort tant de son isolement que de son déracinement culturel, car la femme et les enfants maintiennent la liaison avec la communauté d'origine. Le logement cesse d'être le lieu qui confirme la solitude, mais au contraire permet à l'immigré de recréer un milieu propre. Enfin, grâce à sa famille, l'immigré a l'occasion de nouer des contacts plus riches, plus divers, et qui ne sont pas réduits aux seuls rapports liés au travail [13] ».

C'était bien la première fois qu'un droit était défini et posé *du point de vue des immigrés*. Jusque-là, la politique de l'immigration n'avait eu d'autre souci que de répondre aux besoins économiques (et, dans une certaine mesure, démographiques) de la France. Et l'action sociale s'exerçait, d'une certaine façon, par défaut de représentation de la part des étrangers : leurs besoins n'étant pas médiatisés, les pouvoirs publics tentaient d'y répondre en s'appuyant sur un mouvement associatif qui les identifiait. Les associations de défense des immigrés les amenaient désormais, depuis le début des années 1970, à prendre position sur des terrains que le pouvoir administratif avait investis, sans que des textes législatifs ou réglementaires les y habilitent expressément. Or, reconnaître à l'étranger déjà installé un droit « à mener une vie familiale normale » (le Conseil d'Etat invoquera le préambule de la constitution du 27 octobre 1946), c'était s'engager à lever définitivement la suspension de l'immigration familiale [14]. Ce droit fut posé et affirmé avec force, au moment même où la récession s'enracinait

La politique des retours

Entre la volonté d'intégrer les immigrés déjà installés et celle d'organiser leur retour au pays d'origine, la contradiction paraissait d'autant plus forte que la rhétorique de Paul Dijoud faisait de la « sécurité » de l'immigré, fondée sur une confiance réciproque, l'un des principes fondamentaux de sa politique de l'immigration. Comment la politique des retours a-t-elle pu, dans ces conditions, s'imposer ? La tentation d'éponger un chômage devenu massif (la barre symbolique du million de chômeurs était sur le point d'être franchie) par la réduction du nombre des étrangers installés en France ne faisait que refléter l'inversion d'un raisonnement tenu dans les années 1960, sans référence aucune aux années 1930 et dans un contexte juridique international tout autre [15] : on avait remédié quantitativement à la faiblesse structurelle de la population active en faisant venir de la main-d'œuvre étrangère et en laissant surtout celle-ci entrer sur le territoire ; pourquoi ne pas recourir au traitement inverse face au chômage, en la pressant de s'en retourner chez elle ?

C'est à Lionel Stoléru, intronisé depuis avril 1977 dans ses nouvelles fonctions de secrétaire d'Etat chargé des travailleurs manuels et immigrés, que revint la tâche de mettre sur pied le dispositif de l'aide au retour. Son expérience de secrétaire d'Etat à la condition des travailleurs manuels l'avait persuadé qu'une revalorisation des professions manuelles faciliterait la substitution des travailleurs nationaux aux travailleurs étrangers. Une étude commandée par Michel Durafour et Paul Dijoud avait pourtant conclu à de très fortes rigidités en matière de substitution de main-d'œuvre, tout en soulignant le caractère globalement positif du bilan de l'immigration [16]. Qu'importe ! « L'immigré chômeur, malade, âgé apparaissant à l'opinion comme une incohérence, voire un scandale, dans une conjoncture de crise, s'il n'est plus une force de travail [17]. »

Le 26 avril 1977, le Premier ministre, Raymond Barre, annonce devant le Parlement l'attribution d'une prime de 10 000 francs à l'étranger inscrit à l'ANPE ou chômeur indemnisé, en échange de son départ définitif (remise du titre de séjour) et de son renoncement à ses droits sociaux (dont le montant pouvait être supérieur à la somme promise, si l'étranger était depuis longtemps installé en France). Devant le faible succès de cette annonce, l'aide est étendue aux étrangers salariés depuis au moins cinq ans. Selon les statistiques de l'ONI, 57 900 immigrés auraient demandé, entre 1977 et 1980, l'aide au retour (Portugais : 40 % ; Espagnols : 26 % ; Algériens : seulement 3,7 %), alors que l'immigration irrégulière ou clandestine aurait, dans le même temps, concerné 200 000 à 300 000 personnes. Il est clair que bon nombre de migrants, encore éloignés de l'âge de la retraite, n'ont pas franchi le pas, sachant qu'ils ne pourraient plus, une fois l'aide acquise, revenir en France. L'opération s'est également heurtée à l'insuffisance criante des moyens alloués aux projets de co-développement (construction de logements en Algérie, par exemple) destinés à faciliter le retour au pays d'origine.

Deuxième acte, le démantèlement du droit à la vie familiale dont Paul Dijoud s'était fait l'ardent défenseur. Lionel Stoléru annonce en septembre 1977 la suspension pour trois ans de l'immigration familiale. Les réactions furent, cette fois, si vives (protestations des Eglises, des partis politiques, avis négatif de la section sociale du Conseil d'Etat) que le secrétaire d'Etat dut faire marche arrière : les membres des familles des travailleurs étrangers furent autorisés, par décret du 10 novembre 1977, à entrer en France à condition de ne pas demander l'accès au marché du travail.

Troisième acte, survenant au lendemain des élections législatives de mars 1978, remportées par la majorité présidentielle : la planification, sur cinq années, des retours forcés de quelque 500 000 étrangers, sélectionnés par nationalité. Du dispositif envisagé étaient écartés les réfugiés politiques soumis au droit international, les ressortissants européens soumis au droit communautaire et les travailleurs portugais et espagnols, futurs Européens. Restaient, pour l'essentiel, les ressortissants du Maghreb dont le statut était régi par des accords bilatéraux. Que la population visée fût essentiellement algérienne s'explique par l'importance de la communauté algérienne en France (819 000), mais aussi par la volonté présidentielle de remettre en cause l'accord du 27 décembre 1968 autorisant les ressortissants algériens à séjourner en France « durant une période de neuf mois à compter de la date d'entrée sur le territoire français, à l'effet d'y rechercher un emploi ». Si donc le renouvellement des 400 000 certificats arrivés à expiration (10 ans) fournissait un argument de poids, le plus difficile restait à faire : convaincre le gouvernement algérien de la révision de l'accord de 1968, et rendre plus restrictive la législation interne dans le double but de peser sur les négociations avec l'Algérie et de parer à leur éventuel échec.

Sur le premier point, les négociations avec l'Algérie entamées en septembre 1978 se heurtèrent au refus des autorités algériennes qui ne retinrent des propositions françaises que le principe de retours volontaires : « Ce dossier est d'une extrême importance pour l'ensemble des rapports franco-algériens, il a un contenu et une signification morale très forts ; il s'agit d'une "bombe", enjeu à la fois politique, social et économique. Le projet de la France est une atteinte aux droits acquis par les ressortissants algériens, et l'Algérie n'acceptera rien qui ne soit accepté par eux [18]. » Est-il besoin d'ajouter qu'il portait atteinte à une tradition postcoloniale de coopération avec les Etats issus de la décolonisation, dont l'immigration était un des éléments clefs ? Ce n'était certes pas la première fois que les autorités françaises tentaient de remettre en cause l'accord de 1968 qu'elles n'avaient au fond jamais accepté, mais cette fois le « coup de force » était porté sans le moindre égard pour le passé. Ce qu'il est convenu d'appeler, côté français, la « susceptibilité » algérienne tire, en réalité, son origine de la contradiction frappante entre la manière dont l'Algérie s'est émancipée et sa dépendance économique persistante en dépit de ses richesses pétrolières. L'orgueil national de ce pays est durement atteint à chaque fois que l'ancienne puissance tutélaire touche unilatéralement au statut des ressortissants algériens présents dans l'Hexagone.

Toujours est-il que les négociations entre les deux pays ne reprirent sur des bases nouvelles qu'en juin 1979, après que les autorités françaises eurent décidé de substituer à l'objectif des 100 000 retours d'Algériens par an un objectif de 100 000 retours d'étrangers, toutes nationalités confondues, comportant un contingent annuel de 35 000 Algériens, dont les certificats n'auraient pas été renouvelés. Mais en janvier 1980, Raymond Barre annonça au ministre algérien des Affaires étrangères l'abandon par la France de son objectif de retours forcés. Le 18 septembre 1980 fut signé un accord prévoyant le renouvellement des cartes de résident pour les Algériens arrivés en France depuis juillet 1962, pour trois ans et trois mois, le financement par la France d'une aide particulière aux candidats volontaires pour rentrer en Algérie, la construction par la France de centres de formation en Algérie et l'organisation de l'enseignement de la langue arabe dans les établissements de France. La France n'obtenait que la réduction de la durée de validité des cartes de ressortissants algériens présents sur son territoire depuis 1962 et la reconnaissance par l'Algérie de l'objectif de 35 000 retours volontaires. L'assouplissement des positions françaises s'explique, en fait, par l'échec des tentatives visant à rendre plus restrictive la législation interne.

Sur le second point, en effet, deux projets furent préparés, l'un tendant à élargir les pouvoirs d'expulsion du ministère de l'Intérieur (projet Barre-Bonnet), l'autre à rendre possible le non-renouvellement des titres des étrangers résidents (projet Stoléru). L'examen du premier était toutefois subordonné par la Commission des affaires sociales du Sénat à l'appréciation du second. Bien que sérieusement malmené par le Conseil d'État, le projet Stoléru retint en définitive cinq critères de non-renouvellement : motifs d'ordre public, ressources insuffisantes ou irrégulières, non-prolongation de la carte de travail, motifs d'ordre sanitaire, retour tardif des congés payés pris hors de France. L'objectif des 100 000 retours annuels était en outre maintenu, la moitié devant être obtenue par le non-renouvellement des titres de séjour, toutes nationalités confondues (40 000 certificats d'Algériens non renouvelés par an, soit 40 %). Autant de dispositions qui exposaient les étrangers (y compris les résidents privilégiés) à la menace du retrait de leur carte en cas de chômage de plus de six mois. En perturbant la frontière entre réguliers et irréguliers — il suffisait qu'un immigré fût chômeur pour que ses titres fussent retirés —, le projet Stoléru vouait donc les immigrés à une absolue précarité.

Les réactions au projet Stoléru dépassèrent de très loin les frontières de la gauche politique et syndicale traditionnelle. Les grandes centrales ouvrières organisèrent avec des organisations syndicales étrangères une manifestation internationale contre le projet, les 29 et 30 mars 1979. Des personnalités comme André Postel-Vinay, Stanislas Mangin et Georges Gorse (président de l'association France Algérie) reprirent les argumentations développées par le Conseil d'Etat pour sensibiliser les parlementaires saisis du projet et leur en dévoiler les sous-entendus. Qui plus est, le RPR et le CDS se mobilisèrent, dénonçant les atteintes aux principes essentiels de la République, le premier invoquant la tradition gaullienne des rapports avec l'Afrique. Or, loin de reculer devant ce mouvement d'opinion et malgré le rejet du projet par le Parlement, le gouvernement fit preuve d'acharnement, annonçant publiquement en décembre 1979 la constitution d'un fichier informatisé des étrangers, sans que la Commission nationale Informatique et Libertés se fût prononcée. Une circulaire du 10 juin 1980 alla même jusqu'à reprendre les dispositions du projet Stoléru rejeté par le Parlement en prévoyant que la situation de l'emploi pourrait être invoquée par l'Administration pour justifier le non-renouvellement des titres (circulaire non appliquée par les services, l'échec du projet Stoléru ayant discrédité le gouvernement). Parallèlement, les expulsions s'intensifièrent : 8 000 expulsions en 1979 contre 4 700 en 1979, affectant une majorité d'Algériens.

C'est curieusement le retrait par le Sénat du projet Stoléru qui permit au projet Barre-Bonnet de refaire surface, alors que le ministre de l'Intérieur, Michel Poniatowski, muselait l'agitation dans les foyers avec force arrêtés d'expulsion. Le moment était d'autant plus incongru que Valéry Giscard d'Estaing recevait, pour ses prises de position en faveur des « *boat people* [19] », la médaille Nansen des

réfugiés ! Tandis qu'une lettre sur ces « ces faits contradictoires, les uns abondamment diffusés, les autres maintenus
dans l'ombre [20] », était adressée à l'Elysée par des intellectuels et des hommes politiques [21], un article de Tahar Ben
Jelloun paru dans *Le Monde* sondait les mystérieuses lois de
l'hospitalité française : « Au moment où la France décide
dans un grand élan de générosité d'accueillir 5 000 réfugiés
asiatiques, les CRS et la gendarmerie mobile décidaient
dans un grand élan de fermeté d'expulser des travailleurs
immigrés [22]. » Il n'empêche ! La loi Bonnet du 10 janvier
1980 fut bel et bien promulguée, inaugurant une course-
poursuite entre le droit et la politique, dont la société francétrangère n'est toujours pas remise. Ce texte durcissait les
conditions d'entrée sur le territoire : l'étranger venu en
France ni pour travailler ni dans le cadre du regroupement
familial devait désormais fournir des « garanties de rapatriement » ; en outre, l'étranger refoulé à la frontière qui n'était
pas en mesure de quitter immédiatement le territoire français pouvait être maintenu dans des locaux ne relevant pas
de l'administration pénitentiaire pendant le temps strictement nécessaire à son départ. Enfin, la loi faisait de l'entrée
ou du séjour irrégulier un motif d'expulsion au même titre
que la menace pour l'ordre public, et permettait ainsi
d'éloigner du territoire les « clandestins » ou ceux dont le
titre n'a pas été renouvelé. Elle reconnaissait à l'administration la double faculté de reconduire l'étranger expulsé à la
frontière et de le retenir dans un établissement pénitentiaire
pendant un délai inférieur à sept jours s'il n'était pas en
mesure de quitter immédiatement le territoire. Du fait
même de l'échec du projet Stoléru, la loi Bonnet ne put
constituer l'instrument d'une politique des retours forcés
fondée sur le non-renouvellement des titres ; elle ne s'appliqua plus qu'aux étrangers entrés irrégulièrement sur le territoire.

La stabilisation et le compromis politique de 1984

Héritière de l'agitation sociale de la fin des années 1960, l'opposition contre les mesures Stoléru et la loi Bonnet, sur fond de campagne électorale, eut plusieurs conséquences. Elle contribua d'abord à exaspérer la question de l'immigration dont la politisation s'opérait jusqu'alors en marge d'un champ politique dominé par la question majeure de l'alternance au pouvoir. Désormais, et jusqu'à la fin des années 1990, la question de l'immigration sera, soit au cœur du débat public, soit au cœur du non-dit politique (si l'on veut bien admettre qu'elle fait l'objet d'un consensus de la classe politique républicaine, qui ne se prive pourtant pas de l'instrumentaliser à des fins partisanes). Mais le mouvement de protestation mit aussi à mal le mode normal de régulation de la politique de l'immigration, très lié depuis la Première Guerre mondiale à la situation du marché du travail et secondairement (depuis le *baby-boom*) à la situation démographique. Comment ? En accréditant l'idée que l'immigré en situation régulière avait, au nom de la solidarité nationale, une place dans la Nation, fût-il chômeur ou même assisté. Ce n'est certes pas un hasard si le ministre de la Solidarité nationale, Nicole Questiaux, s'est référée au préambule de la Constitution de 1946 qui avait universalisé le lien entre l'individu et la Nation, sans le relier à l'existence d'un lien social ou à la nationalité : « La Nation assure à l'individu et à la famille les conditions nécessaires à leur développement » ; elle « garantit à tous, notamment à l'enfant, à la mère et aux vieux travailleurs, la protection de la santé, la sécurité matérielle, le repos et les loisirs ». « Tout être humain qui, en raison de son âge, de son état physique ou mental, de la situation économique, se trouve dans l'incapacité de travailler a le droit d'obtenir de la collectivité des moyens convenables d'existence. »

Qualifier la solidarité de « nationale » conduisait en fait à « indifférencier » les bénéficiaires de l'action sociale de la

Nation (qui, elle-même, ne saurait se diviser) et à faire prévaloir les droits socio-économiques sur les droits civiques. Célibataires ou pères de famille, isolés ou vivant en famille, au travail ou au chômage, les immigrés avaient droit à des conditions d'existence décentes. La volonté politique d'intégrer les étrangers dans le droit commun tranchait résolument avec le mode de traitement social de l'immigration des trois décennies précédentes, où la différenciation l'avait emporté, en contribuant à soulager les tensions sur le marché du logement et du travail qualifié. D'une certaine façon, le droit social tendait à s'aligner sur le droit — historiquement plus ancien — du travail (en dépit de très nombreuses exceptions concernant les conditions d'accès au marché du travail, et les professions interdites aux étrangers depuis les années 1930) et sur le droit de la nationalité pour délimiter, comme ces derniers l'avaient fait dès la fin du XIXe, des espaces « universalisés » garantissant aux Français comme aux immigrés en situation régulière des droits communs. Il est clair, enfin, que la « solidarité nationale » s'est nourrie des apports du mouvement associatif qui, bien que subventionné par les pouvoirs publics, s'était montré très actif dans la lutte contre la politique des retours. Elle en a retiré cette double idée que « l'insertion sociale » des immigrés et leur intégration dans le droit commun devaient se préparer sur le terrain, et que les étrangers devaient y contribuer de leur propre chef.

De là le souci, pour la première fois exprimé avec force dans l'histoire de l'immigration, de prendre acte de la stabilisation de la population étrangère en France depuis l'arrêt de l'immigration économique, en séparant les problèmes d'immigration des questions d'emploi et donc de chômage. Cette dissociation fut opérée par la loi du 17 juillet 1984 qui supprima la dualité des cartes de séjour et de travail en créant une carte de résident, valable dix ans. Celle-ci donnait à son titulaire le droit d'exercer, sans autorisation et sur l'ensemble du territoire, la profession de son choix. Le renouvellement de cette carte étant automatique, l'étranger bénéficie depuis, sauf atteinte grave de sa part à l'ordre public, d'un droit au séjour quasiment inconditionnel. Cette réforme marquée du sceau du réalisme gouvernemental fut d'autant mieux acceptée que la loi prévoyait pour tous les étrangers résidant régulièrement en France depuis trois années l'octroi possible d'une carte de résident. La réforme de 1984 tirait ainsi, malgré l'extension du chômage, les conséquences de la stabilisation sociologique de la population immigrée depuis 1974, en dissociant, sans ambiguïté, le droit au séjour d'avec l'occupation d'un emploi.

Conforme au principe de la solidarité nationale, puisqu'elle signifiait que l'immigré n'était plus seulement un travailleur ou un chômeur, mais un être social lié à la Nation, la dissociation entre le droit de séjour et l'occupation d'un emploi n'en consacrait pas moins une division de la politique de l'immigration entre une politique d'inclusion et une politique d'exclusion suivant la situation administrative (et non pas sociale) de l'étranger : l'intégration des immigrés en situation régulière avait pour contrepartie l'exclusion des immigrés en situation irrégulière. Votée à l'unanimité, la loi de 1984 a scellé un consensus gouvernemental autour d'une ambivalence en germe depuis 1974 qui s'est traduite par une dichotomie fonctionnelle très marquée entre des instances vouées à l'intégration des immigrés en situation régulière et des structures tenues d'appliquer des mesures d'exclusion.

XVI

Les ambiguïtés de la politique d'immigration (1984-2003)

La stabilisation, sous le premier septennat de François Mitterrand, de la politique de l'immigration s'est donc traduite par une division binaire entre une politique d'inclusion fondée sur un droit de la population étrangère résidant régulièrement sur le territoire français à s'intégrer à l'ensemble de la population, et une politique d'exclusion des étrangers en situation irrégulière. Si ce « grand partage » instauré par le consensus parlementaire et gouvernemental de 1984 n'a toujours pas été remis en cause, la question de l'immigration n'a cessé depuis lors d'être l'un des terrains d'affrontement ouvert puis masqué entre la droite et la gauche. Comment une politique, qui légitime symboliquement l'intégration par l'exclusion en postulant entre ces deux pôles opposés une relation difficilement démontrable (« Lorsque l'immigration irrégulière recule, l'intégration progresse [1] »), a-t-elle pu se pérenniser [2] dans un contexte de forte instabilité politique [3] et partant, de compétition partisane exacerbée ?

Le partage des tâches

Le compromis de 1984 s'est donc traduit par un net partage des tâches entre la maîtrise des flux migratoires/lutte

259

contre l'immigration clandestine et l'intégration, sociale et culturelle, des étrangers installés sur le territoire. Cette division toujours en vigueur de la politique de l'immigration n'est pas sans ambiguïté, dès lors qu'elle implique des actions qui relèvent de motivations et de logiques opposées. D'un côté, la maîtrise des flux migratoires apparaît de plus en plus commandée par les attentes et l'attitude de l'opinion, ce qui ne peut que favoriser la surenchère légale (combien de fois l'ordonnance du 2 novembre 1945 aura-t-elle été modifiée !) et se traduire par une rigueur accrue (progression du taux de rejet des demandes d'asile politique, reconductions à la frontière, expulsions du territoire, rapatriement des réfugiés algériens), peu favorable à un climat de confiance entre nationaux et étrangers, comme entre la France et les pays d'émigration. De l'autre, en faisant dépendre les actions d'intégration ou les opérations d'éloignement forcé d'une seule et même frontière administrative (être ou ne pas être en situation « régulière ») les pouvoirs publics contiennent une politique d'intégration qui ne saurait pleinement fonctionner que sur le mode de l'indifférenciation. Cette frontière, qui n'a d'autres limites que le discernement variable dans le temps et l'espace de tous ceux qui concourent à l'administrer, ignore en effet les relations sociales et les liens de parenté entre étrangers en situation régulière et étrangers en situation irrégulière, entre Français et étrangers, entre ceux-ci et les Français d'origine étrangère. Son instabilité chronique depuis 1980 entretient, de surcroît, une suspicion constante à l'égard d'une population immigrée (étrangère et française) qui peut légitimement s'interroger sur la place qui lui est faite dans la communauté nationale.

Mais l'« intégration sociale » des immigrés n'est pas seulement — loin s'en faut — affaire de volontarisme politique ; elle est aussi tributaire de la situation de l'emploi qui n'a cessé de se dégrader depuis le milieu des années 1970, en dépit d'une nette embellie à la fin des années

1990. Que vaut en effet l'intégration sans l'emploi ? L'assistance qui ne peut qu'en résulter cautionne insidieusement le durcissement de la frontière administrative entre étrangers en situation régulière et étrangers en situation irrégulière, provoquant à terme des formes d'exclusion sociale que le législateur de 1984 n'a pas voulu envisager. Est-il besoin de rappeler que les étrangers s'intégraient auparavant pour peu que la conjoncture économique s'y prêtât, quand aucune véritable politique d'intégration n'était menée en leur faveur ? L'occultation depuis 1984 de cette donnée ancienne, qui revient à considérer que l'emploi n'est pas le premier vecteur d'intégration, contribue à déplacer les enjeux politiques de l'immigration vers de nouveaux terrains semés d'interrogations. C'est ainsi que la revendication de cultures allogènes, fondées principalement sur l'appartenance religieuse, vient d'une certaine manière — dont il reste à explorer les manifestations — compenser le déficit de statut social que l'exercice d'une activité professionnelle comblait hier. Elle pousse désormais les groupes communautaires à négocier leur propre identité, obligeant du même coup l'Etat-nation unitaire à prendre en compte le pluralisme de fait de la société française [4]. C'est ainsi tout le modèle français d'intégration, historiquement fondé sur une conception jacobine de l'assimilation, qui devient l'objet d'une négociation quotidienne entre les services de l'Etat et leurs proches associations d'une part, les communautés qui tendent à se former dans nombre de quartiers, d'autre part. Il en résulte une certaine oscillation entre un universalisme de tradition et un multiculturalisme de fait et non pas de conviction, qui inspire un doute grandissant sur les capacités d'assimilation de la société française. Si aucun de ces deux pôles ne commande aujourd'hui la politique de régulation de la présence étrangère en France, l'universalisme triomphant qui avait permis, en des moments difficiles (années 1880 et crise des années 1930), d'intégrer malgré le chômage cède incontestablement du terrain. Ce recul a conforté, dans les années 1980, les marges du Front national et semble avoir nourri un sentiment général d'insécurité parmi les populations d'accueil et parmi les immigrés eux-mêmes.

Le rejet du « partage » par le Front national

La politisation du thème de l'immigration s'est, en fait, opérée avant l'irruption du Front national sur la scène publique et bien avant que ce mouvement d'extrême droite, né en 1972, ne s'empare de cette question. Mais l'émergence de cette formation comme force politique date du moment où s'est cristallisé le « consensus gouvernemental » de 1984 autour de la politique de l'immigration. Ce n'est pourtant pas cette coïncidence qui explique la radicalisation des discours, mais l'opposition totale d'un parti politique en ascension à un consensus émanant des formations politiques classiques [5]. En s'en prenant au « grand partage politique » de 1984, le parti de Jean-Marie Le Pen a nettement contribué à donner à la question de l'immigration sa place centrale dans le champ du politique et à semer le trouble dans les rangs des grandes formations politiques qui tenteront de résorber leurs divisions intestines en s'accusant mutuellement de faire le jeu d'un parti d'extrême droite. Mais cette tactique n'a pas entraîné les mêmes conséquences pour les deux grandes familles politiques françaises. Tandis que la gauche était élue pour mener entre autres une politique de l'immigration qu'elle s'est bien gardée de mener, la droite classique était obligée de faire une politique pour laquelle elle était élue. La question de l'immigration ne divisait pas la gauche mais la ressoudait au contraire tant qu'elle était dans l'opposition ; elle ne cessait, en revanche, de diviser la droite aussi bien dans l'opposition qu'au pouvoir. Ces différences s'expliquent autant par la résonance que rencontraient les thèses extrémistes du

Front national dans l'électorat de droite que par le souci de préserver le grand partage de 1984, les composantes de la droite républicaine étant tiraillées entre un réalisme gouvernemental et une opposition nationaliste par imprégnation. Face à ce dilemme, et voulant se différencier à la fois de la gauche et du Front national, celles-ci étaient amenées à se créer des espaces supposés consensuels qui garantissaient, au-delà de leurs différentes sensibilités, un certain équilibre interne. Elle étaient donc conduites non seulement à faire preuve de fermeté au pouvoir et à surenchérir dans l'opposition, mais aussi à explorer des voies possibles de « conciliation » en s'aventurant sur des terrains accaparés, comme la sécurité des biens et des personnes (envers de l'insécurité), par le parti de Jean-Marie Le Pen.

Il suffit pour s'en convaincre de remonter au moment où cette formation s'est emparée de la question de l'immigration. C'est aux élections municipales de mars 1983 que le Front national a fait de cette question son principal cheval de bataille, obtenant ses premiers succès significatifs avant sa remarquable percée aux élections européennes du 17 juin 1984 (11 % des suffrages exprimés et deux millions de votants pour le Front national). Comment se fait-il que la question de l'immigration soit alors devenue « rentable » pour un parti qui s'en désintéressait jusque-là ?

On peut estimer *a posteriori* que l'audience du Front national s'est élargie à mesure que les frontières emploi, logement et protection sociale (pour ne citer que les principales) entre Français et étrangers se sont exaspérées sous l'effet de la récession économique. Mais cette interprétation laisse de côté les efforts déployés par les acteurs publics et privés pour lisser ces frontières et mettre en œuvre des mécanismes de compensation. La force symbolique du Front national viendrait plutôt de sa capacité à rapporter chacun des fronts sociaux (emploi, logement, protection sociale, santé, etc.) à une frontière historiquement très mouvante, celle de la nationalité : être ou ne pas être français. Ce parti fait même de cette frontière un principe d'explication univoque autant qu'un principe d'exclusion : si les Français ont des difficultés à se loger, à trouver un emploi, si les banlieues basculent dans la délinquance, si l'insécurité croît..., c'est parce que les étrangers leur subtilisent leurs emplois, accaparent leur protection sociale, leur disputent les soins médicaux, etc.

Dans cette construction, chacune des frontières suffit à exclure, puisqu'elle est transcendée par une frontière intangible entre le national et l'étranger. La « préférence nationale » ne saurait se décliner, elle doit s'appliquer ou, plutôt, elle s'applique dans tous les domaines ; elle n'a pas besoin d'être démontrée, elle est un principe qui se suffit à lui-même : le tout n'est pas égal à la somme des parties et il ne saurait, dans ces conditions, exister de *Francétrangers*. Dans la mesure où il prend pour cible la frontière de la nationalité, le Front national récuse la frontière essentiellement administrative entre immigrés en situation irrégulière et immigrés en situation irrégulière, qui commande depuis le milieu des années 1980 la mise en œuvre de la solidarité nationale. De ce fait, c'est toute la philosophie du droit positif républicain dont l'objet est d'universaliser des espaces communs voués au « vivre ensemble » et d'en réglementer l'accès qui se trouve contestée.

Qui plus est, le Front national suit une démarche rigoureusement inverse de celle des associations de défense des immigrés qui se veulent présentes sur chacun des maillons sensibles de la condition de l'immigré (titres de séjour, démarches administratives, logement, travail, protection juridique, etc.) et qui doivent à chaque fois démontrer l'existence de discriminations à l'encontre de celui-ci. Or, la tactique de ce parti est d'autant plus rentable que son discours est univoque et qu'il peut, en tant que formation politique, se prévaloir d'une représentativité « nationale » et tirer profit des divisions internes des autres partis, qu'il s'emploie à susciter. Par contraste, les associations de défense des immigrés sont handicapées par leur statut, leur diversité et leurs modes d'action, étant bien entendu qu'elles ne peuvent se transformer en « parti des immigrés et des sans-papiers » et que leur combat n'est au fond jamais gagné. Tandis que celles-ci sont passées d'une fonction de contestation, jouissant d'une certaine bienveillance de la part de l'opinion publique au début des années 1970, à une fonction de *lobbying* plus mal perçue dans les années 1980, le Front national est devenu dans le même temps une formation politique nationale, capable de contester, devant ses électeurs et l'opinion publique, la politique gouvernementale. Un parti qui entend remplir la fonction tribunicienne que remplissait, dans les années 1960, le Parti communiste français, en défendant « les petits, les sans-grade, les exclus (...) les mineurs, les métallos, les ouvrières et les ouvriers de toutes ces industries ruinées par l'euro-mondialisme de Maastricht (...) les premières victimes de l'insécurité, dans les banlieues, les villes et les villages [6] ».

Mais de quels étrangers s'agit-il pour le Front national ? De manière significative, ce parti ne désigne pas ses cibles, mais ses militants et son électorat les connaissent parfaitement. De fait, la « préférence » mise en avant par le parti de Jean-Marie Le Pen est à la fois nationale et européenne. En cela, elle rejoint celle que l'Etat français a longtemps administrée en croyant sincèrement que les populations d'origine européenne étaient plus facilement assimilables. Mais elle s'en différencie autant par son racisme que par sa capacité à nier l'histoire ou le poids des traditions léguées par celle-ci. Car cette préférence nie sciemment l'héritage colonial de la France en refusant d'admettre l'idée que celui-ci ait pu depuis 1945 peser d'une manière quelconque sur la politique française de l'immigration. Face à cette entreprise de dénégation, les structures administratives impliquées dans la politique de l'immigration sont fort embarrassées : elles ne peuvent ni revendiquer la préférence culturelle qu'elles ont assumée, ni l'héritage colonial qu'elles ont géré sur le mode de la contrainte. Il leur est impossible de se réclamer d'une préférence qui ne correspond plus à la réalité sociologique de l'immigration, comme il leur est impossible d'invoquer une tradition coloniale dont elles ont précisément cherché à s'affranchir en alignant les immigrations algérienne et africaine sur le droit commun de l'immigration. En d'autres termes, leur expérience passée ne fournit aucun argument opposable à une entreprise de dénégation qui les renvoie à l'ambiguïté de leur propre histoire : n'ont-elles pas nettement appliqué la préférence nationale et européenne, tout en cherchant à limiter autant que possible les effets de la décolonisation sur l'immigration ? N'ont-elles pas, dans un même souci de cohésion sociale et de respect du droit, organisé la préférence nationale et européenne, tout en s'efforçant d'intégrer les immigrés ?

La course entre le droit et la politique

En récusant en bloc le consensus gouvernemental instauré en 1984, le Front national a fortement pesé sur une vie politique emportée par la valse étourdissante des alternances et des cohabitations (1986, 1988, 1993, 1995, 1997, 2002). Il a notamment obligé les formations politiques dites républicaines à contourner l'ambivalence d'une politique de l'immigration qu'elles ne pouvaient attaquer frontalement, sachant bien, pour avoir exercé les mêmes responsabilités et faute d'alternative, qu'elles seraient amenées à la reconduire, à quelques nuances près, une fois aux commandes de l'Etat. Ce contournement s'est moins traduit par la remise en cause de la politique d'intégration des étrangers en situation régulière que par la dénonciation du caractère plus ou moins répressif des mesures prises pour maîtriser les flux migratoires depuis la fermeture des frontières à l'immigration économique. Sans remettre en cause la partition de 1984, il a entraîné une recherche systématique des réformes possibles dans le domaine de l'immigration au point de nourrir un mouvement de spirale irrépressible entre le politique et le droit. En courant après le politique, en voulant couvrir l'ensemble du champ de l'immigration et en s'échinant à colmater ses propres brèches, le droit a perdu une bonne part de sa crédibilité et de son efficacité. C'est ainsi que l'ordonnance du 2 novembre 1945, conçue initialement pour favoriser l'immigration et l'assimilation des étrangers, a connu, en l'espace de deux décennies, une succession heurtée de réformes, tantôt libérales (lois Joxe de 1989 et 1990), tantôt restrictives (lois Pasqua de 1986 et 1993), visant à resserrer ou à pérenniser le contrôle des flux migratoires. Libérales, ces réformes ont toujours conservé une partie des dispositions restrictives et répressives antérieurement adoptées. Si bien que malgré les changements de majorité, le retour du balancier n'est jamais allé jusqu'au bout, laissant à chaque fois subsister une partie des dispositions adoptées par la majorité précédente. En définitive, la course entre le droit et le politique s'est traduite par une distorsion de plus en plus grande entre l'action sociale en faveur de l'intégration et la police des étrangers.

La même remarque pourrait être faite à propos de la réforme « indéfinie » du droit de la nationalité que les partis du centre-droit ont proposée dans leur programme conjoint dès 1986 sous la pression du Front national auteur du slogan « Etre français, cela se mérite ». L'UDF et le RPR se prononçaient ainsi pour l'abolition de l'acquisition « automatique » de la nationalité française : les immigrés de seconde génération ne deviendraient plus français au titre du droit du sol ; il faudrait qu'ils en fassent la demande expressément et cette demande devrait être acceptée par l'Etat. Un vaste débat s'est alors ouvert qui allait déboucher en 1993 sur la loi Méhaignerie du 22 juillet 1993 réformant, pour la première fois en phase de nette récession économique, l'un des instruments majeurs de la politique de régulation de la présence étrangère en France, le droit de la nationalité. Ni la dépression économique des années 1880 ni celle des années 1930 n'avaient donné lieu à semblable remise en cause. Faut-il y voir la confirmation de l'affaiblissement de l'« idéal républicain » ainsi que le recul des préoccupations démographiques ? Les deux sans doute, mais cette réforme, remise sur le métier par le gouvernement Jospin après 1997, marque aussi la volonté de clore un processus entamé au début des années 1960, la décolonisation ; sa jonction avec le droit de la nationalité constitue à coup sûr la nouveauté majeure des toutes dernières années.

La loi du 22 juillet 1993 a ainsi apporté de sérieuses modifications au Code de la nationalité en réduisant les possibilités d'acquérir la nationalité française. Les enfants nés en France de parents étrangers nés à l'étranger devaient manifester, entre 16 et 21 ans, la volonté de devenir français pour acquérir la nationalité française, alors qu'ils l'obtenaient auparavant de manière automatique par le jeu du droit du sol. En outre, les enfants nés en France de personnes nées dans d'anciennes colonies françaises perdaient le bénéfice du double droit du sol : ils n'étaient plus français à la naissance. Ce principe était toutefois maintenu pour les enfants issus de parents nés en Algérie avant l'indépendance de ce pays, mais à la condition qu'un de ces parents réside régulièrement en France depuis cinq ans. D'une certaine façon, et là réside sans doute la signification historique de cette loi, la France aligne sa politique d'immigration sur celle des États voisins dépourvus d'héritage colonial (comme l'Allemagne qui avait perdu ses colonies en 1918) en mettant davantage l'accent sur le principe de la filiation nationale, sans renier pour autant le droit du sol. De son côté, l'Allemagne, confrontée depuis la chute du mur de Berlin et du rideau de fer à l'afflux des minorités allemandes venues de Russie, du Kazakhstan et des pays d'Europe centrale, adopte des dispositions régies par le principe du droit du sol. S'il y a bien, de ce point de vue, une convergence progressive des droits de la nationalité dans l'Union européenne, les différences de conception entre droit du sol et droit du sang — même purgées de toute référence à l'héritage colonial — sont suffisamment fortes pour influencer les politiques d'accueil respectives des pays de l'Union européenne. La migration massive des *Aussiedler* [7] vers l'Allemagne (deux millions depuis 1990), qui n'a pas d'équivalent en France, serait incompréhensible sans cette donnée [8], ni sans la certitude pour ces migrants d'être unis par un lien de filiation à la société allemande.

Il résulte de ce processus d'inflation du droit une dérive de la politique de l'immigration qui, malgré le mouvement de balancier dû à l'alternance, se traduit par une précarisation du statut des étrangers aux dépens de leur insertion sociale et, sans doute même, par une certaine érosion des libertés individuelles [9]. En faisant dépendre les actions d'intégration ou les opérations d'éloignement forcé d'*une seule et même frontière* administrative, les pouvoirs publics contrarient, en effet, une politique d'intégration qui fonctionne ou devrait fonctionner sur le mode de l'indifférenciation. Cette frontière, qui n'a d'autres limites que le discernement, variable dans le temps et l'espace, de tous ceux qui concourent à l'administrer [10], ignore en effet les relations *sociales* et les liens de parenté qui peuvent exister entre étrangers en situation régulière et étrangers en situation irrégulière, entre Français et étrangers, entre ceux-ci et les Français d'origine étrangère. Son instabilité chronique depuis 1980 entretient, de surcroît, une suspicion constante à l'égard d'une population immigrée (étrangère et française, francétrangère) qui peut légitimement s'interroger sur la place qui lui est faite dans la communauté nationale. Produit d'un droit qui ne saurait embrasser toutes les situations, le cas des « sans papiers » (ces ni Français, ni étrangers) [11], dont la régularisation constitue un enjeu politique et la non-régularisation un enjeu de politique publique (en termes de coûts sociaux), souligne de manière exemplaire les limites d'une frontière que le droit façonne moins dans le but d'intégrer que de contrôler.

XVII

De l'immigré au migrant ?

Et si tout cela n'était déjà plus qu'une lecture francocentrée des questions migratoires, désavouée par le déclin des normes nationales, la désarticulation des espaces économiques et politiques et les évolutions récentes des circulations migratoires ? Une lecture nostalgique qui évoquerait les traces révolues d'une immigration encombrante que l'on cherche aujourd'hui à rafraîchir dans un « musée ou centre... *national* » de l'immigration [1] ? Cette interrogation mêlée de scepticisme nous vient de chercheurs (en particulier d'anthropologues et ethnologues, ces enfants savants de la colonisation [2]), attentifs à la circulation des hommes, des biens et des techniques ainsi qu'aux métamorphoses des territoires économiques. Leurs travaux ont mis en cause, depuis le milieu des années 1980, les référents nationaux qui continuent de structurer les politiques de l'immigration et de figer la représentation « commune » du fait migratoire. Leur regard volontiers iconoclaste sur les transformations récentes des migrations fait aujourd'hui vibrer un nouveau paradigme qui boucle cette histoire en réhabilitant une figure que l'on croyait quelque peu révolue depuis la Grande Dépression des années 1880, celle du migrant. S'ils disent vrai, que faut-il en conclure ? Quel nouveau sens (ou désordre) la réincarnation du migrant aux dépens de l'immigré ou cette nouvelle « métempsycose [3] » apporte-t-elle à la compréhension des mécanismes d'intégration ou de non-intégration ?

La fin des référents nationaux commencerait-elle à Marseille ?

C'est à Marseille, ville de transit et de transition des formes migratoires, que les cadres de pensée nationaux de l'immigration se sont lézardés. En trois générations, la population de cette ville est passée d'une dominante italienne en 1911 (85 % de la population étrangère de la ville) à une dominante maghrébine diversifiée dans les années 1980 (65 % du total), sans que la proportion d'étrangers s'en trouve changée. Les apports successifs de migrants y ont façonné et modifié autant la composition de la population que les comportements et les rapports sociaux, au point de modifier le mode d'occupation de l'espace urbain et les activités économiques qui s'y rattachent. Mais c'est dans le quartier de Belsunce, exploré dans ses moindres recoins par Emile Temime [4], que les mutations ont été les plus vives. L'endroit possède aujourd'hui tous les attributs subvertis d'un « comptoir colonial maghrébin » (Alain Tarrius), où « les entrepreneurs et les boutiquiers, les notaires informels et les "fourmis" réinventent l'espace de l'empire commercial français, mais un empire sans empereur, sans indigènes et sans colons, redéployé, horizontalisé et comme pacifié par "la main invisible" du marché [5] ». Le client, venu d'Algérie, de Tunisie, du Maroc, d'Afrique de l'Ouest ou de Proche-Orient, s'y laisse étourdir par la mise en scène savamment désordonnée des produits exposés. Destinées à la confection des sept robes du mariage traditionnel (Algérie) ou aux autres vêtements de cérémonie, les étoffes festives flattent son sens des traditions culturelles et des convenances, tandis que l'équipement urbain et rural de toute première nécessité le rappelle aux réalités quotidiennes. Les signes ostensibles de confort et de luxe sont également bien présents qui serviront à marquer son rang : tapis et meubles, sans oublier les bijoux qui garniront les dots. Mais qu'on ne s'y trompe pas ! Les motifs décoratifs les plus prisés ne sont pas d'inspiration moyen-orientale, iranienne ni même maghrébine. Et d'ailleurs, quel acheteur avisé se hasarderait à acheter des tapis maghrébins, trop chers et « tout juste bons pour la mosquée » ? Les tapis les plus convoités sont d'origine belge, avec de vastes surfaces colorées uniformes ou ornées de quelques motifs modernes. La fantaisie – toujours convenue – s'attarde ailleurs, sur des tapis de dimensions plus modestes, en soie brillante et longue : envols de canards au-dessus des étangs, chalets montagnards se reflétant dans l'eau nimbée des lacs, scènes de chasse et de pêche en Bavière sollicitant de blondes Gretchen dans leurs plus beaux atours, tous ces motifs « tyroliens », sortis à flux tendus des usines allemandes, iront s'engouffrer dans « l'économie de bazar [6] ».

L'origine étrangère des marchandises vendues témoigne à coup sûr des innombrables connexions entre le « dispositif commercial » de Belsunce et les réseaux d'une économie souterraine à l'appétit planétaire, que des Latinos américains à Miami, des Turcs en Allemagne, des Syro-Libanais en Afrique occidentale, des Africains sur plusieurs continents, des Asiatiques en Grande-Bretagne s'ingénient depuis les années 1980 à développer. Rien ou presque de ce qui est vendu à Belsunce n'est fabriqué à Marseille ou dans sa région urbaine ; la fluidité des réseaux autorise tous les échanges possibles, de même qu'elle relativise l'importance des lieux de fabrication ou des circuits de transport. Les modèles de voiture vendus à Belsunce — qui étaient tous de la marque Peugeot jusqu'en 1982 — se sont par exemple diversifiés à mesure que s'organisait localement un marché des pièces détachées, que l'influence des Libanais sur le choix des marques se renforçait et que d'autres réseaux en Belgique, Turquie et Allemagne étaient mis à contribution. L'interconnexion des réseaux commerciaux de petites et grosses cylindrées (surtout allemandes) s'est réalisée en 1991, Belsunce et Istanbul jouant dès lors le rôle d'interfaces entre le marché de l'Europe de l'Ouest et celui de l'Europe de l'Est, entre le Nord européen et le Sud africain.

Voit-on poindre ainsi une économie « webienne » à l'heure d'Internet, du TGV et des clones de toutes sortes, dont les ramifications déborderaient l'économie « légale » internationale ? Peut-être, car tous ces réseaux connectés entre eux font « passer » et circuler des marchandises dans un curieux clair-obscur, où l'officiel se confond avec l'illicite et la contrefaçon, bien souvent en dehors, mais toujours au su de la réglementation et des régulations internationales. Avec quelle facilité les « fourmis » se meuvent dans les innombrables failles fiscales et juridiques ! Elles se jouent, à l'évidence, des dysfonctionnements inhérents aux économies nationales et de la compétition incessante qui les divise ; et s'amusent des écarts de richesses entre Etats riches et pauvres, sûres d'avoir accès, dans les moments de dépression économique, à cette fameuse corne d'abondance dont elles ont tant rêvé. Vienne une crise dans un pays riche, les pays pauvres en font mécaniquement les frais ; les différences de richesses se creusent alors, offrant à qui sait faire passer et circuler les marchandises l'occasion tant caressée de faire fortune à la barbe des empêcheurs de tourner en rond. Des entraves ou des difficultés de toutes sortes [7] sont-elles apportées par un pays ou les instances internationales, les fourmis changent d'itinéraire, posent des jalons pour le futur, s'arrangent différemment, creusent de nouvelles galeries. L'économie souterraine de bazar [8], qui contribue directement — nous disent les économistes — au dessèchement de l'économie légale, est bien fille du désordre des économies nationales ; elle est aussi la fille polissonne et gloutonne d'un capitalisme de plus en plus policé et anorexique.

Le retour du migrant

Est-il au moins possible, depuis le poste d'observation que constitue la cité phocéenne, de reconstituer cette mise en réseaux ? Oui, parce qu'une mise en réseaux requiert des réseaux et qu'il faut bien, pour constituer ceux-ci, des vocations. Or, celles-ci sont bien nées à Marseille de la récession économique de la seconde moitié des années 1970, dont les effets déstructurants liés aux fermetures et redéploiements ont surtout frappé les immigrés présents dans les industries fordistes. Exclus dès ce moment de l'économie légale, alors même que leurs enfants — les Beurs [9] — étaient de plus en plus victimes de pratiques discriminatoires à l'embauche ; tenus, de surcroît, à l'écart des décisions politiques et des consultations électorales qui peuvent ouvrir des espaces économiques [10], ces nouveaux « naufragés de la promotion sociale » (Michel Peraldi) ont troqué leur identité de travailleur immigré contre celle, autoproclamée, de commerçant. Le nombre de commerçants improvisés a ainsi progressé, dans le 1ᵉʳ arrondissement de Marseille, de plus de 25 % entre 1975 et 1982, passant à près de 500, alors que celui des commerçants français reculait de près de 37 %. Dans les années 1985-1987, Belsunce comptait 350 commerces tenus par des migrants d'origine maghrébine, essentiellement algérienne ; environ 700 000 personnes, parmi lesquelles 300 000 immigrants en Europe, transitaient annuellement par ce quartier pour y acheter ce qui fait tant défaut dans les économies maghrébines [11]. Ainsi, ce que naguère les immigrés rapportaient en Algérie sous forme de cadeaux, les Algériens de « là-bas » viennent désormais le chercher et le payer « ici » : un rapport marchand s'est substitué à une logique de don et de crédit.

Mais le marché de Belsunce était encore loin, au début des années 1980, d'avoir donné la pleine mesure de son développement. Plusieurs phénomènes se sont conjugués pour favoriser la transformation de cette place marchande en plaque tournante internationale, reliée à d'autres réseaux. En premier lieu, la limitation des visas entre la France et l'Algérie et le prélèvement d'un impôt « révolutionnaire » sur les commerçants algériens ont contraint ceux-ci à céder la place aux Marocains et aux Tunisiens et à se replier sur des commerces de proximité dans des zones mal desservies. De là une diversification de la population commerçante du quartier et un élargissement sensible de la clientèle de passage. Puis, la grande expansion migratoire marocaine — qui transforma l'Italie et l'Espagne en pays d'immigration — vers de nombreuses places commerciales européennes a fait le lit de réseaux commerciaux transnationaux, connectés aux activités de Belsunce, quartier servi par sa proximité avec les pays du Maghreb. Il s'est enfin opéré, dans les années 1990, une interconnexion entre ce « dispositif commercial » et les économies souterraines de l'Est européen en plein essor depuis l'implosion du bloc soviétique.

Toutes ces évolutions n'ont pas manqué d'estomper l'image de l'immigré sédentarisé, sur-visible dans les années 1960 et 1970, au profit d'un migrant plus « ectoplasmique » et surtout très différent de son lointain prédécesseur des années 1850. Alors que celui-ci « passait », voltigeant d'un lieu à l'autre au gré des opportunités locales, celui-là « fait passer » d'un point à l'autre sur un « territoire réseau », empiétant bien souvent sur plusieurs pays ; son rapport au temps (accéléré) et à l'espace (sans limites) est d'autant plus immédiat et maîtrisé qu'il communique à la vitesse des modems ou des portables, des avions et des TGV. Mais on voit bien aussi que le « nouveau migrant » ne possède pas la même « altérité » que l'immigré issu de l'intégration nationale des années 1880 et refaçonné par la décolonisation et l'intégration européenne. Son altérité n'est, en effet, ni assignée, ni référée à une entité politique territoriale : le « nouveau migrant » se déploie dans une sorte d'internationalité ou fluidité commerciale qui renvoie à la globalisation mondiale de l'économie « légale », dont l'économie de bazar est d'une certaine façon le contretype : une société de contre-commerçants qui rappellerait par analogie celle des contre-producteurs, rêvée par les anarcho-syndicalistes de la fin du XIXe siècle. Il n'est plus *a fortiori* cet immigré de la première génération voué à une « double absence » (A. Sayad), déraciné de là-bas, sans racines ici. Sa nouvelle raison commerciale en fait, au contraire, un migrant prêt à s'investir dans des transactions qui ne peuvent que disqualifier la question de ses origines, traditionnellement référée à l'Etat-nation. Ainsi, « le parcours, si souvent décrit, menant d'une altérité aux identités locales, avec ce long temps où l'individu n'est plus ni d'ici ni de là-bas, devient obsolète : désormais apparaissent plutôt des capacités métisses, souvent fugitives, momentanées, qui permettent de nombreuses entrées et sorties des marquages culturels des étrangers vers ceux des autochtones. Une capacité nouvelle d'être ici, de là-bas, d'ici et de là-bas à la fois, en un mouvement ternaire donc hautement processuel, se substitue à la vieille opposition entre être d'ici ou de là-bas [12] ».

Si elle n'est plus « autre » ou assignée, l'altérité du « nouveau migrant » reste sienne. Car elle s'exprime, comme à l'accoutumée mais peut-être plus encore aujourd'hui qu'hier, dans son comportement – proprement schizophrénique – selon qu'il se meut dans l'espace des transactions commerciales ou dans les formes communautaires d'habitat, fussent-elles ou non d'étape (migrants et immigrés peuvent vivre ensemble), comme à Montpellier, Arles, Perpignan, Avignon, Nîmes. Dans ces lieux de résidence provisoire, en effet, la pression des normes cultuelles, culturelles et sociales ou des marquages ethniques se fait puissamment sentir, alors qu'elle est bannie de l'espace commercial « où la parole donnée fait contrat et solidarité » et où les barrières culturelles et ethniques s'effacent devant un lien social de nature commerciale.

Faut-il dès lors s'étonner que le discours républicain sur l'intégration individuelle des immigrés dans une entité collective unique, la nation, n'ait qu'une faible emprise sur ces nouveaux migrants dont les aspirations et les référents sont tout autres ? Non seulement ce discours sans perspective économique attache une importance démesurée à la citoyenneté et au civisme — alors qu'il n'est toujours pas question d'accorder le droit de vote aux immigrés —, mais il fait aussi bon marché d'une mondialisation économique qui déterritorialise toujours davantage l'Eldorado [13] (français ou autre) en « transversalisant » les occasions de faire et construire des projets individuels ou même collectifs. C'est en définitive tout le fil d'Ariane de cet ouvrage qui se dévide à vive allure : l'intégration nationale de la fin du XIXᵉ, processus commun aux grands pays industrialisés, avait internalisé et externalisé la figure de l'étranger, créant à la faveur de la Grande Dépression celle de l'immigré. L'intégration européenne, processus indéfini, produisait et produit encore des effets analogues, moyennant la liquidation d'un passé colonial européen qui frappe à plusieurs portes de l'espace Schengen [14]. Mais elle se laisse déjà déborder par une intégration économique mondiale qui ne peut plus, dans un monde désormais peuplé d'étrangers, externaliser la figure de l'étranger. Ce dernier est désormais partout, ici et ailleurs, dans un monde faussement « cosmopolite [15] » qui cultive toujours ses référents nationaux au prix d'une exacerbation du sentiment sécuritaire.

La stratification des figures de l'étranger

Le paradigme de la mobilité se réfléchit dans l'instantané, c'est-à-dire une photo effectuée sans temps de pose. Il « saisit » le migrant fugitif dans son mouvement en conférant une portée explicative non pas à la trajectoire migratoire, mais à la circulation des trajectoires : « Se déplacer, circuler, c'est non seulement parcourir des espaces mais aussi accrocher des territoires (physiques, sociaux, symboliques), en produire de nouveaux, les élargir, participer à la production des richesses, contourner les dispositifs de contrôle, se jouer des frontières identitaires ou en construire d'autres [16]. » Cette remise en cause des frontières est à la fois épistémologique — puisque des chercheurs décident de s'affranchir des cadres de pensée classiques de l'immigration — et empirique, puisqu'elle se fonde sur l'observation des circulations migratoires. Le terme « circulation » peut d'ailleurs s'entendre de diverses manières : mouvement circulaire comme celui d'une terre sans frontière ; mouvement d'un fluide à l'intérieur d'un circuit fermé, qui renvoie à l'existence de réseaux ; mouvements des individus, des biens et des marchandises ; et mouvement de ce qui se propage, par connexion des réseaux entre eux [17].

Mais cette posture ne permet pas d'approcher, dans l'espace et le temps, l'immigration et les migrations, lors même qu'elles peuvent coexister, s'articuler ou se succéder. Qu'un migrant vienne en France sans l'intention de s'y installer est bien sûr possible, mais il peut ensuite s'y résoudre et devenir du même coup immigré. A trop vouloir saisir le mouvement, ne passerait-on pas à côté de situations plus contrastées, allant de la sédentarité au mouvement pendulaire entre la France et le pays d'origine ou à des mobilités, largement conditionnées par le cycle vital, la trajectoire familiale des migrants et les effets de génération ? A la surmobilité des « trans-migrants » s'opposerait, par exemple, l'absolue fixité des 140 000 travailleurs immigrés, ayant décidé, depuis la suspension de l'immigration économique en 1974, de continuer à vivre seuls, c'est-à-dire sans leurs femmes et enfants, en « foyers de travailleur migrant » où ils termineront vraisemblablement leur vie. De même, les immigrés ayant décidé de faire venir leur famille dans le cadre de la procédure du regroupement familial participeraient du même processus d'enracinement, alors qu'ils étaient des migrants dont le séjour devait être provisoire (à l'instar des *Gastarbeiter* en Allemagne). Que dire enfin de tous ceux que l'on s'apprête à faire venir pour remplacer les travailleurs français du *baby-boom* partis à la retraite ? Les nouvelles figures du migrant ne feraient ainsi que se superposer aux représentations mouvantes de l'immigré, celles du *migré (ni immigré ni migrant)* qui a atteint le point de non-retour ou est au terme de son errance — restant toujours à façonner.

Notes

1. Tous les renseignements donnés, dans ce livre, sur l'histoire des mots ont été puisés dans Alain Rey (dir.), *Le Robert. Dictionnaire historique de la langue française*, 3 vol., 2000.

2. Bien plus tard, sans doute au cours du premier conflit mondial, le même terme désignera l'opération, contrôlée par l'administration du pays d'accueil, qui consiste à faire entrer sur le territoire national un étranger (ou un sujet colonial).

3. Le sens d'emprunt du terme *altérité* correspond à la notion philosophique de « différence par changement », à la fois « diversité » et « altération ».

4. L'un des sens premiers du mot *nation* (*naciuns* au pluriel puis *nascion* au XIIe siècle) est « naissance » (1165), en particulier « nativité », valeur propre à l'ancien français, et « extraction, rang, famille, lignée » (XIIIe siècle). Au pluriel, le terme avait au départ le sens de « païens » par opposition aux juifs et aux chrétiens dans l'Ancien Testament. Ce dernier sens est le même que celui du mot *ethnicus*, « païen », « gentil », lui-même emprunt au grec *ethnikos*, « de la nation, de la race » et, à l'époque chrétienne, « païen ».

5. Le mot désigne la communauté à laquelle une personne appartient ; mais lorsqu'il est utilisé comme pays, il acquiert un sens relatif et peut, de ce fait, concerner le rapport entre un groupe social et l'individu (d'où l'expression de *petite patrie*). Ce sens relatif le rend distinct du mot *nation*. Les hommes de la

Révolution française en ont fait très vite une valeur absolue, destinée à remplacer les deux fondements du sentiment national dans la France de l'Ancien Régime : le roi et la religion (cf. Ph. Contamine, « Mourir pour la patrie. X^e-XXe siècle », *in* P. Nora (dir.), *Les Lieux de mémoire. II. La Nation*, vol. 3, Gallimard, pp. 11-43). Selon F. Braudel, « *L'idée* moderne *de patrie apparaît à peine au XVIe siècle ; le mot* nationalisme *apparaît tard sous la plume de Balzac... Et alors rien n'est encore vraiment joué* » (F. Braudel, *L'Identité de la France. Espace et histoire,* Arthaud-Flammarion, 1986, p. 12).

6. Sous l'Ancien Régime, ces diversités de langues, de paysages, de statuts juridiques (villes, provinces, états provinciaux) étaient loin de coïncider ou de se superposer.

7. C'est du moins la conviction de M. Agulhon, « Le centre et la périphérie », *in* P. Nora (dir.), *Les Lieux de mémoire. III. Les France, 1. Conflits et partages,* Gallimard, 1993, pp. 825-849.

8. F. Braudel, *op. cit.* Dès la première partie de ce travail inachevé, l'auteur passe du pluriel au singulier, de la diversité (« Que la France se nomme diversité ») à « la cohésion du peuplement : villages, bourgs et villes ». La cohérence dans la diversité, y compris géographique, fait ainsi (le destin de) la France. Comme l'a bien observé G. Noiriel, la géographie y est mobilisée au service d'une philosophie de l'enracinement (G. Noiriel, *Le Creuset français. Histoire de l'immigration. XIXe-XXe siècles*, Seuil, 1988, p. 63).

9. Le terme a d'abord désigné le travail d'un ouvrier (1702) avant de s'étendre, par métonymie, à la désignation collective de l'ensemble des salariés, plus particulièrement des travailleurs manuels (dans un décret de 1900).

10. M. Perrot, *Les Femmes ou les silences de l'histoire*, Flammarion, 1998, p. V : « C'est le regard qui fait l'Histoire. »

11. Sans parvenir pour autant à transcender la référence, prégnante dans chaque pays membre, à l'Etat-nation. Valéry Giscard d'Estaing le dit bien en sa qualité de constituant européen : « La bizarrerie, l'étrangeté, c'est que, pour les Européens, la dimension de l'Europe étant supérieure à celle de leur Etat national, ils situent l'Europe *au-dessus* de leur propre Etat. Par contre, sur le plan de leur perception ils se ressentent *davantage* comme Français, comme Italiens ou comme Suédois que comme Européens.

C'est cette sorte d'*inversion des identifications* qui alimente le malaise de beaucoup de citoyens européens d'aujourd'hui » (*Valéry Giscard d'Estaing présente la Constitution pour l'Europe*, Fondation Robert Schuman/Albin Michel, 2003).

12. C'est-à-dire le fait d'être européen.

13. P. Charaudeau, *Grammaire du sens et de l'expression*, Hachette Education, 2002, p. 82 : « Tout mot emprunté, tel un corps étranger qui cherche à s'introduire dans un organisme vivant, fait subir des modifications à la langue qui l'accueille (quand il ne subit pas lui-même des modifications). »

14. La métaphore implique que la relation entre un mot ou un groupe de mots et ce qu'il désigne disparaît. Métonymie signifie proprement « changement de nom » ; il s'agit d'une extension de sens (ou contiguïté) qui consiste à nommer un objet au moyen d'un terme désignant un autre objet uni au premier par une relation constante : par exemple, bureau a donné bure, puis un tapis de cette étoffe, puis bureau (table à écrire), puis bureau comme lieu de travail. La métaphore exprimerait une relation de similarité, et la métonymie une relation de contiguïté.

15. Composé de *allos*, « autre », et de *agoreuein*, « parler », d'abord « parler en public », dérivé de *agora*, « place publique » et « assemblée du peuple ». Etymologiquement, l'allégorie est une « parole différente » ; le mot s'est spécialisé pour désigner une narration dont tous les éléments concrets organisent un contenu différent, souvent abstrait (d'après A. Rey (dir.), *Le Robert...*).

16. Le verbe *peupler* a développé, dès le XVIIIe siècle, les sens figurés de « créer une population imaginaire » (vers 1770), de « hanter » (1841) (Chateaubriand) et de « constituer les personnages qui animent (une œuvre littéraire ou artistique) ».

17. En ancien français, le pronominal s'est répandu avec le sens de « se considérer (dans un miroir) » (vers 1480) et, avec une valeur réciproque, « s'observer l'un l'autre » (1690). Il s'est chargé de la valeur réflexive de « se juger » (1611), parfois avec l'idée d'une satisfaction vaniteuse (1538, « être suffisant »). *Se regarder comme* (1675) fait écho au transitif au sens de « se tenir pour ». (D'après A. Rey (dir.), *Le Robert...*).

18. M. Tribalat (dir.), *Cent ans d'immigration, étrangers d'hier, Français d'aujourd'hui. Apport démographique, dynamique fami-*

liale et économique de l'immigration étrangère, Travaux et Documents de l'INED/PUF, cahier n° 131, 1992.

19. Dans une lettre adressée à la princesse Elisabeth (Paris, juin-juillet 1648), René Descartes écrivait : « Me tenant comme je suis, un pied dans un pays et l'autre en un autre, je trouve ma condition très heureuse, en ce qu'elle est libre » (*Œuvres et Lettres*, La Pléiade, 1953, p. 1305).

20. « Le recensement », *in* Antonine Maillet, *La Sagouine,* Bibliothèque québécoise, 1990 (Edition québécoise 1971), pp. 153-154 : « ... Non, je sons pas tout à fait des Français, je pouvons pas dire ça : les Français, c'est les Français de France. Ah ! pour ça, je sons encore moins des Français de France que des Amaricains. Je sons putôt des Canadjens français, qu'ils nous avont dit. Ça se peut pas non plus, ça. Les Canadjens français, c'est du monde qui vit à Québec. Ils les appelont des Canayens, ou ben des Québecois. Ben courment c'est que je pouvons être des Québecois si je vivons point à Québec ?... Pour l'amour de Djeu, où c'est que vivons, nous autres ?... En Acadie, qu'ils nous avont dit, et je sons des Acadjens. Ça fait que j'avons entrepris de répondre à leu question de natiounalité comme ça : des Acadjens, que je leur avons dit. Ça, je sons sûrs d'une chouse, c'est que je sons les seuls à porter ce nom-là. Ben ils avont point voulu écrire ce mot-là dans leu liste, les encenseux. Parce qu'ils avont eu pour leu dire que l'Acadie, c'est point un pays, ça, pis un Acadjen c'est point une natiounalité, par rapport que c'est point écrit dans les livres de Jos Graphie. Eh ! ben, après ça, je saviouns pus quoi trouver, et je leur avons dit de nous bailler la natiounalité qui'i' voudriont. Ça fait que je crois qu'ils nous avont placés parmi les sauvages. » (Ce dernier terme désigne les Amérindiens, c'est-à-dire des collectivités humaines présentes sur le territoire canadien avant l'arrivée des peuples français et britannique.)

21. R. Barthes, *Sollers écrivain*, Seuil, 1979. Dans *Mythologies* (1957), le même auteur a voulu montrer que les représentations dominantes de l'« Autre » produisent avant tout de l'identité.

22. C'est tout le thème du roman de Russel Banks, *Continents à la dérive (Continental Drift),* Actes Sud, 1994 (1985) : les continents bougent, l'histoire avance, mais les individus ne s'en rendent pas compte. Le héros du livre (un *Francétranger*), Bob Dubois, déçu par la médiocrité de son existence, se laisse prendre

au mirage de la vitrine américaine, préférant le virtuel et le clinquant au réel. Il sacrifie ainsi son existence présente à ses rêves d'enfant en partant pour la Floride, où il rencontrera son double noir, un enfant haïtien et francétranger, Claude Dorsinville. Tous les deux périront l'un par l'autre. Au commencement de cette double dérive, cette prise de conscience : « On regarde c'te putain de télé et on voit qu'on est comme les gens là-dedans, (...), et du coup on oublie qu'on n'est pas du tout comme eux. On est morts, je te dis. Eux, c'est des belles images. Nous, on est peut-être des gens pour de vrai, mais on est morts quand même. »

I

1. Y. Lequin, *Les Ouvriers de la région lyonnaise (1848-1914)*, Lyon, PUL, 1977, et Y. Lequin (dir.), *Histoire des étrangers et de l'immigration en France*, Larousse, 1992.

2. N. Truquin, *Mémoires et aventures d'un prolétaire à travers la révolution*, Maspero, 1978.

3. Y. Lequin (dir.), *Histoire des Français, XIXᵉ-XXᵉ siècles, La société,* Armand Colin, 1983, « La tradition du textile », pp. 184-188.

4. Cet adjectif renvoie d'une certaine façon à la métallurgie : il est dérivé du latin *malleus*, « marteau », et est apparu avec le sens technique de « qui a la propriété de s'étendre sous le marteau, en parlant de métaux ». Il a pris, à partir de 1810, le sens figuré de « souple, influençable » (d'après A. Rey, *Le Robert...*, 2000).

5. G. Noiriel, *Longwy, immigrés et prolétaires*, PUF, 1984, p. 153.

6. Le mot est contemporain du premier grand mouvement migratoire qui suivit la découverte de l'Amérique et vit des Français « migrer » vers les Antilles, la Guyane, la Louisiane, le Canada, des années 1530-1540 jusqu'au XVIIIᵉ siècle. Il s'est substitué à *transmigration* qui a pris, dès le début du XVIᵉ siècle, une acception religieuse : le passage d'une âme, d'un esprit, d'un corps vivant à un autre (d'après A. Rey, *Le Robert...*, 2000).

7. P.-A. Rosental, *Les Sentiers invisibles. Espace, familles et migrations dans la France du XIXᵉ siècle*, éd. de l'EHESS, 1999, et J.-Cl. Farcy et A. Faure, *La Mobilité d'une génération de Fran-*

çais. *Recherche sur les migrations et les déménagements vers et dans Paris à la fin du XIXᵉ siècle*, Les Cahiers de l'INED, cahier n° 151, 2003.

8. E. Weber, *La Fin des terroirs, 1850-1870*, Fayard, 1983, p. 408.

9. J. Gaillard, *Paris, la ville (1852-1870)*, L'Harmattan, 1997 (rééd.), pp. 142-143.

10. Nancy L. Green, *Du Sentier à la 7ᵉ Avenue. La confection et les immigrés Paris-New York 1880-1980*, Paris, Seuil, 1998.

II

1. E. Weber, *La Fin des terroirs, 1850-1870*, Fayard, p. 353 : « Cela ne signifiait pas seulement une évolution intellectuelle, apprendre que l'on faisait partie d'une entité plus vaste. Cela signifiait que les hommes et les femmes, en tant que personnes privées et en tant que membres de groupes particuliers, devaient être convaincus que ce qui se passait dans cette entité plus vaste leur importait, devait être pris en considération. En d'autres termes, la politique nationale devint importante quand on s'aperçut que les affaires nationales affectaient les personnes et les régions impliquées. »

2. Le mot *intégration* est dérivé de *intégrer* ou formé d'après le latin moderne, en même temps que *intégral*. Il s'emploie pour « action d'incorporer (un élément) dans un ensemble » (en l'occurrence, la nation).

3. E. Weber parle de « processus d'implication réel ».

4. Cette situation était d'autant plus paradoxale que le français était, depuis l'époque de Louis XIV, une langue mondiale.

5. Cf. De Certeau, D. Julia, J. Revel, *Une politique de la langue. La République française et les patois*, NRF Gallimard, 1975.

6. M. Roncayolo, « Le département », *in* P. Nora (dir.), *Les Lieux de mémoire. III. Les France. 1. Conflits et partage*s, Gallimard, 1993, pp. 885-929.

7. Cf. P. Legendre, *Trésor historique de l'Etat en France. L'Administration classique*, Fayard, 1992, « La maîtrise de l'espace national », pp. 115-154.

8. Chateaubriand rapporte les préventions de Bonaparte contre la « mère-patrie » : « Sur le trône, il parut nous oublier ; il ne parla plus que de lui, de son empire, de ses soldats, presque jamais des Français ; cette phrase lui échappait "Vous autres Français". » Ainsi que les propos d'un lettre relative à la reconnaissance par les Corses de l'Assemblée nationale de 1789 : « Ce fut par le sang que les Français étaient parvenus à nous gouverner ; ce fut par le sang qu'ils voulurent assurer leur conquête. Le militaire, l'homme de loi, le financier, se réunirent pour nous opprimer, nous mépriser et nous faire avaler à longs traits la coupe de l'ignominie » (Chateaubriand, *Mémoires d'outre-tombe*, Livre dix-neuvième, chap. 4).

9. Cit. par E. Weber, *in op. cit.*, p. 152. Cet auteur américain insiste beaucoup plus sur les facteurs de différenciation qu'E. Le Roy Ladurie formé à « l'évidence » jacobine.

10. E. Weber, *op. cit.*, pp. 151-153.

11. Cit. par E. Le Roy Ladurie, *in Histoire de France des régions. La périphérie française, des origines à nos jours*, Seuil, 2001, p. 63 ; cf. aussi C. Beaune, *Naissance de la Nation France*, NRF, Gallimard, 1985.

12. « La France, disait Sieyès, ne doit point devenir un Etat fédéral composé d'une multitude de républiques, unies par un lien politique quelconque. »

13. J.-Cl. Farcy et A. Faure, *La Mobilité d'une génération de Français. Recherche sur les migrations et les déménagements vers et dans Paris à la fin du XIXᵉ siècle*, Les Cahiers de l'INED, cahier n° 151, 2003 : au terme de leur vaste enquête, les auteurs soulignent l'écart entre le discours d'une bourgeoisie des villes sur la délinquance liée aux migrations internes (« la migration école du crime ») et la réalité très nuancée de cette délinquance. Cette dernière serait, en partie, produite « par une politique de contrôle social cherchant en priorité à surveiller, à faire rentrer dans les normes urbaines cette population issue des campagnes ».

14. A été défini au XVIIIᵉ siècle comme ce qui rend les individus plus aptes à la vie en société (1757) et comme le processus historique de progrès matériel, social et culturel (1760, Mirabeau), ainsi que le résultat de ce processus historique. Le mot désigne aussi par métonymie une société caractérisée par son

degré d'avancement (d'après A. Rey (dir.), *Le Robert...*, 3 vol., 2000).

15. Apocope des noms de communes bretonnes en *plouc* et *ploug*.

16. Dessinée par l'illustrateur picard Pinchon dès 1905 et « assimilée » bretonne, alors qu'elle portait des habits traditionnels de Picardie.

17. J. Michelet, *Le Peuple*, dans l'avant-propos adressé à E. Quinet, 24 janvier 1846.

18. E. Weber synthétise cette mutation par la formule « Peasants into Frenchmen », titre de son ouvrage, traduit en français par « La fin des terroirs ».

19. Cf. Th. Zeldin, *Orgueil et intelligence. In Histoire des passions françaises*, t. 2, Payot, 2002, p. 8. L'auteur écrit à juste titre : « En termes politiques, la France fut l'un des premiers "Etats-nations" d'Europe, mais pendant longtemps, le sentiment de son unité a été plus conscient chez les dirigeants que dans son peuple. »

20. Les révolutionnaires se préoccupaient bien davantage des divisions de la société « française » que des frontières pouvant séparer l'étranger du Français.

21. Bien que la France fût l'un des premiers « Etats-nations » d'Europe, le sentiment de son unité était beaucoup plus affirmé chez les dirigeants que dans le peuple.

22. Le terme, antérieur à *assimiler* (lequel signifie « rendre semblable à »), est dérivé du latin *assimilatio, assimulatio*, « simulation feinte », puis « intégration, identification », et, en latin médiéval, « intégration des aliments », l'idée commune étant de rendre semblable (d'après A. Rey, *Le Robert...*, 2000).

23. B. Dumons et G. Pollet, « Espaces politiques et gouvernements municipaux dans la France de la IIIᵉ République. Eclairage sur la sociogenèse de l'Etat contemporain », *Politix*, vol. 14, n° 53, 2001.

24. Pseudonyme de Mme Alfred Fouillée.

25. En fait le dialecte franco-provençal de la Drôme.

26. C'est sous la Révolution française que le terme « émigré » reçoit pour la première et seule fois une définition juridique. Plusieurs lois en font un suspect et un justiciable des tribunaux révolutionnaires au même titre que les prêtres réfractaires et plusieurs

catégories d'étrangers (ressortissants des pays en guerre avec la France et étrangers saisis dans une émeute ou convaincus de l'avoir provoquée ; mais aussi tout étranger qui n'aurait pas fait une déclaration de séjour). Celle du 28 mars 1793, qui codifie les précédentes, définit l'émigré comme tout Français, qui, sorti de France depuis le 1er juillet 1789, ne peut justifier de son retour en France avant le 9 mai 1792. Le mot désigne aussi tout Français qui, durant l'invasion, a quitté les régions non occupées par l'ennemi pour aller résider dans la zone envahie. La loi du 17 septembre 1793, promulguée par la Convention, prévoit l'arrestation de tous les suspects, c'est-à-dire de ceux qui « par leur conduite, leurs relations, leurs propos ou leurs écrits, s'étaient montrés partisans du fédéralisme et ennemis de la liberté ». La définition du suspect, passible de mort, s'élargit ensuite avec la loi du 10 juin 1793 qui institue la « grande terreur ».

27. Germaine de Staël écrit dans le même sens : « Les nobles de France se considèrent malheureusement plutôt comme les compatriotes des nobles de tous les pays, que comme les concitoyens des François. D'après leur manière de voir, la race des anciens conquérans de l'Europe se doit mutuellement des secours d'un empire à l'autre ; mais les nations, au contraire, se sentant un tout homogène, veulent disposer de leur sort ; et depuis l'Antiquité jusqu'à nos jours, les peuples libres ou seulement fiers n'ont jamais supporté sans frémir l'intervention des gouvernements étrangers dans leurs querelles intestines » (G. de Staël, *Considérations sur la Révolution française*, Tallandier, 1983, pp. 253-256).

28. Le mot « patriote » désignait exclusivement, sous Louis XVI, des hommes (tels La Fayette, Brissot ou Condorcet) qui adhéraient sans réserve aux idées nouvelles propagées par les Encyclopédistes. A partir du procès de Louis XVI, et pour servir la politique extérieure des révolutionnaires, le « patriotisme » est devenue une propagande idéologique.

29. Après la défaite de Sedan, le nationalisme français est, pour reprendre les analyses de Raoul Girardet, un nationalisme de « rétraction ». Ses traits définitifs se fixent alors et notamment sa composante antisémite (R. Girardet, *Le Nationalisme français*, Points, Seuil, 1983)

30. M.-M. Martin, *Histoire de l'unité française. L'idée de patrie*

en France des origines à nos jours, PUF, 1982 (première édition : 1949), p. 312.

31. Au sens de hâter, mais aussi au sens (al)chimique du terme (dépôt obtenu par réaction chimique).

III

1. M. Perrot, « Les rapports entre ouvriers français et étrangers (1871-1893) », *Bulletin de la Société d'histoire moderne*, n° 12, 1960.

2. Il n'y a pas eu, en France, décollage industriel comme en Grande-Bretagne, mais lente industrialisation ; le développement industriel s'est, jusque dans les années 1880-1890, largement appuyé sur les relations entre un secteur artisanal et rural dynamique et un petit secteur regroupant les mines, les chemins de fer et la grosse métallurgie. Ce sont, autrement dit, les secteurs anciens à forte tradition artisanale qui ont assuré l'essentiel de l'expansion française, le secteur agricole restant pendant longtemps très important (cf. A. Dewerpe, *Le Monde du travail en France 1800-1950*, A. Colin, 1998, et D. Woronoff, *Histoire de l'industrie en France, du XVI*ᵉ *siècle à nos jours*, Paris, Seuil, 1994).

3. J. Néré, *La Crise industrielle de 1882 et le mouvement boulangiste*, thèse de doctorat, Paris, exemplaires dactyl., 1958, 2 vol.

4. Cité par F. Baudin, *in* « "Les hommes du fer" déracinés », *L'Histoire*, n° 14, juillet-août 1979.

5. *Ibid.* Rapport du commissaire de Longwy, avril 1883.

6. Du nom de Georges Boulanger, général français né en 1837, qui servit en Kabylie, en Italie et en Cochinchine et participa à la guerre franco-prussienne (1870-1871). Après avoir été ministre de la Guerre en 1886-1887, Georges Boulanger réunit sur son nom entre 1887 et 1889 une opposition très hétérogène, depuis quelques radicaux hostiles aux opportunistes jusqu'aux monarchistes rêvant d'une Restauration, sur un thème assez vague : « Dissolution, Révision, Constituante ». Elu député de Paris, en janvier 1889, il renonça à une marche sur l'Elysée que lui conseillaient ses partisans. Contraint à l'exil, il se suicida en 1891 à Bruxelles. Le boulangisme marque le passage à droite de l'esprit nationaliste et l'acte de naissance du nationalisme français

comme courant politique. Il est aussi le premier mouvement politique qui ait utilisé l'hostilité populaire aux étrangers à des fins électorales.

7. De la tribu algéro-tunisienne des *Kroumirs* (1881).

8. Le mot désigne un Arabe nomade du désert et qualifie ce qui se rapporte à lui (XIVᵉ siècle). Un sens figuré et péjoratif, « individu brutal et grossier », est analogue à celui qu'a connu *Arabe* dans la langue classique.

9. Le mot se dit des personnes appartenant à une ethnie d'Afrique australe ayant formé au XIXᵉ siècle un empire. La réputation de guerriers redoutables des Zoulous a fait du mot au XIXᵉ siècle un synonyme raciste de « sauvage cruel », l'adjectif *zoulou* étant parfois pris comme symbole de sauvagerie, puis l'a fait employer au XXᵉ siècle comme référence de courage viril (d'après A. Rey, *Le Robert...*, 2000).

10. Mais on peut se demander si la chose mangée n'est pas non plus en voie d'assimilation (le terme étant utilisé à la fois pour « identification » et « intégration des aliments ».

11. Cf. notamment : G. Marchal-Lafontaine, *L'Invasion pacifique de la France par les étrangers*, 1886, et A. Blanc, *L'Immigration en France et le travail national*, 1901.

12. Terme désignant un cavalier mercenaire des armées de Pologne, de Prusse, d'Autriche et d'Allemagne, puis un cavalier allemand. Le mot, en français, s'est surtout employé dans le contexte de la guerre de 1870 (d'après A. Rey (dir.), *op. cit.*).

13. Le terme représenterait une altération de *allemand*, d'après *tête de boche* ou d'après *-boche* devenu une espèce de suffixe argotique, en raison de son emploi dans des mots comme *rigolboche* (1860). A la veille de la Première Guerre mondiale, *boche* avait concurremment les deux significations « Allemand » et, en locution, « tête dure ». La fusion des deux sens a été provoquée par la réputation de lourdauds et de brutes faite aux Allemands (d'après A. Rey (dir.), *op. cit.*).

14. Que les Italiens avaient bien des raisons de considérer comme une province pratiquement italienne.

15. En argot : chefs de chantier.

16. Cité par P. Milza, *in Voyage en Ritalie*, Plon, 1993, p. 115.

17. *Ibid.*, p. 118.

18. Qui survient alors que l'immigration juive en provenance d'Europe orientale et centrale était très faible, entre deux vagues importantes.

19. Selon Pierre Birnbaum, il faut remonter à 1832 pour constater l'assassinat de deux Juifs sur le territoire national (P. Birnbaum, *Destins juifs. De la Révolution française à Carpentras*, Calmann-Lévy, 1995, p. 188).

20. Qui marque la naissance d'un antisémitisme économique radical dont le boulangisme et, plus généralement, le nationalisme se repaîtront.

21. L'abbé Grégoire parlait de « régénération ». Pierre Birnbaum parle « d'étatisation révolutionnaire des Juifs », soulignant l'adhésion des Juifs au projet républicain d'une société laïque qui fera d'eux, selon la formule d'Emile Durkheim, « des fonctionnaires de la société » (P. Birnbaum, « Grégoire, Dreyfus, Drancy et Copernic », *in* P. Nora (dir.), *Les France.* 1. *Conflits et partages*, Gallimard, pp.562-613).

22. Leur enracinement s'est aussi trouvé conforté par la faiblesse des flux de l'immigration juive vers l'Hexagone depuis les années 1880 : seuls 7 000 à 8 000 Juifs ont fui, de 1881 à 1896, les pogroms des empires russe ou austro-hongrois. L'Affaire Dreyfus intervient dans un contexte de faibles flux migratoires.

23. Qui accusait les Juifs de déchristianiser la « fille aînée de l'Eglise ».

24. P. Birnbaum, art. cité, p. 594. On peut aussi y voir les signes avant-coureurs d'une corporatisation de la société française (cf. *infra*, chap. sur le protectionnisme ouvrier), favorisée par la coexistence d'un Etat centralisé et bureaucratisé et d'une vie politique soumise à des considérations locales (poids des élus locaux) et à des pressions personnelles, soit l'un des traits politiques les plus caractéristiques de la troisième République. L'Etat est identifié au pouvoir et à la domination, et les groupes contestataires (qui seront encore plus nombreux dans les années 1930) l'érigent en bouc émissaire, responsable de tous leurs maux. (Dans ce sens : F.-X. Merrien, *Politiques publiques et structures sociales. Etude comparative de l'édification et de l'évolution de l'Etat-protecteur en France et en Grande-Bretagne*, Convention MiRe/Centre de recherches en sciences sociales du travail, n° 335/87, Rapp. final, 1990.)

25. P. Hyman, *De Dreyfus à Vichy*, Paris, Fayard, 1985, p. 24.

26. P. Birnbaum, art. cité, p. 590.

27. Le terme se répand à la fin du XIXe siècle avec le sens de « fait d'agir sur un système complexe et d'en coordonner les actions pour un fonctionnement correct et régulier » (d'après A. Rey, *Le Robert...*, 2000).

28. Loi relative « au séjour des étrangers en France et à la protection du travail national » dont la promulgation intervient quelques jours avant les événements d'Aigues-Mortes.

29. La République radicale tentera peu de temps après, sous l'impulsion d'Alexandre Millerand (ministre socialiste du Commerce et de l'Industrie dans le gouvernement Waldeck-Rousseau de juin 1899 à juin 1902), secondé à la Direction du Travail par Arthur Fontaine, de rechercher des solutions internationales aux tensions sociales intérieures. Arthur Fontaine négociera ainsi, dès 1902, le premier traité international du travail au monde, garantissant la protection des travailleurs italiens en France (1904). Dans l'esprit de cet ingénieur des mines, cofondateur de l'Association internationale pour la protection légale des travailleurs (préfiguration privée de l'Organisation internationale du travail), la paix sociale était inséparable de la paix entre les nations, et la protection légale des travailleurs ne pouvait se concevoir uniquement dans un cadre national (le droit international du travail étant en partie un droit de la concurrence économique entre les nations).

30. Sauf dans le cadre des marchés de travaux publics ou de fournitures passés au nom de l'Etat, des départements et des communes régis par les décrets Millerand du 9-10 août 1899.

31. D. Cooper-Richet, *Le Peuple de la nuit. Mines et mineurs en France, XIXe-XXe siècles*, Perrin, 2002, p. 114.

32. Il n'est pas inutile de se reporter au dictionnaire « libéral » (les libéraux français d'alors étaient contrairement à leurs homologues anglais protectionnistes), Y. Guyot et A. Raffalovich (dir.), *Dictionnaire du commerce, de l'industrie et de la banque*, 1901, à la rubrique « étranger » (vol. 2, p.105) : « Les promoteurs des droits de douane invoquent, pour les justifier, la protection du travail national. Logiquement les ouvriers ont dit : "Le travail national, c'est nous ; et par conséquent, si vous prohibez plus ou moins

complètement les produits étrangers, il faut également écarter la main-d'œuvre étrangère." »

33. Dans la mesure où elle imposait, outre le dépôt des statuts, celui des noms des responsables à la mairie ou à la préfecture de la Seine (à Paris), cette loi fut au départ vivement contestée par les syndicats ouvriers (affiliés ou non au Parti ouvrier) qui s'étaient organisés dans la clandestinité et craignaient des mesures de répression, et par les socialistes (guesdistes et possibilistes). Le congrès ouvrier de Rennes (juin 1884) « déclare, par exemple, œuvre de police et de réaction la loi du 21 mars 1884, et engage les chambres syndicales et les groupes ouvriers de chaque région à se regrouper... pour résister solidement à la mise en œuvre de cette loi ».

34. G. Noiriel, *La Tyrannie du national. Le droit d'asile en Europe, 1793-1993*, Calmann-Lévy, 1991.

35. Sur 1 462 anarchistes étrangers recensés par les services de la Sûreté entre 1894 et 1903, Pierre Milza a relevé 882 Italiens (près de 60 %).

IV

1. Sur l'enfance de Bonaparte et ses préventions à l'égard de la « mère-patrie », voir Chateaubriand, *Les Mémoires d'outre-tombe*, Livre dix-neuvième, chap. 4. Chateaubriand rapporte que l'acte de naissance de Bonaparte a disparu. Il aurait été détruit parce que Napoléon serait né à Ajaccio le 5 février 1768, à une date historiquement embarrassante, la Corse n'ayant été cédée à la France que par le traité du 15 mai 1769. Chateaubriand en fait même un plurinational : « Eh bien, s'il n'a été que le citoyen d'une patrie douteuse, cela classe à part sa nature : existence tombée d'en haut, pouvant appartenir à tous les temps et à tous les pays. »

2. P. Weil, *Qu'est-ce qu'un Français ? Histoire de la nationalité française depuis la Révolution*, Grasset, 2002.

3. Les révolutionnaires de 1789 sont allés plus loin, puisqu'ils ont accordé à l'étranger les mêmes droits civils qu'aux Français. Avant 1789, un étranger ne pouvait ni recevoir de legs, ni tester (disposer de ses biens par testament) ; il n'était autorisé à

transmettre sa succession qu'à ceux de ses enfants nés en France. Dans les autres cas, ses biens étaient dévolus à l'Etat (« droit d'aubaine »). Le décret du 6 août 1790 a supprimé sans réciprocité le droit d'aubaine : les étrangers devaient jouir désormais des mêmes droits civils que les Français (J. Godechot, *Les Institutions de la France sous la Révolution et l'Empire*, PUF, 1951, p. 47).

4. Cf. M.-F. Baslez, *L'Etranger dans la Grèce antique*, Les Belles Lettres, coll. Realia, 1985.

5. Formé de *meta* (qui signifiait en grec ancien « au milieu de » avant d'acquérir le sens de « vers, à la recherche de ») et de *oikos*, « maison, lieu où l'on habite, patrie », le terme signifiait proprement « qui change de résidence ». Il était employé à Athènes à l'époque classique pour désigner une catégorie d'étrangers qui, moyennant certaines obligations, avaient le droit de résider sur le territoire de la cité et d'exercer leurs activités professionnelles sans être toutefois citoyens. C'est à la fin du XIXe siècle que le mot acquiert son sens péjoratif (d'après A. Rey, *Le Robert...*, 2000).

6. J. Le Goff, *Droit du travail et société*. 1. *Les relations individuelles de travail*, Les Presses univ. de Rennes, 1999, p. 25.

7. Egalement inscrit dans les exceptions prévues par la loi du 26 juin 1889 pour réduire la durée de stage avant la naturalisation. Celle-ci est réduite à un an « lorsque l'étranger a rendu à la France des services importants, s'il y a apporté des talents distingués, s'il y a introduit soit une industrie, soit des inventions utiles, ou s'il a créé soit des établissements industriels ou autres, soit des exploitations agricoles... ».

8. P. Durand, *Traité du droit du travail*, t. 1, 1945, p. 255.

9. Sous condition de résidence de l'ouvrier étranger ou de ses ayants droit en France.

10. Les veuves d'origine française des salariés étrangers, soit sans enfants, soit avec un ou plusieurs enfants, bénéficiaient d'une allocation forfaitaire (l'assuré étant décédé avant d'être pourvu d'une retraite), si elles étaient naturalisées, elles et leurs enfants, dans l'année qui suit le décès de l'époux.

11. A condition qu'ils résident en France et qu'ils y travaillent depuis trois mois (en 1928, cette durée avait été fixée à deux ans). La loi de 1930 s'est montrée plus généreuse que celle de 1928, puisque les frontaliers bénéficiaient enfin des assurances sociales.

12. Est formé (1367) de *contre* et de *rôle* au sens juridique de « registre ». Le mot désigne proprement un registre (rôle) tenu en double, l'un servant à vérifier l'autre (d'où *contre*). Par extension, il s'est répandu dans l'usage général avec le sens figuré de « surveillance ». L'influence anglaise s'est fait sentir à la fin du XIXᵉ siècle sur le sens du verbe « contrôler » : « avoir sous sa surveillance » et « être en mesure de déclencher, d'arrêter, de régler (un phénomène, un processus » (d'après A. Rey, *Le Robert...*, 2000).

13. L'épidémie de choléra, qui s'était répandue en France au printemps 1832, avait donné lieu à une controverse médicale entre les contagionnistes, qui affirmaient que cette maladie était transmise par le contact avec les malades, et les infectionnistes qui pensaient qu'elle n'était pas contagieuse et que sa diffusion était favorisée par l'insalubrité des logements.

14. Décret du 5 janvier 1889.

15. « C'est-à-dire que, nées sur un autre sol, elles ne pénètrent chez nous que par importation », M. Block et Ed. Maguéro, *Dictionnaire de l'administration française*, Berger-Levrault et Cie, 1905, vol. 2 : « hygiène publique ».

16. G. Vigarello, *Le Sain et le malsain. Santé et mieux-être depuis le Moyen Age*, Seuil, 1993, pp. 284-285.

17. Le modèle infectieux va très loin, puisque les cancers sont alors considérés comme des maladies infectieuses.

18. L. Bourgeois, *Discours au Comité consultatif d'hygiène publique de la France* (14 juin 1889), cité par G. Vigarello, *in op. cit*, p. 285.

19. Le terme est emprunté à P. Legendre qui parle de « projection coloniale », *in Trésor historique de l'Etat en France. L'Administration classique*, Fayard, 1992, pp.155-188.

20. Emprunt (XIIIᵉ-XIVᵉ siècle) au bas latin *metropolis*, « capitale d'une province » (IVᵉ siècle), « ville d'un siège épiscopal » (avant 420) et « métropolite » (VIᵉ siècle). Le latin est pris au grec *mêtropolis*, littéralement « ville mère », de *mêtêr*, *mêtros*, « mère », de la même racine que le latin *mater*, et *polis*, « ville ». *Mêtropolis* a pris la valeur de « ville qui a fondé ou colonisé d'autres villes » et « ville principale, capitale ». Le mot a été introduit en administration religieuse avec le sens de « ville ayant un siège épiscopal ». Depuis 1701, *métropole* désigne en France une grande ville de

province, quelquefois avec le sens figuré de « centre plus important de ». Il désigne aussi l'Etat considéré par rapport à ses colonies (1748, Montesquieu), à des territoires extérieurs (on recourt parfois à son équivalent *mère patrie*) (d'après A. Rey, *Le Robert...*, 2000).

21. Cf. K. Kateb, *Européens, « indigènes » et juifs en Algérie (1830-1962)*, INED, PUF, 2001, pp. 185-209.

22. Le décret Crémieux du 24 octobre 1870, pris par le gouvernement de Défense nationale (sous la pression des notables de confession juive qui constataient l'inefficacité du sénatus-consulte de 1865) établi à Tours, a attribué la citoyenneté française aux indigènes de confession juive : « Les Israélites indigènes des départements de l'Algérie sont déclarés citoyens français : en conséquence, leur statut réel et leur statut personnel seront, à compter de la promulgation du présent décret, réglés par la loi française : tous droits acquis jusqu'à ce jour restent inviolables. »

23. Sur la base du texte de 1865, il y a eu environ 2 355 naturalisations d'indigènes algériens entre 1866 et 1933, soit 35 naturalisation par an. Au recensement de 1936, 7 817 musulmans naturalisés ont été dénombrés.

24. La loi de 1919 prévoit, au total, huit catégories de demandeurs possibles et, parmi eux, ceux qui savent lire et écrire le français.

25. Entre 1919 et 1930, 1 204 musulmans seront naturalisés sur seulement... 1 547 demandes.

26. Qui prévoyait que les personnes présumées assimilables, en raison de leurs états de service militaires ou de leurs titres universitaires, commerciaux, agricoles, politiques, administratifs pourraient accéder à la plénitude de la citoyenneté tout en conservant leur statut personnel musulman.

27. Ce qui n'exclut nullement une certaine dose de ségrégation du côté français, et certaines formes d'assimilation du côté allemand (cf. M. Nebel, « Les Africains noirs en Allemagne et en France au miroir de l'histoire », *Hommes et Migrations*, n° 1221, sept.-oct. 1999, pp. 93-102).

28. Cf. K. Harpprecht, *Dieu est-il encore français*, Albin Michel, 1999, p. 40 : l'auteur estime que le droit du sang est issu du racisme de l'époque wilhelmienne qui l'a associé au concept du *Volkstum* ou de nationalité ethnique.

V

1. M.-M. Martin, *Histoire de l'unité française. L'idée de patrie en France des origines à nos jours*, PUF, 1982 (première édition : 1949), p. 260.

2. De *postumus*, « dernier », utilisé en parlant d'un enfant né après la mort de son père. L'altération de *postumus* en *posthumus* vient d'un rapprochement par fausse étymologie avec *humus*, « terre », et *humare*, « enterrer » (d'après A. Rey, *Le Robert...*, 2000).

3. A laquelle pourrait être ajoutée celle « de l'exhumation », qui fut contractée à l'égard des travailleurs chinois qui, affectés aux travaux de terrassement, déterrèrent et charrièrent de très nombreux cadavres de combattants.

4. La France s'est offert, en 1959, le luxe de geler, par la voie parlementaire, les pensions des tirailleurs. Selon Philippe Dewitte, « là où un ancien combattant français invalide à 100 % reçoit 4 081 francs de pension mensuelle, un Sénégalais ne perçoit que 1 463 francs, un Guinéen 673 francs, un Tunisien ou un Marocain 400 francs » (Ph. Dewitte, « Des tirailleurs aux sans-papiers : la République oublieuse », *Hommes et Migrations*, n° 1221, sept.-oct. 1999, pp. 6-11).

5. Selon M.-M. Martin, c'est au XVIe siècle que la coutume s'est imposée, dans chaque pays, d'arrêter les étrangers séjournant dans le royaume, lorsque celui-ci entrait en guerre avec leur pays d'origine. Les étudiants acquièrent, à cette occasion, la jouissance de l'exterritorialité.

6. J.-Cl. Farcy, *Les Camps de concentration français de la Première Guerre mondiale (1914-1920)*, Anthropos, 1995 : une circulaire du 15 septembre 1914 ordonna le transfert dans les camps des Austro-Allemands (environ 60 000 personnes connurent les camps d'internement en France pendant la Première Guerre mondiale).

7. Une fois décomptés les Alsaciens-Lorrains, étrangers de nationalité (10 000) mais enregistrés à part, et des candidats non retenus par les conseils de révision (cf. J.-J. Becker qui s'appuie sur deux sources : Maffeo Charles Poinsot, *Les Volontaires étran-*

gers en 1914, 1915, et Franc-Nohain, Paul Delay, *Histoire anecdotique de la Guerre de 1914-1915*, fascicule III, « Les Alsaciens-Lorrains et les étrangers au service de la France », éditeur P. Lethellieux, 1915 (J.-J. Becker, « La Grande Guerre », *in* L. Gervereau, P. Milza, E. Temime (dir.), *Toute la France. Histoire de l'immigration en France au XXᵉ siècle*, Somogy, 1998, pp. 188-195). Ralph Schor produit des chiffres beaucoup plus élevés, mais sans préciser ses sources : 42 883 étrangers représentant 52 nationalités différentes auraient combattu sous les drapeaux français (R. Schor, *Histoire de l'immigration en France de la fin du XIXᵉ à nos jours*, Armand Colin, 1996, p. 32).

8. Cf. P. Milza, *Voyage en Ritalie*, Plon, 1993, chapitre 8 : « Guerres », et, du même auteur, « La légion des volontaires italiens dans l'armée française : une antichambre du fascisme ? », *in* P. Milza (dir.), *Les Italiens en France de 1914 à 1940*, Ecole française de Rome, 1986.

9. La Légion aurait perdu 6 000 hommes sur les différents théâtres d'opération pendant la guerre. En application de la convention de La Haye du 18 octobre 1907 (reconnue par la France en 1910), qui interdisait à tout belligérant d'obliger les ressortissants du pays adverse à se battre contre ce dernier, les légionnaires allemands furent envoyés outre-mer, notamment au Maroc.

10. Artois et Champagne en 1915, Somme en 1916, Verdun, Aisne en 1917, Villers-Cotterêts et Reims en 1918.

11. Malgré la proximité de l'Algérie, les Algériens attendirent septembre 1917 pour obtenir leur première permission.

12. Terme emprunté à un mot des langues sarar et bola (Guinée portugaise), *kamombulon, ka-bumbulu*, « tambour », la forme *bambula* apparaissant dans une chanson haïtienne en 1757. Le mot a d'abord désigné un tambour africain ; il s'est ensuite féminisé et a été employé par métonymie pour désigner une danse exécutée au son de cet instrument. Dans le contexte colonial, il a pris une connotation raciste pour désigner toute danse à caractère violent et primitif. Mais par l'intermédiaire de l'argot militaire, il est devenu synonyme de « fête ». L'expression « faire la bamboula » serait tirée de l'argot des tirailleurs algériens pendant la Première Guerre mondiale (d'après A. Rey, *Le Robert...*, 2000).

13. J. Thobie, G. Meynier, C. Coquery-Vidrovitch, *Histoire*

de la France coloniale 1914-1990, t. 2, Armand Colin, 1990, pp. 71-132.

14. Du grec *agapê*, « affection », et en grec chrétien « charité ». Le pluriel du grec *agapai* s'est spécialisé pour désigner un repas pris en commun en signe de fraternité chrétienne, acception reprise par le latin chrétien.

15. Le vœu de construire une Grande Mosquée à Paris est formé, dès novembre 1849, par la Société orientale algérienne et coloniale, mais c'est seulement à l'extrême fin du XIXᵉ que les énergies se mobilisent. En 1895, la « personnalité la plus musulmane » de France, Jules Cambon (gouverneur de l'Algérie), met sur pied le Comité de l'Afrique française qui recevra, après la Première Guerre mondiale, l'appui conjoint du maréchal Lyautey, d'Edouard Herriot, Aristide Briand, Henri Poincaré et Alexandre Millerand (C. Granet, *Enclavement administratif et processus d'intégration. Espaces publics, fictions communautaires : les mosquées-monuments de Lyon et de Marseille*, Centre d'études, de recherches et de formations institutionnelles du Sud-Est, novembre 1993).

16. L'apparition des premières salles de prière sur le sol français daterait du XVIIIᵉ : un traité signé entre Louis XV et le sultan du Maroc Mohamed Ben Abdallah (28 mai 1767) accordait le droit aux ambassades de l'empire ottoman de faire leurs dévotions dans le Royaume (Sadek Sellam, *L'Islam et les musulmans en France*, Tougui, Paris, 1987, p. 258).

17. G. Meynier, *L'Algérie révélée. La guerre de 1914-1918 et le dernier quart du XXᵉ siècle,* Librairie Droz, Genève, 1981.

18. Qui auraient pu être justifiées au nom de règles sanitaires d'isolement, les travailleurs indigènes n'ayant pas subi dans leur grande majorité une inspection médicale.

19. F22/538 : Rapp. sur l'hygiène et la sécurité des travailleurs par le Dr E. Martin et M. Frois, 15 février 1917. Cette préoccupation est à l'origine de l'organisation d'une médecine du travail dans les usines de guerre, qui ne sera pas confirmée dans ses fonctions au sortir de la guerre.

20. Lt Cl. Reboul, *Mobilisation industrielle*, t. I : *Des fabrications de guerre en France de 1914 à 1918*, Berger-Levrault, 1925.

21. Pendant la guerre, le sous-secrétaire d'Etat à l'Armement, Albert Thomas, avait demandé aux contrôleurs de la main-

d'œuvre d'intervenir officieusement « pour aplanir les incidents provoqués par l'emploi dans certaines usines de travailleurs étrangers ». Il s'agissait « d'assurer à la main-d'œuvre étrangère une protection nécessaire, notamment en ce qui concerne l'application du salaire normal et courant de la région ; d'éviter les agitations contraires aux nécessités de la défense nationale (...) Il y a lieu, d'autre part, de ne pas tolérer, en ce qui concerne la main-d'œuvre étrangère, des mouvements de grèves que de hautes préoccupations patriotiques interdisent aux travailleurs français » (circulaire du 11 septembre 1916).

22. Dans le contrat passé entre le ministère de la Guerre et l'industriel, il était stipulé (par application du décret Millerand du 10 août 1899) que celui-ci verserait à l'Etat une certaine somme, calculée de telle sorte que l'ensemble des prestations en deniers ou en nature soit précisément égal au salaire normal et courant de la région.

23. Primes d'engagement et de rengagement ; logement, soins médicaux et pharmaceutiques gratuits ; voyages aller et retour payés ; fournitures à des conditions avantageuses de la nourriture et des vêtements.

24. B. Nogaro, L. Weil, *La Main-d'œuvre étrangère et coloniale pendant la guerre*, Dotation Carnegie, PUF, Yale University Press, New Haven, USA, 1926, p. 16.

25. Le Portugal, aux côtés des Alliés depuis 1916, avait envoyé un contingent de 84 400 soldats et officiers. Les combattants tués dans le Pas-de-Calais reposent dans le cimetière portugais de Richebourg-l'Avoué, tout près du village de La Couture où se dresse un monument aux morts portugais de la Grande Guerre. Une convention franco-portugaise de main-d'œuvre, signée le 28 octobre 1916, avait concerné 13 800 ouvriers pour l'agriculture et l'industrie, dont 6 500 restèrent en France.

26. Dans ce sens, E. Gauthier, *Le Marché du travail en France*, Angers, Imprimerie du Commerce, 1923, p. 72 : « L'expérience [de la guerre] avait démontré l'impossibilité prévue d'assimiler les Extrêmes-Orientaux ; les travailleurs nord-africains s'étaient révélés inaptes à certaines tâches et il y avait quelque intérêt à les restituer à nos colonies méditerranéennes. »

27. J. Thobie, G. Meynier *et alii*, *Histoire de la France coloniale 1914-1990*, t. 2, Armand Colin, 1990, p. 109.

28. Emprunté au latin *hospitalitas*, dérivé de *hospitalis*. Le mot a d'abord désigné l'hébergement gratuit et l'attitude charitable qui correspond à l'accueil des indigents, des voyageurs dans les couvents (dans les hospices et les hôpitaux). Il est réemprunté au XVIᵉ siècle dans le contexte antique pour « droit réciproque de protection et d'abri », parallèlement à l'emploi général pour « fait de recevoir, loger, nourrir quelqu'un sans contrepartie » (1530). En histoire, par calque du latin médiéval *hospitalitas*, hospitalité se dit du système obligeant les occupants d'un territoire de l'Empire romain envahi par les Germaniques à leur céder une partie des terres, en les accueillant en tant qu' « hôtes » (d'après A. Rey, *Le Robert...*, 2000).

29. Des bagarres sanglantes ont éclaté entre Arabes et Annamites ou Chinois, entre Kabyles et Grecs, entre « originaires » et « Créoles ».

30. F22/535 : Enquête de Lecœur, architecte attaché au SSEAM, sur les conditions de logement des ouvriers des établissements du Creusot, rapport Lecœur du 1ᵉʳ déc. 1916.

31. *Ibid. :* Rapport du lieutenant Meurdra, 10 mai 1918, sur les logements ouvriers, réfectoires, douches et boulangerie coopérative installés à Viviez par les usines de La Vieille-Montagne (Aveyron).

32. Dans l'entre-deux-guerres, le travail forcé devait se maintenir sous des formes hypocrites, bien décryptées par André Gide : « Nous pourrons dire qu'il existe, ou, du moins, qu'il existait encore récemment en Afrique française (hormis l'Afrique du Nord), une généralisation des pratiques tendant à contraindre les indigènes à travailler soit pour le profit de l'Etat, soit pour celui des particuliers. Les moyens de coaction sont directs ou indirects : directs quand les textes législatifs permettent à l'administration une démarche coercitive dans le sens du travail forcé ; indirects, lorsqu'on parvient à cette même fin en usant des textes législatifs qui visent un autre objet » (A. Gide, « La détresse de notre Afrique équatoriale », *Revue de Paris*, 15 octobre 1927, reproduit dans l'appendice au *Retour du Tchad*, pp. 225-238). En 1930, lorsque fut élaborée par la Conférence internationale du travail une convention sur le travail forcé ou obligatoire, l'Afrique-Equatoriale française où se pratiquait le « travail public obligatoire » fut sur la sellette. Le

ministre des Colonies, François Piétri, déclara que la France repousserait fermement tous les contrôles et qu'elle se défendrait « contre toute intrusion qui pourrait ressembler à une extension, même anodine, de la formule des mandats ». La convention de Genève fut néanmoins ratifiée par une loi du 17 juin 1937 et des décrets rendirent celle-ci applicable dans la plupart des colonies françaises (D. Bouche, *Histoire de la colonisation française*, 1991, t. 2, p. 295).

33. Le travail forcé avait lieu tantôt pour le service de l'Etat colonisateur, sous forme de prestations, corvées, impôts en nature ; tantôt pour le service de particuliers, sous forme de contrats à long terme avec sanctions pénales, la gendarmerie se mettant à la disposition des entreprises pour rattraper et châtier les fuyards. Cette association entre l'Etat colonisateur et les entreprises se nouait de façon explicite, en vertu d'une législation pertinente, ou bien de façon implicite, la puissance financière des entreprises achetant ou intimidant les fonctionnaires et les chefs indigènes (J. Folliet, *Le Travail forcé aux colonies,* Les Editions du Cerf, 1933).

34. Charlie Drewer, « La France dans l'Afrique-Occidentale », *Grande Revue*, 1er mai 1902, p. 391 (cité par Louis Cros, *L'Afrique française pour tous*, Albin Michel, 1928, p. 55).

35. Louis Cros, *L'Afrique française pour tous, op. cit.*, p. 65.

36. Cité par C. Coquery-Vidrovitch, *in* « Le travail forcé en Afrique », *L'Histoire*, n° 69, juillet 1984.

37. Qui fut, par ailleurs, instauré par les Allemands dans les départements envahis du Nord et de l'Est de la France (P. Boulin, *L'Organisation du travail dans la région envahie de la France pendant l'occupation*, Dotation Carnegie, PUF, Yale University Press, New Haven, USA, 1927).

38. Les « Créoles » des Antilles et des Quatre Communes du Sénégal (Gorée, Saint-Louis, Rufique et Dakar) obtinrent la reconnaissance de leur citoyenneté française pleine et entière par leur participation à la guerre.

39. Dorothée Lima fonda en 1920 le premier journal dahoméen ; Abdoulaye Mara se distingua en lançant dès 1916, à Conakry, la grève des dockers de la SCOA. André Matswa fut le fondateur, en 1925, de l'Amicale des anciens de l'A-EF.

40. Natif de l'île de Gorée, Blaise Diagne (1872-1934) fut le

premier député représentant le Sénégal à Paris (1914). C'est lui qui négocia, en 1916, la nationalité des « originaires » du Sénégal moyennant son ralliement au recrutement des sujets comme tirailleurs de l'A-OF pour la Première Guerre mondiale. Convaincu de l'appartenance du Sénégal à la République française, il estimait que les Sénégalais devaient venir au secours de la « mère patrie », condition à ses yeux nécessaire pour qu'ils soient les égaux des Français (J. Thobie, G. Meynier, C. Coquery-Vidrovitch, Ch.-R. Ageron, *Histoire de la France coloniale, 1914-1940*, Armand Colin, 1990, p. 291).

41. Combattant prestigieux du front français, officier de la Légion d'honneur et réformé à 100 % d'invalidité, il est élu, en 1919, au conseil municipal d'Alger et, peu après, au conseil général d'Alger et aux délégations financières.

42. Selon Gilles Boëtsch et Yann Ardagna, les tirailleurs sénégalais et autres spahis algériens ont participé « à la construction du projet colonial dans lequel la classification naturaliste fait place à un arrangement des peuples beaucoup plus pragmatique ». C'est une nouvelle lecture des populations de l'Empire qui se dessine : lors de l'Exposition coloniale de Marseille en 1922, les « races » disparaissent au profit des soldats de l'Empire. La classification demeure, mais elle prend acte des nécessités économiques et militaires (G. Boëtsch, Y. Ardagna, « Zoos humains : le "sauvage" et l'anthropologue », *in* Nicolas Bancel *et alii* (dir.), *Zoos humains. De la vénus hottentote aux* reality shows, La Découverte, 2002, pp. 55-62).

43. Chateaubriand avait rencontré dans des bois voisins des chutes du Niagara un *Francétranger*, Philippe Le Cocq, « ce Poitevin qui, après avoir servi en Amérique comme soldat, s'était marié avec une Indienne et s'était fait sauvage ».

44. N. Delanoë, *Poussières d'Empires*, PUF, 2002.

45. Selon les calculs de Michel Bodin, 6 331 Nord-Africains périrent en Indochine ; 11 405 y furent blessés et 5 570 y connurent la captivité (*La France et ses soldats, Indochine 1945-1954*, L'Harmattan, 1996).

46. Cité par Michel Bodin, « Les troupes nord-africaines en Indochine (1947-1954) », *in Guerre Froide et crises en Asie. Revue historique des Armées*, septembre 2000, pp. 35-44.

VI

1. Le ministère du Travail a joué un rôle prééminent dans les années de reconstruction et de prospérité, lorsque l'immigration était surtout le fait de travailleurs. Les onze ministres titulaires qui se sont succédé de 1918 à 1930 étaient des élus de départements à forte concentration ouvrière : Ch. Daniel-Vincent et L. Loucheur (Nord) ; J. Godart (Lyon, Rhône), A. Durafour (Saint-Etienne, Loire), P. Laval (Aubervilliers), A. Fallières (Lot-et-Garonne).

2. Cité par J.-Ch. Bonnet, *Les Pouvoirs publics et l'immigration dans l'entre-deux-guerres*, thèse de 3ᵉ cycle, Centre Pierre-Léon, Université de Lyon II, 1976, p. 43.

3. Les pays limitrophes ne pouvant suffire, comme avant 1914, à répondre aux besoins en main-d'œuvre de l'économie française.

4. Les coloniaux parce qu'ils « s'étaient révélés inaptes à certaines tâches et qu'il y avait quelque intérêt à les restituer à nos colonies méditerranéennes » (E. Gauthier, *Le Marché du travail en France,* Angers, Imprimerie du Commerce, 1923) ; les Germaniques parce qu'ils représentaient des « ennemis » potentiels ; les Russes parce qu'ils étaient considérés comme des traîtres responsables de la signature du traité de Brest-Litovsk (paix séparée avec l'Allemagne).

5. De 122 personnes au sortir de la guerre, les effectifs du SMOE passèrent à 82 en 1921, puis à 72 en 1922 et 66 en 1923. Ce n'est qu'en 1930 que le Service retrouva ses effectifs de 1918, alors que le nombre des étrangers en France avait doublé.

6. Intervention de B. Nogaro (secrétaire général de la Commission interministérielle de l'Immigration), cité par J.-Ch. Bonnet, *op. cit.,* p. 42).

7. R. Martial, *Traité de l'immigration et de la greffe interraciale*, Larose, 1931 : « La SGI donne à ses agents 24 heures entre le rassemblement et le départ pour mettre en règle tous les papiers, passeports, pour désinfecter, épouiller, vacciner, examiner les femmes au point de vue de la grossesse et tout le monde au point de vue médical. Or, il n'y a qu'un médecin pour chaque centre et

à Myslowice, les départs sont au minimum de 800, habituellement de 1 000 et plus. »

8. J. Miroz, *L'Immigration polonaise en Bourgogne au XXe siècle*, Association culturelle franco-polonaise, Varsovie-Dijon, 1979, dactyl.

9. J. Ponty, *Les Polonais du Nord ou la mémoire des corons*, Autrement, 1995, p. 28. Et plus largement, la thèse de J. Ponty, *Polonais méconnus, histoire des travailleurs immigrés en France dans l'entre-deux-guerres,* Publications de la Sorbonne, Paris, 1988.

10. Marcel Paon, *L'Immigration en France*, Payot, 1926.

11. Mais on peut aussi privilégier, comme le fait Geneviève Massard-Guilbaud, une interprétation plus subjective : « Si l'immigration fut, pour les Algériens, essentiellement une nécessité et le plus souvent un grand déchirement, elle fut aussi, paradoxalement, un moyen d'affirmer leur dignité, une lutte pour imposer leur droit au mouvement et leur droit au travail, là où il s'en trouvait qui soit rentable pour eux, c'est-à-dire en métropole. L'attachement à une terre, fût-elle, comme ici, celle des ancêtres, est la définition même du servage. Rompre cet attachement en émigrant, malgré tous les stratagèmes des colons pour les retenir, c'est briser cette servitude, affirmer son appartenance au monde des hommes libres. Tout ceci à une époque où l'application du Code de l'indigénat et l'existence d'une catégorie de sujets exclus du corps électoral se conjuguaient pour faire de ces Français qu'étaient les Algériens des hommes inférieurs en droits » (G. Massard-Guilbaud, *Des Algériens à Lyon, de la Grande Guerre au Front populaire*, thèse d'histoire, Université Lumière Lyon II, 1988, p. 143).

VII

1. En 1931, la France comptait 2 890 000 étrangers contre 1 630 000 en 1921 et 1 150 000 en 1911.

2. De 1914 à 1924, la France aurait perdu 103 000 Françaises et en aurait gagné 53 000. En 1926, sur environ un million de femmes étrangères, 150 000 étaient nées françaises, soit 15 %.

3. Circulaire du ministère de l'Intérieur, 2 octobre 1919, cité

par P. Weil, *Qu'est-ce qu'un Français ? Histoire de la nationalité française depuis la Révolution*, Grasset, 2002, p. 218-219.

4. Avant 1922, la femme célibataire jouissait des mêmes droits civils que l'homme ; mariée, elle restait très largement sous sa dépendance. La loi de 1884 a bien rétabli le divorce (supprimé en 1816), mais en limitant le nombre des causes légitimes et en faisant disparaître le divorce par consentement mutuel pourtant prévu par le Code civil. Si, depuis 1907, la femme pouvait disposer librement d'un salaire, elle ne pouvait travailler sans l'autorisation de son mari, ester sans lui en justice, signer un contrat, vendre ni acquérir, même gratuitement. L'article 213 du Code civil précisait toujours que le mari doit protection à sa femme, et la femme obéissance à son mari. Dans l'immédiate après-guerre, en dépit d'un net durcissement de la législation (interdiction de l'information sur la contraception, aggravation de la répression de l'avortement), le Sénat approuva l'indépendance de la femme mariée à un étranger, tout en rejetant le droit de vote pour la femme.

5. Réclamé par les féministes emmenées par le député de Meurthe-et-Moselle républicain progressiste, Louis Marin.

6. Le nombre moyen annuel des naturalisations est passé de 10 000 en 1925-1926 à 22 500 en 1928 et 1929.

7. P. Weil, *op. cit.,* p. 78.

8. La loi de 1927 produisit immédiatement des effets : de 1926 à 1930, l'ensemble des acquisitions de la nationalité française s'éleva à 315 066 personnes contre 95 215 pour le lustre précédent, et les naturalisations (sans les enfants mineurs) passèrent de 31 203 à 121 736. Au fil des années, cependant, la xénophobie et l'insuffisance des moyens administratifs pesèrent de nouveau : entre 1931 et 1936, il n'y eut que 300 000 acquisitions de nationalité et seulement 16 403 naturalisations en 1935.

9. Membre du parti modéré, l'Alliance démocratique.

10. Selon une nosographie élaborée à la fin du XIXe siècle.

11. Y. Lequin (dir.), *Histoire des étrangers et de l'immigration en France*, Larousse, 1992, p. 388.

12. Emprunt à l'arabe moderne *Sidi*, « mon seigneur », qui équivaut en français au mot *monsieur*, placé devant la personne à qui l'on s'adresse et dont on parle. Le mot arabe a donné *Cid* en espagnol. *Sidi* a d'abord été employé, du XIVe au XIXe siècle, dans

un sens déférent (« seigneur »), puis honorable (« monsieur »). Ce sens n'a rien à voir avec celui qui s'est diffusé au XXe siècle, réemprunt à l'arabe d'Algérie par l'armée et les colons français pour désigner les soldats ou les manœuvres nord-africains. *Sidi* est ensuite employé comme un terme péjoratif et méprisant dans le vocabulaire raciste, désignant surtout en France un Algérien, petit commerçant, vendeur de tapis, etc., avant d'être détrôné par des termes encore plus injurieux et racistes (*bicot* ou *bougnoule*) (d'après A. Rey, *Le Robert...*, 2000).

13. Le Dr René Martial, tout à son souci d'utiliser les lois de Mendel et les groupements sanguins, considérait, « preuves scientifiques » à l'appui, que les seuls peuples compatibles avec les Français étaient les Hollandais, les Suisses, les Tchécoslovaques, les Polonais, les Italiens et les Berbères (*Race, Hérédité, Folie. Etude d'anthropo-sociologie appliquée à l'immigration*, Mercure de France, Paris, 1938).

14. L. Bertrand, *Le Livre de la Méditerranée*, Plon, 1923.

15. M.-Cl. Blanc-Chaléard, *Les Italiens dans l'Est parisien. Une histoire d'intégration (années 1880-1960)*, thèse, Rome, 2000 ; voir aussi P. Milza et M.-Cl. Blanc-Chaléard, *Le Nogent des Italiens*, Paris, Autrement, 1995.

16. Les *Aliens Acts* de 1905, 1914 et 1919 en Grande-Bretagne et les lois des quotas de 1921 et 1924 aux Etats-Unis ont fortement contribué à faire de la patrie du capitaine Dreyfus le premier pays d'accueil pour les immigrés juifs d'Europe orientale et centrale. Premier pays européen à avoir émancipé les Juifs sur son sol, la France était parée de toutes les vertus par les candidats à l'émigration ou les réfugiés (le thème de la « dette de l'émancipation » sera du reste repris par René Cassin, en avril 1941, lorsqu'il appellera, par le canal de la BBC, les israélites de France à résister). Dans le cœur des *Fussgehers,* vibraient, selon Nancy L. Green, deux France, celle de la civilisation incarnée par Louis le Grand, et celle des droits de l'homme et des libertés aux accents révolutionnaires.

17. La grande majorité des immigrés juifs de l'entre-deux-guerres s'est installée à Paris. Des villes comme Nancy (400 familles), Metz (500) et surtout Strasbourg ont cependant accueilli de nombreuses familles juives.

18. Est un emprunt (vers 1230 : *escope* ; 1285 : *eschope*)

adapté au néerlandais *shoppe*, « petite boutique en appentis et adossée à un mur » d'un germanique désignant une étable, une baraque et qui a fourni l'allemand *Schuppen*, l'anglais *shop* (d'après A. Rey, *Le Robert...*, 2000).

19. Nancy L. Green, *Du Sentier à la 7e Avenue. La confection et les immigrés, Paris-New York 1880-1980*, Paris, Seuil, 1998.

20. Que symbolise bien l'expression « Juif étranger » : un « caractère unique » mais « plurinational ».

21. Donnée qui infirme, selon Jeanine Ponty, l'idée, souvent émise, que le partage de la foi catholique avec les Français a pu être un facteur d'intégration.

VIII

1. C'est pour régler le sort des Arméniens réfugiés que la jeune Société des Nations a créé, en 1923, un Haut-Commissariat pour les Réfugiés (HCR) qui leur délivra, ainsi qu'aux Russes blancs, le fameux « certificat Nansen » (du nom du célèbre explorateur norvégien Fridtjof Nansen) leur assurant une protection internationale. La question des étrangers venus en France pour y trouver asile est cependant loin d'avoir reçu un traitement uniforme dans l'entre-deux-guerres. Les statuts accordés aux populations de réfugiés se sont, en effet, stratifiés au fil des circonstances, sans réel souci d'harmonisation. Aristide Briand avait d'abord autorisé, en 1925, la création en France d'Offices russes, puis arméniens, habilités à délivrer à leurs ressortissants des « certificats » spécifiques, valables pour tous les actes de la vie civile, en concurrence avec les tribunaux français. Ces réfugiés bénéficièrent, au même titre que les Assyro-Chaldéens et les Turcs, de la convention du 28 octobre 1933 leur accordant le statut « Nansen », créé en 1922, qui leur servait de passeport et leur permettait de se déplacer librement dans la plupart des pays d'accueil. Deux années plus tard, les Sarrois qui avaient opté pour la France lors du plébiscite de 1935 se virent dotés d'un régime particulier. Par la suite, les réfugiés en provenance d'Allemagne et d'Autriche firent l'objet d'une nouvelle convention datée du 10 février 1938. Quant aux réfugiés espagnols, arrivés en masse sur le sol français en 1939, ils durent attendre le décret du 15 mars 1945 pour

bénéficier de la convention de Genève de 1933. Une telle hétérogénéité induisait bien sûr d'importantes inégalités en matière de protection sociale, les réfugiés dits statutaires (à passeport Nansen) étant les seuls à pouvoir en bénéficier au même titre que les nationaux.

2. Lois votées à la suite d'un attentat contre Mussolini, en novembre 1926. Ces lois achèvent de supprimer toute liberté, annulent tous les passeports, suppriment tous les journaux antifascistes, dissolvent les partis et autres organisations susceptibles de mener une action contre le régime.

3. Littéralement, ceux qui sont « sortis au-dehors ». L'appellation s'applique aux opposants aux régimes autoritaires de la péninsule réfugiés à l'étranger. Les fascistes l'ont reprise à leur compte pour désigner leurs adversaires, qui ont fini, eux-mêmes, par la revendiquer.

4. Le premier sens attesté de *sobriquet*, formé de *sous* et de *briquet*, est « coup sous le menton ». Le *sobriquet* serait un geste de dérision consistant à frotter plusieurs fois de suite le dessous du menton avec l'index, comme si l'on « battait le briquet » ; de ce geste de dérision, on serait passé à « parole de dérision » puis à « surnom » (d'après A. Rey, *Le Robert...*, 2000).

5. Selon les estimations de Barbara Vormeier, le nombre des ressortissants du Reich accueillis par la France serait de 40 000 parmi lesquelles 25 000 à 30 000 se seraient installées en France (B. Vormeier, *La Déportation des Juifs allemands et autrichiens de France*, Paris, éd. La Solidarité, 1990). La proportion des Juifs dans l'ensemble de la population est toujours restée modeste, autour de 0,7 %.

6. Dont l'activité intellectuelle fut considérable à travers les écrits ou les prises de position politiques de Heinrich Mann, Lion Feuchtwanger, Alfred Döblin, Bertolt Brecht, Arthur Koestler, Hanna Arendt, Gisèle Freund. Entre 1933 et 1939, pas moins de 300 livres d'auteurs allemands exilés furent traduits en français, sans parler des nombreux articles parus dans les revues ou la grande presse (E. Weber, *La France des années 30. Tourments et perplexités*, Fayard, 1995, p. 144).

7. Sur ce point, P. Birnbaum, « Les Juifs entre intégration et résistance », *in* P. Birnbaum (dir.), *La France de l'affaire Dreyfus*, NRF-Gallimard, pp. 505-542.

8. Ou encore la Ligue internationale contre l'antisémitisme (LICA) rassemblant des Juifs et des non-Juifs (Victor Basch, Léon Blum, André Spire...) qui ne répugnait pas à l'usage de la force ou à l'autodéfense.

9. Dont le bureau exécutif comprenait Pierre Dreyfus, fils du capitaine Dreyfus.

10. La CGTU avait créé une organisation spécifique, la Main-d'œuvre étrangère, puis la Main-d'œuvre immigrée.

11. Futur président de la République populaire de Pologne en 1970.

12. « La séquestration de Français par de "sales polaks" » fut vécue, selon Diana Cooper-Richet, comme une véritable provocation (D. Cooper-Richet, *Le Peuple de la nuit. Mines et mineurs en France, XIXᵉ-XXᵉ siècles*, Perrin, 2002, p. 127).

13. Tiemoko Gouran-Kouyaté et Lamine Senghor fondent, en 1927, la Ligue de Défense de la Race Noire, concurrente directe du Comité de Défense de la Race Noire, qui se dote d'une revue, *La Race Nègre*. Mais le mouvement se divise en plusieurs courants : « bourgeois antillais » et « prolétaires africains », « assimilationnistes réformistes » et « indépendantistes » pro-communistes (Ph. Dewitte, *Les Mouvements nègres en France (1919-1939)*, L'Harmattan, 1985).

14. Notamment sur le décret du 6 février 1935 qui prévit le non-renouvellement des cartes d'identité aux étrangers ne pouvant justifier d'un séjour de plus de dix années, ou exerçant leur activité dans un secteur économique touché par le chômage.

15. Le 25 janvier 1937, l'économiste soviétique Dimitri Navachine est poignardé au cours d'une promenade dans le bois de Boulogne. Le 9 juin 1937, les frères Rosselli sont assassinés à Bagnoles-de-l'Orne. Les responsabilités de *La Cagoule* seront, l'année suivante, établies dans ces meurtres, ainsi que dans l'explosion de bombes dans les locaux de syndicats patronaux à Paris, qui causa la mort de deux personnes. A quoi s'ajoute l'expédition avortée d'un commando franquiste venu s'emparer d'un sous-marin en réparation à Brest, les 18 et 19 septembre 1937, et la disparition du général Miller, chef des anciens soldats russes blancs depuis 1930 !

16. 16 millions de francs de crédits additionnels en 1938 et 11 millions de francs en 1939. Crédits votés dans le but de « sys-

tématiquement éliminer les étrangers indésirables », en les transportant jusqu'à la frontière française ou en accentuant la surveillance des étrangers sans nationalité. Le chapitre 44 du ministère de l'Intérieur (frais d'hébergement et de rapatriement des étrangers refoulés et expulsés) fut multiplié par 4.

17. Les décrets du 2 et du 14 mai 1938 rendaient passibles de peines d'emprisonnement les étrangers en situation irrégulière, facilitaient leur expulsion (le droit d'expulser était délégué aux préfets) et créaient pour le ministre de l'Intérieur la possibilité d'assigner à résidence et d'interner les étrangers indésirables qu'on ne parvenait pas à expulser. Selon le garde des Sceaux de l'époque, 8 500 condamnations à des peines de prison furent prononcées en moins de huit mois.

18. Les immigrés ayant participé à cette grève furent licenciés et expulsés de France.

19. Un décret du 12 avril 1939 soumet la création des associations à l'autorisation préalable du ministre de l'Intérieur.

20. Décret du 18 novembre 1938.

21. Cette première vague, consécutive à la prise du Pays basque et des Asturies, est estimée à 15 000 personnes ; une deuxième vague de 120 000 réfugiés se forme de juin à octobre 1937, lors de la phase finale de la campagne du Nord et de l'offensive nationaliste sur Bilbao.

22. Selon les estimations de G. Dreyfus-Armand et de E. Temime.

23. Cette unanimité provisoire n'est pas sans faire écho à celle qui avait présidé à l'accueil des 40 000 à 65 000 Juifs ayant fui le régime hitlérien au printemps 1933 (Vicki Caron, *Uneasy Asylum France and the Jewish Refugee Crisis, 1933-1942*, Stanford, Stanford University Press, 1999).

24. Ralph Schor, *L'Opinion française et les étrangers en France : 1919-1939*, Publications de la Sorbonne, 1985, pp. 677-697.

25. Les camps de concentration d'Argelès-sur-Mer et de Saint-Cyprien, dans les Pyrénées-Orientales, ont, au cours des premières semaines, rassemblé plus des deux tiers des réfugiés. Albert Sarraut présente celui d'Argelès-sur-Mer en ces termes : il « ne sera pas un lieu pénitentiaire mais un camp de concentration. Ce n'est pas la même chose. Les asilés qui y prendront séjour n'y resteront guère que le temps nécessaire pour préparer

leur refoulement ou, sur leur option, leur libre passage de retour en Espagne » (*La Dépêche* du 2 février 1939, cité par Marie-Claude Rafaneau-Boj, *Odyssée pour la liberté. Les camps de prisonniers espagnols, 1939-1945,* Denoël, 1993, p. 117). Par la suite, d'autres camps de « collectage » seront ouverts, comme Arles-sur-Tech, Prats-de-Mollo, Bourg-Madame, Vallespir, La Tour-de-Carol ; puis, pour délester les camps catalans : Bram (Aude), Agde, Vernet-les-Bains et Rivesaltes, Gurs (qui accueille surtout des Basques).

26. Les camps furent improvisés par les préfets d'Alger et d'Oran.

27. Une circulaire ministérielle du 17 juin 1938 retrouvée par Geneviève Dreyfus-Armand rappelait « les graves inconvénients que peut entraîner un afflux inconsidéré de réfugiés espagnols dans la région parisienne, déjà saturée d'éléments étrangers » (cité par G. Dreyfus-Armand, *L'Exil des républicains espagnols en France. De la guerre civile à la mort de Franco*, Albin Michel, 2000, p. 40).

28. G. Dreyfus-Armand, *Les Camps sur la plage, un exil espagnol*, Autrement, 1995, p. 70.

29. G. Dreyfus-Armand, *L'Exil des républicains...*, *op. cit.*, p. 61.

30. Ils seront, en décembre 1939, 180 000, dont 45 000 femmes et enfants.

31. J. Desmarest, *La Politique de la main-d'œuvre en France*, PUF, 1949, pp. 104 et 121.

32. A rapprocher de celle d'« égocentrisme national » utilisée par Ralph Schor.

33. Le parti communiste, qui réclamait naguère la liberté des mouvements migratoires et défendait les travailleurs immigrés et réfugiés antifascistes, a cultivé, à partir de 1937 (en pleine campagne de xénophobie à laquelle il a directement participé), une certaine ambiguïté, se ralliant – par stratégie de réintégration dans le jeu politique national – à la politique autoritaire de Daladier, et oscillant entre la « fraternité à l'égard des travailleurs immigrés chassés de leur pays par le fascisme » et la « répression impitoyable contre les agents étrangers de l'espionnage et du terrorisme ».

34. Entre 1919 et 1939, près d'un million d'étrangers sont devenus français.

IX

1. Qui n'est pas sans rappeler, toutes proportions gardées, le protectionnisme professionnel sous l'Ancien Régime, quand l'exercice de toute profession constituait un « privilège », réservé aux membres d'une organisation professionnelle qui déterminait les modalités d'entrée en son sein. Les « batailles de frontière » étaient très nombreuses sur le point de savoir si telle fabrication ou tel acte précis entrait dans le monopole d'une corporation ou d'une autre. C'était le pouvoir royal qui homologuait les statuts des corporations et traçait, surtout, les limites des compétences de celles-ci (cf. Ph. Minard, *La Fortune du colbertisme. Etat et industrie dans la France des Lumières*, Fayard, 1998, et S. L. Kaplan, *La Fin des corporations*, Fayard, 2001).

2. Discours d'A. Thomas aux usines du Creusot, avril 1916 : « Au temps de la grande Révolution, lorsqu'aux heures tragiques de 1793 et 1794 la Convention multipliait, pour mieux défendre le sol menacé de la Patrie, les institutions nouvelles, c'était toute une France nouvelle, notre France politique et administrative d'aujourd'hui qu'elle créait de toutes pièces dans le danger. Aujourd'hui, c'est par un effort identique, c'est par l'union de tous, par toutes les mesures d'organisation et d'union que la nécessité nous impose, que du sein même de cette guerre effroyable la France économique surgira. (...) Forgez, tournez, usinez, camarades, vous usinez pour la victoire, vous usinez pour la France de demain, celle qui toujours défendra le droit, mais qui, puisqu'il le faut, saura l'imposer par sa force » (*Bulletin des Usines de guerre*, n° 1, 1er mai 1916).

3. Il faut souligner l'extrême réticence des inspecteurs à faire appliquer la législation sur le travail des étrangers (cf. par exemple : J.-S. Fiorucci, *Le Traitement des infractions à la législation du travail dans les Alpes-Maritimes de 1892 à 1936*, mémoire de DEA de droit, 2001-2002, Université de Nice-Sophia-Antipolis : l'auteur parle ainsi, à propos des lois de 1893 et de 1926,

d'une « législation dont l'efficacité dissuasive a été neutralisée par ceux qui étaient censés la faire appliquer »).

4. M. Niveaux, *Rapport fait au nom de l'administration générale, départementale et communale sur le projet de loi relatif au séjour et à l'établissement des étrangers en France*, Chambre des députés, 31 juillet 1924, doc. n° 430.

5. Léon Jouhaux dénonçait, en 1926, l'utilisation de la main-d'œuvre étrangère contre les travailleurs nationaux. La même année, *L'Humanité* proteste contre le recrutement massif et collectif d'ouvriers étrangers par les organisations patronales « avec le consentement des pouvoirs publics ».

6. Ralph Schor cite ainsi *L'Humanité* du 31 janvier 1921 : « Nous sommes internationalistes, mais nous ne pouvons admettre que nos camarades viennent s'employer à vil prix et nous fassent crever de faim » (R. Schor, *L'Opinion française et les étrangers en France : 1919-1939, op. cit.*, 1985).

7. Pour aller dans le sens des analyses de Pierre Birnbaum qui fait souvent le parallèle entre les forces de contestation des années 1890 et celles des années 1930.

8. Déjà perceptible à travers la loi sur les retraites ouvrières et paysannes de 1910 qui prend comme base, pour la constitution du groupe des assujettis, un critère non plus territorial mais professionnel.

9. Gilles Pollet, « La construction de l'Etat social à la française : entre local et national. XIXᵉ et XXᵉ siècles) », *Lien social et politiques, RIAC, 33*, printemps, 1995, pp. 115-131.

10. L'exemple le plus frappant est celui des assurances sociales mises en cause par les médecins, les agriculteurs, la mutualité, le patronat, certains syndicats ouvriers, etc.

11. Analyse qui conduisit un haut fonctionnaire comme Pierre Laroque, proche du groupe planiste X-Crise dans les années 1930, à envisager, notamment après la manifestation du 6 février 1934, un système corporatiste autoritaire (proche du modèle fasciste italien) intégrant les syndicats à un Etat fort et arbitre, capable de surmonter le tropisme corporatif français. Ce qui eût abouti à court-circuiter la démocratie élective représentative ou le « modèle social républicain » qui faisait dépendre la protection sociale du bon vouloir et de la compétence des élus locaux (V. Viet, « L'organisation par défaut des relations sociales :

éléments de réflexion sur le rôle et la place de l'Etat dans le système français des relations sociales (1880-1939) », colloque « Les acteurs dans l'histoire du droit du travail », Nantes, Droit et Changement social (UMR 6028 du CNRS-Université de Nantes, 18-19 septembre 2003).

12. P. Guillaume, *Le Rôle social du médecin depuis deux siècles (1800-1945)*, Paris, Association pour l'étude de l'histoire de la Sécurité sociale, 1996.

13. Ils avaient déjà pris position, mais en ordre dispersé, contre les lois de 1893 sur l'assistance médicale gratuite, de 1898 sur les accidents du travail. Ils obtiendront des modifications décisives en leur faveur dans leur lutte contre l'application de la loi de 1919 sur les pensions militaires et contre les assurances sociales.

14. F.-X. Merrien, « La loi sur les pensions et le conflit avec le corps médical (1919-1921). Anticipation et genèse d'une relation socio-politique », 112e Congrès national des sociétés savantes, Lyon, avril 1987, Comité d'histoire de la Sécurité sociale.

15. Avec un médecin pour 1 650 habitants, la France était au 17e rang mondial, loin derrière les Etats-Unis (un pour 753) ou le Royaume-Uni (un pour 822).

16. M.-O. Baruch, *Servir l'Etat français. L'administration en France de 1940 à 1944*, Fayard, 1997, p. 118.

17. Dans un discours prononcé à la Chambre, le 20 novembre 1931, Jacques Doriot, alors député communiste de la Seine et maire de Saint-Denis, condamna sans ambiguïté la proposition socialiste tendant à limiter l'emploi de la main-d'œuvre étrangère : « Il me faut reprendre le mot de Jaurès : "Pour nous le mot étranger n'a pas de sens." Il en a encore moins quand il s'agit des exploités de notre propre capitalisme. Les chômeurs français, comme les chômeurs étrangers, sont tous des chômeurs du capitalisme français et du capitalisme international. Ils sont victimes, au même titre, de la crise du capitalisme qui meurtrit la classe ouvrière internationale. (...) C'est pourquoi nous réclamons pour les travailleurs étrangers – et c'est la seule garantie pour la classe ouvrière – les mêmes droits syndicaux, les mêmes droits politiques que pour les travailleurs français. C'est l'intérêt véritable

du prolétariat français de réclamer l'égalité absolue des droits entre lui et la main-d'œuvre étrangère et coloniale. »

18. La CGTU avait une attitude ambiguë. Officiellement, ce syndicat défendait la main-d'œuvre étrangère, mais cela n'a pas empêché les syndicats affiliés de réclamer une priorité d'embauche en faveur des Français aux usines Renault. En 1931, les représentants de la CGTU envoyés sur les chantiers pour prendre la défense des ouvriers étrangers furent insultés par les militants de la base du syndicat.

19. L'étranger au chômage n'avait droit aux secours chômage que si son pays d'origine était lié avec la France par un traité de travail contenant une clause de réciprocité (cas des Italiens, Espagnols, Suisses, Polonais et Belges). Il devait être en situation régulière, c'est-à-dire porteur d'une carte d'identité personnelle comportant la mention « travailleur » ou indiquant l'exercice d'une profession salariée. Gabrielle Letellier note cependant que la plupart des collectivités locales ont établi, malgré ces règles, une égalité de fait entre tous les étrangers chômeurs (G. Letellier, *Enquête sur le chômage. Le chômage en France de 1930 à 1936,* Sirey, 1938).

20. Cité par F. Baudin, *in* « "Les hommes du fer" déracinés », *L'Histoire,* n° 14, juillet-août 1979 (AD de Meurthe-et-Moselle).

21. La préférence donnée à l'ouvrier français sur l'ouvrier étranger se trouve confirmée, dans l'enquête dirigée par Gabrielle Letellier, par la durée du chômage : pour une base 100 (durée moyenne du chômage pendant la crise pour l'ensemble des chômeurs), les indices s'établissent à 102 pour les Italiens, 118 pour les Polonais, 120 pour les Espagnols, 123 pour les Russes, etc. (G. Letellier, *op. cit.*)

22. Plus de 100 600 Polonais auraient été rapatriés entre 1931 et 1936, parmi lesquels 35 % travaillaient dans les mines.

23. En 1935, furent ainsi rapatriés 20 700 Polonais, 15 500 Italiens et 14 400 Belges.

24. G. Mauco, *Les Etrangers en France. Leur rôle dans l'activité économique,* Armand Colin, 1932, p. 131 : sur 32 136 demandes de régularisation en 1928, 21 620 avaient été accordées. En 1930, le nombre des demandes de régularisation dépassa 60 000 !

25. Cf. M. Cointepas, *Pierre Pouillot,* Association pour l'étude de l'histoire de l'Inspection du Travail, 2003, et

J.-Ch. Bonnet, *Les Pouvoirs publics et l'immigration dans l'entre-deux-guerres*, thèse de 3ᵉ cycle, Centre Pierre-Léon, Université de Lyon II, 1976, pp. 44-45.

26. Décret du 26 janvier 1933.

X

1. A. Camus, *Lettres à un ami allemand*, Gallimard, 1948 (éd. de 1964), première lettre datée de juillet 1943, p.20 : « Vous m'avez dit : "Allons, vous n'aimez pas votre pays." (...) Quand je pense à ces mots, j'ai dans la gorge quelque chose qui se serre. Non, je ne l'aimais pas, si c'est ne pas aimer que de dénoncer ce qui n'est pas juste dans ce que nous aimons, si c'est ne pas aimer que d'exiger que l'être aimé s'égale à la plus belle image que nous avons de lui. »

2. Dans le même sens, le décret du 19 avril 1939 permit aux administrations de remplacer leurs employés qui seraient mobilisés par des étrangers à titre précaire.

3. Parmi les 16 000 Juifs qui se sont engagés dans la Légion française (dont la devise est *Legio Patria Nostra* : la Légion est notre patrie) figuraient des médecins étrangers juifs, interdits d'exercer depuis les années 1930 ou qui n'avaient pas épuisé les cinq années légalement requises après la naturalisation pour pouvoir exercer (cf. *supra*).

4. La signature du pacte germano-soviétique (23 août 1939) n'a pas peu contribué à créer une paranoïa anticommuniste, peu propice au discernement.

5. Les réfugiés espagnols furent soit regroupés dans des compagnies de travailleurs étrangers (55 000 en avril 1940), soit placés dans l'agriculture ou l'industrie (40 000), soit encore engagés dans l'armée (6 000), soit enfin internés (3 000). Parmi les 6 000 engagés, beaucoup seront faits prisonniers au moment de l'offensive allemande ; ils ne recevront pas le statut de prisonniers de guerre et seront directement envoyés en camp de concentration (sur les 7 288 Espagnols dénombrés au camp de Mauthausen, 4 676 y mourront).

6. Environ 200 camps, dont certains avaient déjà reçu des réfugiés espagnols, pour une population totale d'internés estimée

à 600 000 personnes pendant la durée du conflit, soit dix fois plus que pendant la Première Guerre mondiale (D. Peschanski, *La France des camps,* Gallimard, 2002, p.15).

7. Le décret-loi du 18 novembre 1939 qui prévoyait ces internements fut présenté par Albert Sarraut comme « une loi du temps de guerre, faite pour la durée de guerre et destinée à disparaître ».

8. C'est aussi une transgression politique (celle d'exilés combattant depuis Londres un régime qui s'identifiait à l'Etat-nation en s'autoproclamant seul régime légitime) qui valut à de Gaulle (et à bien d'autres opposants, considérés comme des « dissidents » par le régime de Vichy) d'être déchus, par application de la loi du 22 juillet 1940, de la nationalité française.

9. L'asile relevant toujours de l'exercice de la souveraineté nationale.

10. Dans ce sens, D. Peschanski, *op. cit.*, p. 94. Cet auteur insiste cependant sur la continuité, entre la troisième République finissante et le régime de Vichy, des mesures d'exclusion à l'égard des communistes français et étrangers.

11. L'article 21 de la convention d'armistice franco-italienne précisait également que « tous les prisonniers de guerre et les civils italiens internés, arrêtés ou condamnés pour des raisons politiques ou de guerre ou pour des actes quelconques en faveur du gouvernement italien, seront immédiatement libérés et remis aux autorités militaires italiennes ».

12. Selon Geneviève Dreyfus-Armand, dès le début de 1941, les préfets de la zone occupée furent en mesure d'envoyer les listes de suspects résidant dans leur département (G. Dreyfus-Armand, *L'Exil des républicains espagnols en France. De la guerre civile à la mort de Franco, op. cit.*, p. 146).

13. Seront ainsi remis au gouvernement de Madrid les dirigeants républicains Luis Companys, Joan Piero Bellis, Julian Zugazagoitia et Cruz Salido, qui seront exécutés après une procédure judiciaire sommaire (G. Dreyfus-Armand, *L'Exil des républicains espagnols en France. De la guerre civile à la mort, op. cit.*, pp. 146-147).

14. Environ 4 000 à 5 000 communistes ou présumés tels ont été internés ou arrêtés avant le 22 juin 1941.

15. D. Peschanski, « Exclusion, persécution, répression », *in*

J.-P. Azéma et F. Bédarida (dir.), *Vichy et les Français*, Fayard, 1992, pp. 209-234.

16. L'administration faisait une distinction entre les « internés » susceptibles de subir les pires avanies et les « travailleurs étrangers ». En Algérie, camps de Boghar, Crampel, Bedeau, Saïda, Djénian-bou-Rezg, Kenadza, Hadjerat M'Guil pour les travailleurs étrangers ; Djelfa, Berrouaghia, Gerryville, Bossuet dans le Sud algérien, pour les internés. Dans le Sud marocain, une dizaine de camps (A. Kaspi, *Les Juifs pendant l'occupation*, Seuil, 1991, pp. 199-210).

17. Cette loi oblige en conséquence tous ceux qui ne répondent pas à ces conditions, depuis la fille de salle au professeur d'université, à quitter séance tenante leur emploi public.

18. Juste auparavant, une loi du 12 juillet avait réservé les postes dans les cabinets ministériels aux personnes nées de parents français (M.-O. Baruch, *Servir l'Etat français. L'administration en France de 1940 à 1944*, Fayard, 1997, p. 117).

19. Parallèlement, les réintégrations dans la nationalité française des femmes françaises de naissance mais devenues étrangères par leur mariage se multiplient : entre 1941 et 1944, il y aura plus de réintégrations que de naturalisations (2 780 contre 2 672).

20. Qui, « déchirés entre leur identité juive et leur patriotisme allemand, se sentaient aussi profondément allemands que les Juifs français se sentaient profondément français » (D. Schnapper, postface *in* D. Peschanski, *Des étrangers dans la Résistance*, Les Editions de l'Atelier, 2002, p. 114).

21. B. Laguerre, « Les dénaturalisés de Vichy », *Vingtième Siècle*, n° 20, oct.-déc. 1988, pp. 3-15.

22. P. Weil, *Qu'est-ce qu'un Français ? Histoire de la nationalité française depuis la Révolution*, Grasset, 2002, p. 133.

23. Cité par P. Birnbaum, « Les juifs entre intégration et résistance », *in* P. Birnbaum (dir.), *La France de l'affaire Dreyfus*, NRF-Gallimard, pp. 505-542.

24. La mesure sera appliquée en zone nord à partir d'avril 1941.

25. Sauf à l'égard de ceux qui se sont distingués sur les champs de bataille.

26. L'article premier de cette loi abroge le décret Crémieux qui accordait la citoyenneté française aux israélites indigènes des

départements de l'Algérie. L'article 2 dispose que « les droits politiques des Juifs indigènes des départements de l'Algérie sont réglés par les textes qui fixent les droits politiques des indigènes musulmans algériens ».

27. Cf. D. Peschanski, « Exclusion, persécution, répression », *in* J.-P. Azéma et de F. Bédarida (dir.), *Vichy et les Français*, *op. cit.*, pp. 209-234.

28. C'est particulièrement vrai en Afrique du Nord où ni les Allemands ni les Italiens ne possédaient de troupes, d'administration ou de forces de police.

29. Sans revêtir un caractère systématique, des rafles avaient déjà eu lieu. Le 14 mai 1941, 3 747 Juifs polonais, tchécoslovaques et ex-autrichiens, convoqués à la préfecture de police de Paris pour « simple vérification d'identité », avaient été dirigés vers les camps de Pithiviers et de Beaune-la-Grande. Du 20 au 23 août 1941, la Feldgendarmerie et la police parisienne avaient aussi arrêté 4 232 Juifs français et étrangers qui furent rassemblés dans le camp de Drancy pour servir d'otages aux Allemands.

30. C'est au cours de la conférence de Vannsee que les Allemands décident d'étendre la Solution finale aux Juifs d'Europe occidentale.

31. A. Rayski, *Le Choix des Juifs sous Vichy*, La Découverte, 1992, p. 95.

32. C'est au printemps 1942, avec la nomination d'Oberg comme chef suprême de la police et de la SIPO-SD et les promotions de Knochen et Hagen, que la SS impose définitivement ses vues à l'autorité administrative d'occupation, le *Militärbefehlshaber in Frankreich*.

33. Le gouvernement de Vichy avait cependant, dès avant ces accords, manifesté sa volonté de coopérer en acceptant que la police française opère des rafles dans la zone occupée et en proposant que, dans la zone libre, les enfants de moins de 16 ans, non réclamés par les Allemands, soient livrés en même temps que leurs parents.

34. Joseph Fisera dirigeait une Maison d'accueil chrétienne qui accueillait officiellement les internés libérés des camps français de zone sud, dont beaucoup d'enfants. Cette Maison fabriquait en fait de faux papiers et fournissait à ses pensionnaires de

faux actes de baptême qui leur permettaient d'échapper à la déportation.

35. Qui avait organisé un réseau d'évasion franco-espagnol.

36. Une vue d'ensemble *in* V. Viet, « Le "moment Vichy" dans l'histoire des politiques de la main-d'œuvre », *Travail et Emploi*, avril 2004.

37. Javier Rubio a bien montré comment les autorités françaises s'étaient appliquées à freiner les rapatriements des Espagnols vers le pays d'origine ou vers le Mexique (en vertu d'un accord daté de 1940) pour d'abord disposer d'une main-d'œuvre à bon compte dans les CTE, et, une fois le chômage résorbé à la fin de l'année 1941, pour faire face aux besoins pressants de l'économie française en main-d'œuvre (J. Rubio, « La politique française d'accueil : les camps d'internement », *in* P. Milza, D. Peschanski (dir.), *Exils et migration. Italiens et Espagnols en France 1938-1946*, L'Harmattan, pp. 111-138).

38. CAC 760130, Art. 4 : Circul. signée Boyez, 29/03/44 : « J'ai décidé que tout homme physiquement apte pour l'Allemagne, et qui ne peut néanmoins y être dirigé (Alsacien-Lorrain, Juif, etc.) serait affecté à une entreprise minière comme mineur de fond, s'il a moins de 43 ans, et à une entreprise "S" dans le cas contraire. Les Juifs sont dispensés du départ en Allemagne. Il importe par contre qu'ils soient mis au travail en France par tous les moyens possibles. »

39. Si d'importantes « économies » de main-d'oeuvre pouvaient être envisagées en allongeant la durée du travail ou en opérant des restructurations drastiques, les obligations contractées étaient d'une telle ampleur qu'elles obligeaient désormais à tenir compte des déportations (63 000 civils non juifs en furent victimes, dont 41 000 pour fait de résistance) qui pesaient sur la politique de la main-d'oeuvre. Entre 75 000 et 80 000 hommes, femmes et enfants juifs auront été déportés (3 000 sont revenus). Les Juifs étrangers (Polonais, Allemands, Russes, Roumains, Grecs, Turcs, Hongrois, etc.) comptaient pour plus de 50 000 (62,5 %) dans le total, alors qu'ils devaient représenter environ la moitié des Juifs vivant en France en 1939.

40. J. Folliet, *Le Travail forcé aux colonies*, Les Editions du Cerf, 1933. Comme le souligne cet auteur : « L'Etat [dans les colonies] se permet ce qu'il interdit aux simples citoyens et, bien

entendu, ce qu'il se permet, il l'accomplit sur une bien plus vaste échelle. Le travail forcé, lui aussi, tombe dans l'étatisme. »

41. P. Boulin, *L'Organisation du travail dans la région envahie de la France pendant l'Occupation*, Publications de la Dotation Carnegie, PUF, New Haven, Yale University Press, 1927, et G. Gromaire, *L'Occupation allemande en France (1914-1918)*, Payot, 1925.

42. CAC 760130, Art. 3 : télégramme-circulaire de P. Laval aux préfets régionaux et départementaux, 17 mai 1943.

43. *Ibid.* Pierre Laval aux préfets : est « insoumis » l'individu qui, appartenant aux classes astreintes au STO, n'a jamais été recensé et ne s'est jamais fait connaître des services compétents. Est « réfractaire » celui qui, appartenant aux mêmes classes et ayant été recensé, s'est dérobé ultérieurement aux convocations ou aux ordres qui lui ont été adressés.

44. Délégué, en zone nord, du secrétaire général au maintien de l'ordre, Max Knipping invitera, en mars 1944, les préfets régionaux à organiser des rafles, dans les lieux publics et établissements de plaisir aux jours et heures de travail, destinées à "détecter" les hommes de 18 à 45 ans tombant sous le coup des textes relatifs au travail obligatoire.

45. CAC 760130, Art. 3 : Weinmann aux préfets régionaux, 1er sept. 1943.

46. *Ibid.* Circul. signée Boyez aux directeurs régionaux et départementaux de la main-d'œuvre, 9/02/44.

47. J. Desmarest, *op. cit.*, p. 190.

48. CAC 760130, Art. 3 : Circul. Laval (Direction de l'orientation et des mouvements de main-d'œuvre) aux préfets régionaux, préfets départementaux, directeurs régionaux de la main-d'œuvre, 24/03/44 (souligné dans le texte).

49. Les exemptions sont néanmoins fort nombreuses, qui concernent les mineurs de fond, chefs d'exploitation agricole et forestière, tous les étrangers ayant travaillé dans l'agriculture avant octobre 1942, les ouvriers très qualifiés (spécialistes, *Facharbeiter* d'une entreprise « S »), ouvriers qualifiés et ouvriers astreints à des travaux de force dans les usines sidérurgiques, ouvriers des entreprises ayant contrat avec la SNCF pour la pose et l'enlèvement des rails, l'aménagement, la réparation et l'entretien des voies ferrées.

50. CAC 760130, Art. 4 : Circul. Boyez aux préfets, délégués généraux, directeurs régionaux et directeurs départementaux de la main-d'œuvre, 5/04/44.

51. Chef du Secrétariat général à la main-d'œuvre (SGMO) ayant remplacé le CGMO.

52. *Ibid.* Boyez au MBF, 3/05/44.

53. AN CAC 770623, Art. 68 : note d'Hubert Lagardelle au chef du gouvernement de Vichy ; et surtout F22/2024 : note pour le directeur de l'orientation et des mouvements de main-d'œuvre, 16/02/44, de H. Legrand : « (...) La main-d'œuvre soumise à l'obligation de travailler en Allemagne se trouve placée hors du régime de droit commun. En conséquence, toute mesure tendant à astreindre les travailleurs étrangers ressortissants aux Etats ayant conclu avec la France un traité de travail, (...) constituerait une violation des engagements contractés par la France. »

54. Des événements, comme la livraison par Vichy d'étrangers à leurs gouvernements respectifs, la déportation des prestataires espagnols à Mauthausen, la condamnation de mineurs polonais en mai-juin 1941, la persécution des Juifs, auront déterminé bien des engagements d'étrangers dans la Résistance.

55. Au procès de Maurice Papon, Olivier Guichard fit cette déclaration : « Nous avons vécu deux mythes inspirés par de Gaulle, à savoir que le régime de Vichy n'a pas existé et que la France a gagné la guerre. » Cf. aussi H. Rousso, *Le Syndrome de Vichy de 1944 à nos jours*, Seuil, 1990, et E. Conan, H. Rousso, *Vichy, un passé qui ne passe pas*, Fayard, nouvelle édition, Gallimard, Folio, 1996.

56. L. Boisaubert, *Histoire et mémoire de « L'Affiche rouge » (1944-1998) : symbole du combat des résistants immigrés de la MOI*, maîtrise, Université Paris I, 2002. Le déclenchement d'une vaste polémique autour de la diffusion d'un documentaire en 1985 brise la confidentialité qui entourait jusque-là la résistance immigrée. L'opinion découvre l'existence d'une structure spécifique de la Résistance étrangère communiste : la MOI. C'est seulement en 1995 que « l'Affiche Rouge » apparaîtra dans les manuels d'histoire.

57. D. Schnapper évoque ainsi la conversation entre Sartre et Aron qui s'étonnaient tous deux, en 1945, qu'aucun article de presse n'eût accueilli de manière solennelle le retour des Juifs

dans la communauté nationale. « C'est que la célébration d'un "retour" aurait eu pour sens de consacrer la possibilité même de l'exclusion » (Postface *in* D. Peschanski, *Des étrangers dans la Résistance*, Les Editions de l'Atelier, 2002, p. 122).

58. Au printemps 1941, après l'invasion de l'URSS par la Wehrmacht, les Tchécoslovaques communistes et non communistes se sont, par exemple, regroupés dans un Comité de la Résistance tchécoslovaque en France, présidé par F.-X. Fiedler. De la même façon, à l'initiative de l'antifasciste Silvio Trentin, les communistes et les membres de Justice et Liberté constituèrent le Comité d'action pour l'union du peuple italien, prélude au Pacte d'unité d'action signé à Lyon en 1943.

59. En juin 1944, le XIVe corps de guérilleros qui contrôlait des unités espagnoles de 31 départements de la zone sud comptait 3 500 à 4 000 combattants en juin 1944.

60. Sur la MOI, S. Courtois, D. Peschanski, *Le Sang de l'étranger*, Fayard, 1989.

61. En 1944, le POWN revendiquait quelque 8 000 membres à majorité ouvrière.

62. G. Dreyfus-Armand, *L'Exil des républicains espagnols en France. De la guerre civile à la mort de Franco*, *op. cit.*, p. 163 : l'un des chapitres porte ce titre très évocateur : « Libérer la France pour libérer l'Espagne ».

63. Le cas des Espagnols est notamment étudié par J.-L. Crémieux-Brilhac, *Les Français de l'an 40*. t. 1 : *La guerre oui ou non ?*, Gallimard, 1990.

64. 6 500 soldats étrangers, dont 30 % d'Espagnols, rejoignirent ainsi, à l'initiative des généraux Giraud et Juin, la 13e DBLB.

65. Qui entrèrent dans Paris au matin du 24 août 1944.

66. De son côté, le groupe Carmagnole de Lyon totalisa 240 actions de février 1943 à août 1944, soit 14 actions par mois.

67. D. Peschanski, *Des étrangers dans la Résistance*, *op. cit.*, pp. 101-102.

68. Chargé de ponctionner de la main-d'œuvre dans les pays occupés pour faire tourner l'économie de guerre allemande.

69. Klaus Harpprecht, *Mein Frankreich. Eine schwierige Libe*, Rowohlt, 1999 (traduit chez Albin Michel, sous le titre *Dieu est-il encore français ?*, 1999), p. 98. L'auteur précise avec beaucoup de tact : « Souligner l'aide que Vichy, la Milice et la police fran-

çaise ont apportée aux plans d'extermination ne diminue pas d'un iota la responsabilité allemande ; bien au contraire, elle n'a pu que grandir en faisant d'autres hommes des complices. » Klaus Harpprecht se définit lui-même comme « un citoyen européen de nationalité allemande ayant fait de la France sa patrie ».

XI

1. Par exemple, R. F. Kuisel, *Le Capitalisme et l'État en France. Modernisation et dirigisme au XXe siècle*, Gallimard, 1984.

2. Créé en 1939, dissous sous le régime de Vichy et recréé à la Libération. L'étude la plus fouillée sur les travaux du HCPF est celle de P.-A. Rosental, *L'Intelligence démographique. Sciences et politiques des populations en France (1930-1960)*, Odile Jacob, 2002.

3. L'examen des débats autour de l'ordonnance du 2 novembre 1945 montre que l'idée de sélection ethnique était présente dans les discours et l'esprit des acteurs, mais qu'elle « cohabitait et s'affrontait avec d'autres principes : objectif numérique, principe d'égalité, primauté des capacités individuelles sur l'origine dans la détermination des capacités d'assimilation, droit d'asile. Dans les enjeux concrets qui, étape après étape, sont apparus, une échelle de priorité s'est dégagée, les arbitrages se sont progressivement effectués et ont hiérarchisé ces principes différents : en pariant sur les capacités individuelles des immigrés plus que sur la contrainte policière, ensuite en éliminant les barrières entre catégories d'étrangers (temporaires ou permanents) et en déclassant finalement dans un décret toute possibilité de sélectionner l'immigration sur le seul fondement de l'origine, l'ordonnance a donné la priorité à l'égalité formelle, elle a noyé la préférence dans l'égalité plutôt que l'inverse » (P. Weil, « Racisme et discrimination dans la politique française de l'immigration. 1938-1945/1974-1995 », *Vingtième Siècle*, juillet-septembre 1995, pp. 77-102).

4. Souligné dans le texte (Archives de la sous-direction du Peuplement du ministère de la Population et de la Santé publique, retrouvées dans les caves du ministère des Affaires sociales, place Fontenoy).

5. Cette division est empruntée à P. Weil, *Qu'est-ce qu'un Français ? Histoire de la nationalité française depuis la Révolution*, Grasset, 2002.

6. P.-A. Rosental, *op. cit.*, pp. 108-109. Le choix des critères de sélection des migrants commandait notamment l'organisation des structures administratives chargées de les mettre en œuvre.

7. Formé, selon B. Béthouart, à l'école de la JOC et du syndicalisme chrétien (CFTC), mais aussi, selon P.-A. Rosental, « homme de la Résistance et produit du terreau vichyste » bien intégré par Vichy dans le milieu familialiste (B. Béthouart, *Des syndicalistes chrétiens en politique (1944-1962). De la Libération à la Vᵉ République*, Presses universitaires du Septentrion, 1999 ; et P.-A. Rosental, *op. cit.*).

8. Le ministre de l'Intérieur pouvait désigner par arrêté les départements dans lesquels les étrangers ne pouvaient établir leur domicile sans avoir obtenu au préalable l'autorisation du préfet du lieu où ils désiraient se rendre (décret du 18 mars 1946).

9. *Ibid.* : « Le rôle des inspecteurs de la population est de *faciliter* l'immigration étrangère dans les départements qui n'ont pas atteint leur optimum de population et non de provoquer l'expression officielle de sentiments xénophobes latents. »

10. *Ibid.* Rapport du docteur J. Cayla, inspecteur général de la Santé et de la Population, 17-20 décembre 1946.

11. *Ibid.* Réunion des inspecteurs divisionnaires de la Population, 25 avril 1950.

12. *Ibid.* Rapport cité du docteur J. Cayla.

13. Les premiers sondages réalisés au lendemain de la guerre font ressortir une certaine hostilité à l'établissement des étrangers : 57 % des personnes sondées en 1947 et 63 % en 1949 exprimaient leur opposition. L'enquête de janvier 1951, la plus importante depuis la guerre par l'échantillon retenu (près de 2 500 personnes), révèle une nette tendance des personnes sondées à surestimer le nombre des immigrés. On sait, par ailleurs, que les prisonniers de guerre allemands ont, du moins dans un premier temps, suscité de nombreuses craintes au point d'amener le gouvernement français à décider, le 26 mars 1946, l'interdiction de toute immigration allemande vers la France.

14. Bien qu'à cet égard les chiffres officiels varient, on peut estimer que la population des PG remis à la France était com-

prise, pour l'année 1946, entre 600 000 et 800 000 individus (700 000 au 1er janvier 1946), soit l'équivalent des effectifs concernés par le STO sous Vichy. Au 1er mars 1947, 428 663 PG étaient occupés dans l'économie civile, parmi lesquels 200 122 dans l'agriculture, 50 828 dans les houillères, 34 945 dans la reconstruction, 24 928 dans les opérations de déminage, et 28 000 dans les travaux communaux (J. Denizet, « Les problèmes posés par l'emploi des prisonniers de guerre », *Revue française du Travail*, n° 19, oct. 1947, pp. 876-902).

15. La constitution de l'Organisation internationale pour les réfugiés (OIR), créée par l'ONU en 1946, distingue les « réfugiés » des « personnes déplacées » : elle attribue la qualité de « réfugiés » à des catégories apparues avant la guerre (les victimes des régimes nazi et fasciste ou de régimes analogues, les républicains espagnols, les personnes considérées comme « réfugiés » au début de la guerre), et, par extension, à tout expatrié qui « ne peut ou ne veut pas se réclamer de la protection du gouvernement du pays dont il a ou avait auparavant la nationalité » ; le terme de « personnes déplacées » est réservé aux individus ayant été déportés par les autorités nazies ou fascistes.

16. Voir chapitre suivant.

17. Les étrangers entrés clandestinement, mais appartenant aux nationalités évoquées, pouvaient aussi prétendre à cette aide, pourvu qu'ils fussent régularisés. La contribution du demandeur s'élevait à 1 500 francs, la différence étant versée par l'Etat. Ce sont les préfets et les directeurs départementaux de la Population qui instruisaient les demandes.

18. CAC 880591, Art. 1 : circulaires MSPP/DGPE n° 127 du 5 mai 1947, n° 223 du 12 août 1947, n°s 260 et 262 du 26 septembre 1947. A partir de 1950 (circulaire n° 139 du 2 août 1950), les travailleurs salariés de nationalité espagnole bénéficieront de cette aide.

19. *Ibid.* Circulaire du 20 janvier 1947. Dans le même esprit, la circulaire MSPP du 14 juin 1949 organise une procédure « comportant, d'une part, la cessation immédiate des transferts toutes les fois que le travailleur immigré s'abstient volontairement de solliciter l'introduction de sa famille, bien qu'un logement convenable lui ait été offert, ou que sa famille, dûment convoquée à la suite d'une demande régulière, se refuse à gagner

la France, et, d'autre part, la suppression de toutes possibilités de transfert d'une fraction de salaire supérieure à 20 % aussitôt que le travailleur a été rejoint par les personnes à sa charge ».

20. *Ibid.* Circulaire n° 151 du 23 août 1951.

21. Au conseil d'administration du 21 nov. 1972, le directeur de la Population et des Migrations mettait en garde le directeur de l'ONI « contre une politique d'immigration de facilité qui consisterait à recruter des Turcs parce qu'ils constituent un réservoir important et commode, alors que les travailleurs portugais et yougoslaves, bien plus difficiles à recruter, lui semblent plus intéressants pour la France ». Et d'évoquer « le problème posé par l'augmentation du nombre des travailleurs d'Afrique noire contrôlés, ainsi que la stagnation de l'immigration familiale portugaise au bénéfice des immigrations maghrébine et turque, moins assimilables ».

XII

1. Parmi les plus anciennes associations de soutien aux immigrés, il faut citer la CIMADE (à l'origine Comité inter-mouvements auprès des évacués) de confession protestante, créée en 1939, et le Service social d'aide aux émigrants (SSAE) fondé au lendemain de la Première Guerre mondiale.

2. L'augmentation très rapide, à partir de 1957, du nombre des régularisations par rapport à celui des introductions légales traduit cette ouverture, qui sera par la suite « confirmée » par toute une série de conventions bilatérales dispensant de visa les ressortissants d'Etats étrangers entrant en France pour des séjours en principe inférieurs ou égaux à trois mois.

3. Entre l'assimilation révolue et l'indépendance, Ferhat Abbas (dont les thèses avaient reçu un bon accueil auprès des autorités américaines) préconisait la voie du fédéralisme en posant le principe d'un Etat algérien autonome, reconnu et protégé par la France.

4. L'ordonnance conférait aux musulmans tous les droits et devoirs des Français, leur ouvrait l'accès à tous les emplois civils et militaires, élargissait leur représentation dans les assemblées locales du 1/3 au 2/5.

5. CAC 860271, Art. 2 : note pour le ministre du Travail (non datée : 1948 ?).

6. De 1919 à 1924 et en 1936, la libre circulation avait été décidée au grand dam des colons d'Algérie qui s'estimaient lésés par la perte de main-d'œuvre ainsi occasionnée.

7. De 1947 à 1956, le nombre des départs annuels vers la Métropole est passé de 66 000 en 1947 à 194 000 en 1955, la Kabylie étant le foyer essentiel de départ.

8. Conséquence logique du droit à la libre circulation, le contrôle sanitaire à l'entrée en Métropole ne pouvait plus être exercé : « Du jour où la loi fit des Algériens des citoyens français, il ne resta plus aucune base juridique à ce contrôle qui fut par conséquent supprimé intégralement » (CAC 760134, Art. 3 : PV de la réunion de la Commission consultative nationale pour l'étude des questions nord-africaines)

9. Alors partie intégrante de l'action sociale, le logement a, par exemple, été pris en charge par le ministère de l'Intérieur qui s'occupait des indigents, par le ministère du Travail et de la Sécurité sociale qui fit construire des foyers d'hébergement (gérés par des associations) pour les travailleurs musulmans célibataires qui ne pouvaient pas être logés par leurs employeurs et par le ministère de la Santé publique et de la Population pour les quelques familles venues en Métropole.

10. L'ouvriérisation de l'immigration algérienne est alors très forte. En 1954, les Algériens étaient surtout employés dans le BTP (60 % de cette main-d'œuvre), dans les industries mécaniques (20 %), dans la production des métaux (13 %) et les charbonnages (6 %). Aux Charbonnages de France et à la régie Renault, ils bénéficiaient d'une certaine sécurité de l'emploi et d'avantages sociaux non négligeables.

11. CAC 760134, Art. 12 : Les travailleurs NA au Min. des Affaires sociales, 4 mai 1957.

12. Libéré en 1946, celui-ci avait reconstitué son ancien Parti du peuple algérien sous le nom de Mouvement pour le triomphe des libertés démocratiques (MTLD). En 1951, le MTLD, qui réclamait le départ des troupes françaises d'Algérie et la réunion d'une assemblée constituante, avait réussi à faire défiler, le jour du 14 juillet, 10 000 Algériens. Le gouvernement français avait, en définitive, assigné Messali Hadj à résidence (à Niort) et

prononcé, le 5 novembre 1954, la dissolution du MTLD qui se reconstitua sous le nom de Mouvement national algérien (MNA).

13. *Faciès* reste un terme savant, sauf lorsqu'on parle du visage humain. Dans un contexte raciste, un *faciès (basané)* désigne parfois un immigré maghrébin (d'après A. Rey (dir.), *Le Robert...*, 3 vol., 2000).

14. D'après A. Rey (dir.), *Le Robert, op. cit.*

15. R. Schor, *Histoire de l'immigration en France de la fin du XIXᵉ siècle à nos jours*, Armand Colin, 1996, p. 220 : « Le FLN quadrillait les quartiers où vivaient les travailleurs algériens, fixait les prix de location des chambres dans les hôtels pour immigrés, arbitrait les litiges, organisait une aide sociale et des secours aux prisonniers, entretenait le mythe du retour en promettant de distribuer aux exilés les terres des colons français, après l'indépendance. »

16. Un syndicat contrôlé par le FLN, l'Union générale des travailleurs algériens (UGTA), avait supplanté l'Union syndicale des travailleurs algériens de tendance messaliste. D'abord méfiante à l'égard de la CGT, l'UGTA a fini par accepter que les travailleurs algériens adhèrent à celle-ci, sous réserve que la centrale française ne s'ingère d'aucune manière dans les problèmes algériens.

17. Qui provoqua l'intensification de la guerre des deux côtés de la Méditerranée.

18. La libération tardive de Messali Hadj (janvier 1959) par les autorités françaises, à l'heure où le général de Gaulle avait besoin d'un interlocuteur à sa mesure pour sa politique d'autodétermination, ne put conjurer l'emprise grandissante de la Fédération de France du FLN sur les émigrés algériens.

19. Comme à Mourmelon-Vadenay (Marne), Saint-Maurice-l'Ardoise (Gard), Thol (Ain) et dans le Larzac (Aveyron).

20. Ce dispositif devait pourtant se retourner contre ses instigateurs : selon une enquête menée par les services de la préfecture de police, les CARS furent pour le FLN un lieu privilégié de formation des cadres nationalistes

21. Inspecteurs généraux de l'administration en mission extraordinaire.

22. Renseignements généraux, surveillance des territoires, PJ

du MI et de la préfecture de police, gendarmerie, SDECE, ministère de la Justice, Etat-Major 2ᵉ Bureau, Inspection des Forces armées, Défense intérieure du territoire, Service psychologique d'information de la Défense nationale.

23. CAC 760133, Art. 3 : Services s'occupant de l'action en faveur des FMA, 16 juillet 1958.

24. CAC 770391, Art. 2 : M. Massenet, L'articulation des services, 26 décembre 1962 : en décembre 1962, 34 CTAM étaient en fonction.

25. CAC 760133, Art. 4 : ce réseau, hérité des « Services d'intervention », comportait, en avril 1959, 135 foyers de travailleurs disposant de 20 650 lits ; 25 centres d'accueil comprenant 1 025 lits ; 177 bureaux d'interventions fixes ou mobiles ; 16 centres de santé ; l'action culturelle et éducative était assurée par 278 cours.

26. CAC 760133, Art. 4 : circulaire MI n° 65 du 10 février 1958 aux IGAME et aux préfets (souligné dans le texte). Cette circulaire, signée Bourgès-Maunoury, fixe la nomenclature des rapports trimestriels que les CTAM doivent remettre au MI. Ces rapports peuvent être consultés *in* CAC 760133, Art. 14.

27. Si l'on ajoute à cela les contrôleurs sociaux de la main-d'œuvre nord-africaine des services déconcentrés du ministère du Travail, les contrôleurs sociaux nord-africains de la préfecture de la Seine, les 200 conseillers sociaux et 200 bureaux d'intervention des associations subventionnés par les pouvoirs publics, on aura une idée plus exacte du contrôle social exercé par l'Etat sur la population nord-africaine qui était concentrée dans seulement quelques départements.

28. Ce fonds était alimenté par la différence qui existait entre le montant des prestations familiales calculées au taux moyen métropolitain par famille, d'une part, et le montant des prestations versées en Algérie au taux algérien, d'autre part. L'élargissement, à partir de 1964, de la compétence du FAS à tous les étrangers accroîtra la manne, et l'on parlera volontiers du « milliard des émigrés » par référence – non attestée – au projet de loi Villèle de 1825 qui assurait à tous les propriétaires fonciers ayant émigré, dont les biens avaient été confisqués au cours de la Révolution, une indemnité (estimée à un milliard, en réalité 625 mil-

lions) égale à vingt fois le revenu de leurs biens pendant l'année 1790.

29. *Bidon*, au sens concret, en se soudant à *ville* a donné bidonville employé d'abord (1953) en parlant des agglomérations de fortune au Maroc.

30. En 1954, les salaires des OS algériens travaillant en France dans l'industrie ou le bâtiment étaient deux fois et demie plus élevés que ceux de leurs homologues en Algérie. Compte tenu des allocations familiales versées au taux métropolitain, les disparités étaient encore plus fortes. La moitié, voire les deux tiers des salaires envoyés ou rapportés au village permettaient de doubler les revenus des familles.

31. Les femmes issues de l'immigration algérienne étaient considérées comme « totalement inadaptées aux façons de vivre occidentales ». Les écoles refusaient en général les enfants de plus de dix ans. Un rapport de la CAF d'avril 1959, retrouvé par A. Temime, affirme qu'ils [les Algériens résidant dans certains quartiers de Marseille] « ne se mélangent pas avec les Européens, Italiens, Espagnols, Français venus eux aussi d'Afrique du Nord ».

32. Selon plusieurs sources policières de l'époque, citées par Jean-Luc Einaudi, plusieurs dizaines d'Algériens, une cinquantaine, y ont été tués (J.-L. Einaudi, *La Bataille de Paris*, Seuil, 1991.

33. L'enquête confiée, sous l'égide du ministère de l'Intérieur, à Dieudonné Mandelkern, en 1998, relève la disparition de pièces essentielles, comme les fichiers du centre d'identification des Algériens de Vincennes, les arrêtés d'assignation à résidence ou à éloignement ; les documents du service de coordination et d'information nord-africaines (SCINA) ; les archives de la Brigade fluviale ; ainsi que le rapport sur le 17 octobre que le préfet de police a adressé au gouvernement et à la présidence de la République ! (Cl. Liauzu, « Les archives bâillonnées de la guerre d'Algérie », *Le Monde diplomatique*, février 1999, pp. 24-25).

34. J.-P. Brunet, *Police contre FLN. Le drame d'octobre 1961*, Flammarion, 1999. Cet auteur a pu avoir accès aux registres de l'Institut médico-légal : alors que 8 corps de Nord-Africains ont été recensés en juillet 1961 et 12 en août, 48 l'ont été en septembre et 93 en octobre, dont 39 après le 17 octobre. La plupart de ces 39 victimes, dont la moitié a été repêchée dans la Seine,

auraient été tuées par des policiers ou par des « contre-terroristes » (Français proches de l'OAS en liaison avec des policiers).

35. Gouvernement provisoire de la République algérienne.

36. CAC 770391, Art. 8 : M. Massenet, note concernant les récents événements survenus dans la région parisienne, oct. 1961. Dans le même carton, voir sa note intitulée : « Déroulement des événements du mois d'octobre 1961 tel qu'il est apparu à mon service. »

37. B. Stora, *La Gangrène et l'Oubli,* La Découverte/essais, 1991.

38. Sur l'évolution de la perception des nationalités à travers les sondages, voir Yvan Gastaut, *L'Immigration et l'opinion en France sous la Ve République*, Seuil, 2000, pp. 77-93. L'enquête IFOP de 1966 fait ressortir des « indices de sympathie » très élevés à l'égard des nationalités européennes : Italiens : + 47 ; Espagnols : + 36 ; Portugais : + 20 ; moins élevés à l'égard des Noirs (encore peu nombreux en France) : + 20 et très négatifs à l'égard des Nord-Africains : – 42).

39. Emprunté au wolof, langue dominante au Sénégal, le terme aurait été utilisé par les Blancs du Sénégal pour désigner les Noirs autochtones. Sa diffusion doit beaucoup à l'argot de la Marine et de l'Infanterie coloniale qui lui a donné ses lettres de bassesse : le *bougnoule* devient cet individu corvéable qui exécute les besognes les moins gratifiantes. Dans les années 1930, le terme était volontiers appliqué aux Africains, Noirs et métis. C'est dans les années 1950-1960 qu'il s'est fixé sur les Maghrébins, le conflit franco-algérien favorisant cet ultime dérapage. Notons que cette dernière stigmatisation était parfaitement compatible avec la « réalisation » de la première acception du terme, quand la France, emportée par la croissance économique, réservait les emplois les plus pénibles et les plus dévalorisés à ses immigrés (d'après A. Rey (dir.), *Le Robert...*, 2000). Il faut souligner, avec Yvan Gastaut, ce fait que les injures se portaient massivement sur l'Arabe comme en témoigne le nombre très élevé d'épithètes : « bicot », « bic », « raton », « melon », nordaf », « fellouze », « crouille », « frisé », bronzé ».

40. La Belgique et l'Allemagne doivent toutefois être mises à part. La première, parce qu'elle a constamment freiné les migra-

tions en provenance de ses colonies pour des raisons politiques (J.-P. Jacquemin, « L'immigration congolaise dans la Belgique impériale », *Migrations Sociétés*, mai 2002) et la seconde, parce qu'elle a perdu ses colonies en 1918).

41. Image validée par les nombreuses expulsions dont firent l'objet les Algériens après les événements de mai 1968, alors que leur participation politique y avait été très discrète.

42. Sur le poids du racisme anti-arabe (attentats contre les cafés arabes en 1969, agressions multiples contre des ressortissants arabes et la flambée raciste de 1973 dans le Midi, voir Yvan Gastaut, *L'Immigration et l'opinion en France sous la V ᵉ République*, Seuil, 2000, pp. 282-297).

43. L'expression est de Abd el-Aziz Meliani, *Le Drame des harkis*, Perrin, 1993.

44. CAC 760133, Art. 16 : M. Massenet à l'attention du secrétaire d'Etat auprès du Premier ministre chargé des Affaires algériennes, 5 novembre 1963.

45. Etaient donc exclus du champ de compétences du FAS et de la Délégation : les travailleurs immigrés originaires des DOM et des TOM, les réfugiés musulmans, les nomades et les travailleurs saisonniers.

46. « Très volontairement, l'on a défini une structure administrative légère ; on a voulu également obtenir la rapidité : il n'est pas rare qu'un achat de terrain, ou bien la remise en état d'un immeuble ancien, soit décidé, financé et achevé en trois mois ; de nombreuses cités de transit ont été réalisées en moins de onze mois. Cette rapidité est due sans aucun doute au fait que la structure mise en place intègre en un seul ensemble administratif la planification, la décision et l'exécution » (CAC 770391, Art. 7, et Archives FAS : Conférence de presse (non datée) donnée par M. Massenet).

47. Deux années plus tard, lorsque la Délégation se transformera en Direction de la population et des migrations au sein du ministère des Affaires sociales, le FAS verra ses compétences s'élargir aux « étrangers venant occuper un emploi en France à titre temporaire » et aux « groupes sociaux posant des problèmes d'adaptation [populations nomades, harkis] comparables à ceux des travailleurs étrangers quel que soit leur statut du point de vue de la nationalité ».

XIII

1. Que le IIIe plan de modernisation (1957-1961) se proposait de réduire par la venue d'un contingent fixe de 125 000 étrangers, soit, compte tenu des départs, 200 000 nouveaux immigrants et 50 000 entrées par an (Fauroux, *Rapport sur la politique de l'immigration et les services ou organismes chargés de la mettre en œuvre*, Comité central d'enquête sur le coût et le rendement des services publics, enquête du 14 avril au 10 juin 1959, janvier 1960).

2. En particulier dans la construction et les travaux publics, dans l'industrie chimique, la sidérurgie, les constructions mécaniques et l'automobile.

3. De 1944 à 1958, le franc fut dévalué à huit reprises.

4. S. Berstein, *La France de l'expansion*, t. 1 (*La République gaullienne)*, Points, Seuil, 1989.

5. CAC 890519, Art. 8 : G. Fougier, note pour le ministre de l'Intérieur, Problèmes posés par l'immigration étrangère, 21 août 1971.

6. N. Hatzfeld, *Les Gens d'usine. 50 ans d'histoire à Peugeot-Sochaux*, Les Editions de l'Atelier, p. 176.

7. Ce phénomène est largement indépendant de la liberté de circulation dans la CEE (qui n'apparaît qu'avec le règlement n° 15 de 1961) et des arrivées de travailleurs algériens (qui échappent à la régularisation en vertu des accords d'Evian, art. 7 de la déclaration relative à la coopération économique et financière).

8. La décision est prise l'année précédente d'ouvrir largement le marché du travail à l'immigration spontanée.

9. CAC 890519, Art. 8 : G. Fougier, note citée.

10. *Ibid.* : MSPP, DGPAS, Problèmes de l'immigration étrangère, sept. 1963 : la procédure de régularisation se traduisait par un abaissement du niveau de sélection, la proportion des rejets pour inaptitude n'atteignant que 2 %.

11. On pense ici à l'œuvre romanesque de l'écrivain américain Russel Banks et notamment à son livre intitulé *Continents à la dérive (Continental Drift)*, Babel, Actes Sud, 1994.

12. En 1972, la population étrangère se répartissait en France

suivant quatre nationalités (72 % de la population étrangère totale estimée à 1,7 million d'actifs et à 1,8 million d'inactifs) : 720 000 Algériens (20 %) ; 660 000 Portugais (19 %) ; 600 000 Espagnols (17 %) et 560 000 Italiens (16 %). La population maghrébine représentait 28 % de la population étrangère totale : Algériens (20 %) ; Marocains (180 000, soit 5 %) ; Tunisiens (100 000, soit 3 %). Sur la période 1946-1982, les effectifs des ressortissants étrangers des nationalités européennes sont en régression, alors que près de 1,6 million de ressortissants africains ont été recensés en 1982 (soit quatre fois plus qu'en 1962 et trente fois plus qu'en 1946) (J. Dupâquier, *Histoire de la population française*, PUF, 1988, p. 463).

13. L'INED est resté longtemps indifférent à l'immigration portugaise, pourtant massive depuis le début des années 1960.

14. CAC 760135, Art. 1 : note au secrétaire d'Etat auprès du ministre du Travail, de l'Emploi et de la Population, M. Massenet, 30 nov. 1970.

15. *Ibid.* Les premiers se montraient hostiles au départ de la main-d'œuvre et des familles qui risquait d'hypothéquer les forces vives du pays, tandis que les seconds étaient soucieux de retenir des hommes en réserve en cas de développement des hostilités dans les territoires africains.

16. CAC 79259, Art. 1 : SGG, compte rendu secret de la réunion du 6 avril 1964 tenue sous la présidence de Michel Jobert, directeur adjoint du cabinet du Premier ministre, 14 avril 1964.

17. A la demande expresse du Premier ministre, Georges Pompidou, l'Intérieur avait adressé, le 9 avril 1964, des instructions confidentielles aux préfets pour qu'ils admettent tout ressortissant porteur d'un passeport ou, tolérance remarquable, d'une carte d'identité (CAC 760135, Art. 1 : Instructions du 9 avril 1964, circul. MI du 10 avril).

18. Les conditions d'introduction des Portugais en France sans contrat préalable avec une entreprise avaient pour effet d'amener les employeurs à se désintéresser de leurs conditions de logement.

19. CAC 760135, Art. 1 : Joseph Fontanet, ministre du Travail, de l'Emploi et de la Population, au Premier ministre, à l'attention de Jacques Delors, 3 août 1970.

20. *Ibid.* : Jacques Tiné au MAE, 15 sept. 1970.

21. Celle-ci représentait, en 1970, plus de 56 % de l'immigration familiale contrôlée par l'ONI.

22. CAC 760135, Art. 1 : note de M. Massenet au ministre du Travail, de l'Emploi et de la Population, 28 sept. 1970.

23. CAC 760135, Art. 1 : G. de Chambrun, directeur des Conventions administratives et des Affaires consulaires, à l'ambassadeur de France à Lisbonne, 31 déc. 1970.

24. Du fait même de cette exception, la circulaire Schumann avait attiré aux autorités françaises des critiques sévères de la part des pays aux ressortissants desquels elle s'appliquait. La circulaire MI du 27 décembre 1971 aux préfets limitera les régularisations en autorisant les préfets à refouler les Portugais de moins de 21 ans et de plus de 50 ans non titulaires d'un passeport à moins qu'ils ne soient membres de la famille (conjoints, ascendants, descendants) d'un travailleur.

25. Il est même permis d'affirmer que cette « préférence » européenne s'est exercée dans un certain vide juridique, puisqu'elle s'est manifestée dans la plupart des pays d'immigration avant même que la Grèce, l'Espagne ou le Portugal ne soient rattachés à la CEE.

26. Les constituants de l'Union européenne se sont récemment inscrits dans cette perspective : « Une autre initiative de la Constitution vise à ordonner l'exercice des fonctions communes non pas verticalement dans une relation hiérarchique qui serait perçue comme une confiscation excessive du pouvoir par les opinions publiques nationales, mais à côté, et légèrement au-dessus des dirigeants nationaux » (*Valéry Giscard d'Estaing présente la Constitution pour l'Europe*, Fondation Robert Schuman/Albin Michel, 2003).

27. Les emplois ne sont accordés aux travailleurs étrangers que s'ils ne peuvent être occupés par des travailleurs nationaux.

28. En conséquence, la loi du 10 août 1932 ne pouvait être appliquée aux dépens des ressortissants des Etats membres.

29. Cette clause n'a jamais joué, car la situation économique requérait un recours très important à la main-d'œuvre étrangère européenne ou à celle des Etats tiers.

30. CAC 790259, Art. 2 : note pour le Premier ministre, 26 avril 1961.

31. La France craignait que leur liberté de conclure avec des pays tiers des accords de main-d'œuvre ne fût aliénée par l'organisation d'une préférence communautaire en matière d'emploi.

32. *Ibid.* : SGG, instructions données par le Premier ministre, Comité interministériel pour les questions de coopération économique européenne, 23 janvier 1968.

33. La citoyenneté de l'Union, qui complète la citoyenneté nationale, a été établie par le traité de Maastricht en 1992.

34. Il faudra une loi en 1946 pour abolir, en Afrique francophone, le travail forcé, dont la France, quinze ans plus tôt niait l'existence (Yves Bénot, « La décolonisation de l'Afrique française (1943-1962) », *in* M. Ferro (dir.), *Le Livre noir du colonialisme. XVIᵉ-XXᵉ siècle : de l'extermination à la repentance*, Robert Laffont, 2003, pp. 517-556).

35. Dans le sens d'un net durcissement, c'est-à-dire au prix d'une limitation très forte des flux migratoires, d'une restriction du droit d'asile, d'un contrôle renforcé aux frontières, de l'instauration de nouveaux critères pour la délivrance des visas et de contrôles d'identité massifs à l'intérieur des frontières sous prétexte de menaces terroristes.

36. Parmi d'autres, moins conséquents, qui ont pu avoir des effets différents : du paternalisme colonial à la xénophilie, la gamme des attitudes possibles est évidemment très large. Mais les représentations dépréciatives léguées par la colonisation sont certainement les plus prégnantes ou les plus promptes à se réveiller.

37. Des travaux de comparaison, historiques et anthropologiques, établissent clairement que la « monstration de l'Autre, de l'exotique, du colonisé a affecté toutes les sociétés européennes, coloniales ou non, diffusant et fabriquant un imaginaire dépréciatif comparable d'un pays à l'autre » (Nicolas Bancel, Pascal Blanchard, Gilles Boëtsch, Eric Deroo et Sandrine Lemaire, *Zoos humains de la vénus hottentote aux* reality shows, La Découverte, 2002).

38. Catherine Coquery-Vidrovitch, « Le postulat de la supériorité blanche et de l'infériorité noire », *in* M. Ferro (dir.), *op. cit.,* pp. 646-691) : « A la faveur de la vague de l'expansion coloniale de la seconde partie du siècle, la révélation de la sévérité de la sélection naturelle des espèces, impliquant conquête, domination et destruction, fut transposée dans le court terme par les

sociologues darwiniens : dans la jungle des luttes de classes, de nations et de races, il devenait normal et justifié non seulement que les vainqueurs dominent les peuples inférieurs, mais aussi qu'ils les éliminent au profit de la survie à long terme de l'espèce humaine. »

39. Au sens de « montrer, faire voir, indiquer, désigner ».

40. Qui montraient en *réalité* (*reality shows*) ce qu'on voulait y voir, avec cette illusion que voir, c'était savoir.

41. Comme le dit très bien Catherine Coquery-Vidrovitch, « ce qui sonne comme de l'humour inoffensif pour les uns est reçu par les autres comme l'expression d'un intolérable mépris séculaire » (art. cité, *in* M. Ferro (dir.), *op. cit.*).

42. Comme le note Pierre-Jean Simon, l'image positive dont bénéficient les populations du Sud-Est asiatique en France est alimentée par l'histoire récente (guerres anti-américaines, engouement pour le bouddhisme et exode des réfugiés au milieu des années 1970) bien plus que par l'histoire coloniale de l'Indochine française (P.-J. Simon, « L'Indochine française : bref aperçu de son histoire et des représentations coloniales », *Hommes et Migrations*, n° 1234, nov.-déc. 2001, pp. 14-22).

43. Comme à l'égard des « protégés français » (Marocains et Tunisiens), des FMA d'Algérie assimilés aux nationaux, les dispositions de la loi du 10 août 1932 n'étaient pas applicables aux citoyens de l'UF.

44. Les ressortissants vietnamiens et cambodgiens arrivés en France avant le 24 décembre 1958 ont donc été munis, sur leur demande et en échange de la carte de citoyen de l'UF, d'une carte permanente de travail valable pour toutes professions salariées et d'une carte de résident privilégié.

45. CAC 810201, Art. 6 : réunion interministérielle du 9 nov. 1958.

46. CAC 810201, Art. 6 : PV de la réunion interministérielle du 10 mars 1961 concernant le statut en France des ressortissants de certains pays d'expression française ayant accédé à l'indépendance, 10 mars 1961.

47. P. Lagarde, « Décolonisation et nationalité », *Plein Droit*, n° 29-30, nov. 1995, pp. 83-86.

48. CAC 810201, Art. 6 : Circul. LC/MO 33/53 confidentielle du 23 mars 1953 : l'ordonnance du 2 novembre avait

implicitement abrogé ce décret qui prévoyait une carte d'identité (CI) dite de « protégé français » dont le modèle variait selon la catégorie professionnelle. Mais du fait des liens privilégiés entre la France et ses deux protectorats, la circulaire MI n° 267 du 3 août 1950 avait institué une CI d'un modèle unique qui servait de titre de séjour et, le cas échéant, de titre de travail, valable 10 ans (automatiquement renouvelable sauf mesure de refoulement ou d'expulsion) pour tout le territoire sauf pour les départements visés par le décret du 10 août 1948 où l'établissement était soumis à l'autorisation préfectorale (Bas-Rhin, Haut-Rhin, Moselle, Alpes-Maritimes).

49. CAC 810201, Art. 6 : note pour le directeur de la Population et des Migrations, 10 oct. 1969.

50. Convention ratifiée par le décret n° 55-1179 du 3 sept. 1955.

51. *Ibid.* : M. Massenet, « L'immigration tunisienne », 7 juillet 1969.

52. Les ressortissants de Madagascar, de l'A-OF et de l'A-EF résidant en France étaient titulaires de la carte de « citoyen de l'Union française » qui leur permettait, en principe, de travailler librement sur le territoire français.

53. Néanmoins, dans la mesure où ils étaient assurés de bénéficier de la libre circulation, beaucoup de FMA prirent la nationalité algérienne, tout en restant en France.

54. P. Lagarde, art. cité.

55. Ainsi que leurs conjoints, veufs ou veuves, et leurs descendants.

56. Conventions d'établissement franco-malienne et franco-malgache des 22 et 27 juin 1960, approuvées par la loi n° 60-681 du 18 juillet 1960 ; conventions franco-tchadienne, franco-centre-africaine et franco-congolaise des 11, 13 et 15 août 1960, approuvées par la loi n° 60-1225 du 22 nov. 1960 ; convention franco-gabonaise du 17 août 1960, approuvée par la loi n° 60-1226 du 22 nov. 1960 ; convention franco-togolaise du 10 juillet 1963 (Nadia Marot, « L'évolution des accords franco-africains », *Plein Droit*, n° 29-30, pp. 96-99).

57. En application de l'art. 161 du Code de la Sécurité sociale, ils devaient toutefois se soumettre au contrôle médical de l'ONI pour l'accès à un emploi salarié.

58. Décision du MAE du 10 mars 1961 qui s'applique à l'ensemble des pays de l'Afrique subsaharienne anciennement sous administration française, à l'exclusion de la Guinée qui avait refusé d'adhérer à la communauté française créée par la constitution de 1958.

59. Convention avec le Mali, 8 mars 1963 ; la Mauritanie, 15 juillet 1963 ; le Sénégal, 21 janvier 1964 ; Niger, 16 fév. 1970 ; Togo, 25 fév. 1970 ; Haute-Volta, 30 mai 1970 ; Bénin, 12 fév. 1971 ; Côte d'Ivoire, 21 fév. 1971 ; Gabon, 12 fév. 1974.

60. Qui regroupait depuis sa création, en 1966, les services chargés d'introduire, d'accueillir, de mettre au travail, de loger, d'aider et d'intégrer les étrangers dans la société française.

61. CAC 760133, Art. 4 : Les problèmes de l'immigration africaine, 19 janvier 1971.

62. En 1970, 50 % des déclarations de reconnaissance émanaient de travailleurs migrants du niveau professionnel de manœuvre.

63. En 1970, la proportion des chômeurs africains était évaluée à 20 % par les associations gestionnaires de foyers. La sensibilité à la tuberculose des Africains était, selon le corps médical, 60 fois plus élevée que celle des Français : les travailleurs africains représentaient 20 % des entrées dans les centres de traitement antituberculeux de la région parisienne alors que leur part dans la population de cette région n'atteignait que 0,3 %

64. CAC 890519, Art. 8 : compte rendu de la réunion présidée par Jacques Delors au cabinet du Premier ministre sur les problèmes relatifs à l'immigration, 10 févr. 1970. Certains pays africains considéraient que les facilités pour se voir confirmer la nationalité française étaient une manifestation des liens spécifiques qui les liaient à la France.

65. L'accord du 10 avril 1964 prévoyait la fixation trimestrielle du contingent de nouveaux travailleurs autorisés à venir en France.

66. Accord du 28 décembre 1968 « relatif à la circulation, à l'emploi et au séjour en France des ressortissants algériens et de leurs familles ».

67. La remise en France du certificat de résidence aux membres de la famille était certes subordonnée à l'existence d'un certificat médical établi en France par l'ONI et à la production

d'une attestation de logement délivrée par les autorités françaises. Dans les faits, cette attestation était accordée tantôt sans vérification, tantôt avec la certitude que la famille, une fois arrivée en France, ne serait pas refoulée.

68. Une faculté de réintégration est cependant reconnue par cette loi aux anciens membres du Parlement de la République, de l'Assemblée de l'UF et du Conseil économique, ainsi qu'à leur conjoint et à leurs enfants.

69. Pour les enfants nés en France après le 31 décembre 1993 d'un parent né en Algérie avant l'indépendance officielle de l'Algérie (3 juillet 1962), cette loi subordonne l'attribution de la nationalité française à la condition que ce parent justifie d'une résidence régulière en France depuis 5 ans.

70. CAC 890519, Art. 1 : Contrôle des ressortissants africains à l'entrée en France, avril 1974. Cette décision avait été précédée par des démarches du MI auprès du Premier ministre et du MAE en 1970, 1971 et 1972 (CAC 890519, Art. 8 : Propositions du MI en ce qui concerne l'entrée et le séjour des étrangers).

71. Cette circulaire admettait, en contrepartie, la régularisation, de plein droit, de tous les ressortissants africains (sauf de certains pays comme Madagascar ou la Guinée) résidant en France avant le 1er décembre 1974.

72. N. Marot, « L'évolution des accords franco-africains », *Plein Droit*, n° 29-30, nov. 1995, p. 96-99. Lors du recensement de 1999, 400 000 immigrés venus d'Afrique subsaharienne vivaient en France, soit une hausse de 43 % par rapport à 1990. Les pays les plus représentés étaient le Sénégal, le Mali, le Congo et la Côte d'Ivoire.

73. M. Schumann, « La politique française de l'immigration », *Revue de défense nationale*, juin 1969, pp. 933-940.

74. Emprunté (1372) au latin *comprehensio*, « action de saisir ensemble », d'où « action de saisir par l'intelligence ».

XIV

1. O. Marchand, Cl. Thélot, *Le Travail en France*, « Essais et Recherches », Nathan, 1998, chap. V. C'est au cours des plus

précieuses Glorieuses (1956-1975) que la France connaît une transformation radicale de ses structures sociales : elle perd son caractère de pays des petits patrons indépendants en raison de la chute spectaculaire du nombre des agriculteurs exploitants et des patrons de l'industrie et du commerce. La période considérée voit, par ailleurs, se développer, entre une bourgeoisie et une classe ouvrière en pleine transformation, un ensemble hétérogène de groupes intermédiaires salariés, les « classes moyennes salariées », qui comprennent les catégories des cadres supérieurs et professions libérales, des cadres moyens, des employés.

2. S. Berstein, *La France de l'expansion. I. La République, op. cit.*

3. Au sens, évoqué dans l'introduction de cet ouvrage, de faire connaître dans un milieu une personne inconnue.

4. F. M. Samuelson, *Il était une fois « Libé »*, Paris, Seuil, 1979, pp. 76-77.

5. Selon une enquête préfectorale menée entre juin et septembre 1966, qui sous-estime le phénomène, puisque les « microbidonvilles » (moins de 30 personnes) en sont exclus (B. Granotier, *Les Travailleurs immigrés en France*, Maspero, 3ᵉ éd. 1976)

6. La population de ce bidonville est passée de 8 300 personnes en 1955 à 23 000 en 1967.

7. Brahim Benaïcha, *Vivre au paradis, d'une oasis à un bidonville*, Paris, Desclée de Brouwer, 1999.

8. Des hauts fonctionnaires, comme Stanislas Mangin, Alexandre Parodi, André Postel-Vinay et Pierre Racine, qui dirigeaient des associations d'accueil des immigrés, de formation, de logement ou d'alphabétisation, s'en alarmaient également.

9. Le parallèle est fait par François Maspero dans *Partisans*, en mai-juin 1968, dans un article intitulé : « CRS=SS ».

10. Yvan Gastaut, *L'Immigration et l'opinion en France sous la Vᵉ République*, Seuil, 2000, p. 48.

11. Le mot signifie proprement « celui qui n'est considéré utile que par les enfants qu'il engendre ».

12. Il faut ainsi citer le CATE (ou Comité des étrangers) créé le 14 mai à Censier qui se proposait d'éduquer les étrangers à la grève ; le Comité de liaison des organisations de travailleurs immigrés en France (CLOTIF) œuvrant pour une solidarité totale dans la lutte sans distinction de nationalité ; le Comité du

droit des étrangers créé pour dénoncer les silences et mensonges des médias et la surexploitation des immigrés, etc.

13. Il serait exagéré de prétendre que ces grèves ont cristallisé l'émergence d'une conscience de classe parmi les immigrés. Leur analyse met en lumière la diversité des motivations et des formes d'action, l'inégale mobilisation des immigrés (qui craignent d'être expulsés), l'intransigeance des directions d'entreprise (refus de négocier, utilisation du racisme comme à l'usine Renault-Flins), le rôle décisif des travailleurs français, parfois hostiles (Dynamic, Aciérie de Furan), indifférents (Renault-Flins) ou solidaires (Blindex, ateliers de presses de Renault-Flins). Ces conflits n'auront pas remis en cause la hiérarchie entre OS et OP.

14. Depuis les années 1930, le PCF était, à gauche, le parti le plus impliqué dans la défense des immigrés. Le PS ne prendra position sur l'immigration qu'en 1974.

15. *Les Cahiers du communisme*, février-mars 1970.

16. GISTI : Groupe d'information et de soutien aux travailleurs immigrés, créé en novembre 1972. Cette organisation est née de la rencontre entre des travailleurs sociaux, des militants associatifs en contact régulier avec des populations étrangères et des juristes. CDVTI : Comité de défense de la vie et des droits des travailleurs immigrés.

17. Comme la Ligue des droits de l'homme (1898), le Mouvement contre le racisme, l'antisémitisme et pour la paix (MRAP, 1949), la Ligue internationale contre le racisme et l'antisémitisme (LICRA) fondée en 1927 ; ou encore la Fédération des associations de soutien aux travailleurs immigrés (FASTI) issue, en 1966-1967, de la coordination de douze groupements humanitaires.

18. Association des originaires du Portugal ; Groupement d'émigrés espagnols ; Association des Marocains de France ; Association des travailleurs guinéens en France ; Association des travailleurs mauritaniens en France ; Amicale des Algériens en Europe, etc.

19. Comme l'Association des travailleurs marocains en France (ATMF) ; le Mouvement des travailleurs ivoiriens en France (MOTIF) ; la Fédération des associations de travailleurs émigrés portugais (FATE), etc.

20. L'année 1973 en est jalonnée : le 12 juin, le maire de

Grasse fait asperger par des lances à incendie un groupe d'immigrés en quête de régularisation, tandis que se multiplient les déclarations sur « l'invasion maghrébine ». Une partie de la population de Grasse provoque de violentes bagarres dans les ruelles de la vieille ville. Le 25 août 1973, l'assassinat par un dément algérien d'un chauffeur d'autobus marseillais déclenche des agressions contre des Nord-Africains, faisant cinq morts et de nombreux blessés dans les rues de Marseille. Cette vague de violences se termine par un attentat à la bombe au consulat d'Algérie à Marseille qui fit quatre morts et douze blessés.

21. *La Croix*, 6 septembre 1973.

22. Dans plusieurs localités, des églises furent transformées en mosquées, comme à Marseille, Lille et Argenteuil.

23. La crise du logement urbain était structurelle depuis 1945 ; elle s'est renforcée sous l'effet de la croissance économique qui accentua l'exode rural et donna un coup de fouet à l'urbanisation (en 1946, environ 50 % des Français vivaient dans des agglomérations de plus de 2 000 habitants ; en 1974, près de 75 %). Avec l'arrivée massive des rapatriés d'Algérie, la crise est devenue plus aiguë encore, car elle se surajoute à la perspective d'une demande prochaine de logements issue de la génération du *baby boom*. Entre 1962 et 1969, 500 000 logements seront construits chaque année.

24. J. Revol, « Le Fonds d'action sociale et le logement des travailleurs migrants isolés », *Revue française des affaires sociales*, n° 2, avril-juin 1972, p. 59.

25. Celui de Champigny était devenu, vers 1964-1965, l'un des plus importants bidonvilles de la région parisienne, « "la capitale des Portugais" et "la plaque tournante de l'immigration portugaise", non seulement pour toute la France mais aussi vers le Luxembourg, l'Allemagne, la Belgique » (M.-Ch. Volovitch-Tavares, *Portugais à Champigny, le temps des baraques* », *Autrement*, 1995, p. 34).

26. La construction des « foyers et centres économiques » était la plus rapide : 8 à 10 mois. Cette formule d'habitat, « transit social entre le taudis (ou le bidonville) », fut utilisée là où les besoins étaient particulièrement importants et urgents pour résorber les bidonvilles et taudis de la région parisienne.

27. La diversité des foyers doit être soulignée. En 1968, le

directeur du FAS, Joseph Revol, distinguait trois catégories de foyers : 1) les foyers et centres « économiques » se caractérisant par un loyer modique (60 à 80 francs par mois) et par un confort rudimentaire (dortoirs de 4 lits ou plus avec des installations communes réduites) ; 2) les foyers et centres de « promotion » d'un confort plus élevé (chambres individuelles ou à 2 lits, installations sanitaires renforcées, équipements individuels), à loyer plus élevé (100 francs par mois), et dont les locaux étaient, en principe, convertibles en logements familiaux : c'est le cas des foyers Sonacotra (foyers de 200 à 300 lits) aménagés en chambres individuelles, des foyers du programme dit des « 12 000 lits du bâtiment », des foyers sur crédits HLM ordinaires ; 3) les anciens foyers construits avant 1959.

28. En 1975, 75 % des hommes algériens recensés, âgés de 30 à 34 ans, étaient mariés, mais 24 % seulement vivaient en couple. Sept ans plus tard, la proportion des mariés étaient identique, mais le taux de vie en couple atteignait 52 %.

29. Abdelmalek Sayad, *Un Nanterre algérien, terre de bidonvilles*, *Autrement*, Hors-série n° 85, avril 1995, p. 122.

30. CAC 870056, Art. 4 : Propositions pour résoudre des problèmes de gestion des foyers de travailleurs migrants, CNLI, 7 septembre 1978.

31. Cf. les travaux en cours du sociologue Marc Bernardot.

32. Association pour l'aide sociale aux travailleurs africains.

33. Déjà durement éprouvée par l'arrêt de l'immigration, en juillet 1974, qui la priva d'une importante clientèle, celle des « primo-arrivants » (de 100 % en 1973, le taux d'occupation de ses foyers tomba à 80 % en 1978), ainsi que par la hausse des charges (chauffage : +160 % entre 1973 et 1976) et le renchérissement du coût de la construction (+45,5 % entre 1974 et 1977), tous deux consécutifs au choc pétrolier.

34. CAC 870056, Art. 1 : L'action du FAS en faveur des foyers, 1978.

35. André Postel-Vinay, très sensible aux problèmes démographiques du tiers-monde, était sans doute lucide quant aux limites pratiques de la suspension de l'immigration.

36. Reproduite *in extenso* par P. Weil en annexe de son ouvrage, pp. 550-553, et *in* « La France en 1981, l'Etat et les

citoyens », Commission du Bilan, décembre 1981. La lettre est datée du 22 juillet 1974.

37. Précisons que les élus locaux présidaient les offices d'HLM et jouaient un rôle décisif dans l'attribution des permis de construire.

38. De 1977 à 1982, le nombre de logements construits annuellement avec le concours du 0,2 ou du 0,1 % est tombé de 4 300 unités à 635, tandis que le nombre de logements réhabilités ou améliorés, de 9 400 en 1977, s'est élevé à 15 300 en 1982.

39. Encore faut-il faire la part des contraintes pesant sur les organismes d'HLM : bien souvent, ceux-ci « ne disposaient d'aucune marge de manœuvre dans leurs pratiques d'attribution par rapport aux organismes collecteurs qui travaillaient en liaison directe avec les entreprises industrielles réservataires de la quasi-totalité des logements.

40. J.-N. Chapulut, « Une politique du logement des immigrés, pourquoi ? », *Le Moniteur des Travaux publics et du Bâtiment*, suppl. au n° 4 du 28 janvier 1980 : le taux de familles étrangères logées en HLM était à peine supérieur à celui de la population étrangère dans la population totale. En l'absence de discrimination, le seul critère d'attribution étant les ressources, le taux aurait dû atteindre 50 %.

41. Directement confrontés à ce problème, les maires communistes ont pris position entre 1969 et 1976 contre la concentration massive de travailleurs immigrés qui « alourdissait le budget social des communes et rendait insuffisantes les nombreuses structures culturelles et sociales de nos villes ».

42. Hervé Vieillard-Baron, *Banlieue, ghetto impossible ?*, éd. de l'Aube, Poche, n° 36, 1996.

43. L'ethnicisation du lien social peut être à la fois une forme de stigmatisation débouchant, à partir de la définition de catégories de population, identifiées par des phénotypes ou des apparences physiques, par des modes de vie, des traditions et des croyances, sur une clôture culturelle, et être un moyen discriminatoire de revendiquer les différences de son groupe d'appartenance (J. Costa-Lascoux, « L'ethnicisation du lien social dans les banlieues françaises », *Revue européenne des migrations internationales*, 2001 (17° 2, pp. 123-138).

44. Et non plus, comme dans l'entre-deux-guerres, d'enclaves

monoculturelles fonctionnant comme des sas en communication avec la société française.

XV

1. L'expression fut utilisée à la fois par Paul Dijoud et par Georgina Dufoix.

2. Cette mesure se traduisit par le fait que l'Administration opposait désormais la situation de l'emploi aux étrangers faisant une première demande de carte de travail. A cette règle formelle, trois exceptions : la première concernait les demandeurs d'asile en attente d'une réponse de l'OFPRA et les réfugiés politiques, non soumis au régime de l'ordonnance du 2 novembre 1945. La France confirma cette exception ressortissant au droit international, et l'appliqua, dès 1975, aux réfugiés du Sud-Est asiatique. La deuxième intéressait, conformément au droit communautaire, les conjoints de Français et ressortissants des Etats membres. Enfin, la troisième concernait les travailleurs de haute qualification ou professionnels spécialisés (artistes, troupes étrangères, sportifs de haut niveau...), ou portait sur des emplois qu'il était impossible de pourvoir par des nationaux.

3. P. Weil, *La France et ses étrangers*, Folio, Gallimard, 1995, pp. 125-127 : les chefs d'entreprise, gros employeurs de main-d'œuvre immigrée, avaient donné leur accord, ainsi que Force ouvrière et la CGT. Seule la CFDT s'est montrée hostile à la décision.

4. Maire de Briançon (1971-1983), Paul Dijoud avait été secrétaire d'Etat auprès de Pierre Messmer (1973-1974), puis secrétaire d'Etat chargé de l'Environnement auprès du ministre des Affaires culturelles dans le 3ᵉ cabinet Messmer (mars-mai 1974).

5. P. Dijoud, « La politique de l'immigration », *Droit social*, n° 5, mai 1976.

6. Toutes les citations précédentes sont tirées de : P. Dijoud, « Communication sur la condition des travailleurs immigrés et la politique de l'immigration », Conseil des ministres, 9 octobre 1974.

7. Sur la problématique du retour, se reporter à l'article d'A. Sayad écrit en 1985 : « Le retour, élément constitutif de la

condition de l'immigré », *Migrations Société*, CIEMI, vol. 10, n° 57, mai-juin 1998, pp. 9-45.

8. Notion qui évoque l'idée de « quasi-contrat social », présente dans les écrits de Léon Bourgeois à la fin du XIXe siècle.

9. Fils d'un immigré roumain.

10. Conseil des ministres du 21 mai 1975 : Renforcer l'efficacité de la mission judiciaire, p. 155 : « Au sein de l'entreprise, la collaboration entre les services du personnel et la police nationale semble aller jusqu'à informer les polices de certains Etats d'origine [Portugal, Espagne et surtout Maroc] sur les activités syndicales et politiques de leurs ressortissants. » Cette coopération a pu notamment entraîner dans leur pays l'incarcération (avec usage de la torture) d'une centaine de ressortissants marocains affiliés à la CGT ou à la CFDT.

11. L'ordonnance du 2 novembre 1945 avait certes prévu des sanctions spécifiques (emprisonnement et amendes) à l'encontre des étrangers sans titre de séjour (au-delà d'un délai de trois mois) et sans titre de travail, mais elle subordonnait l'expulsion à des conditions précises : « L'expulsion peut être prononcée par arrêté du ministre de l'Intérieur si la présence de l'étranger sur le territoire français constitue une menace pour l'ordre public ou le crédit public » (Art. 23). Ces expulsions (entraînant une interdiction de séjour de cinq années) ont provoqué une mobilisation de la gauche, surtout après la découverte du centre de détention d'Arenc dans les Bouches-du-Rhône.

12. Le regroupement familial fut rétabli par les circulaires du 18 juin et 2 juillet 1975 et normalisé par décret du 29 avril et circulaire du 9 juillet 1976. Dès l'arrêt officiel de l'immigration, le gouvernement se trouva dans une situation délicate. Maintenir la suspension, c'était perdre un argument dans les négociations bilatérales visant à rétablir le contrôle des flux de travailleurs étrangers. Les pays d'émigration seraient, pensait-on, d'autant plus fondés à accepter ce contrôle qu'ils obtiendraient l'assurance que l'émigration des familles serait limitée. Celle-ci les privait, en effet, d'importants transferts financiers et favorisait une sédentarisation qui distendait leurs liens avec les expatriés. Mais il ne suffisait pas d'aligner l'immigration familiale sur l'immigration économique contrôlée pour peser sur les comportements, car les familles étrangères arrivant en France estimaient que leur entrée

s'inscrivait dans la suite normale de la venue du chef de famille. Pouvait-on donner force à la suspension en refoulant les familles ? Bien des raisons s'y opposaient. D'abord, l'orientation nettement sociale de la politique de Paul Dijoud : prétendre insérer les immigrés sans leur donner la possibilité de se faire rejoindre par leur famille était contradictoire ; c'était aussi revenir sur une tradition d'accueil dont beaucoup de familles étrangères avaient par le passé bénéficié. Ensuite et surtout, l'intense mobilisation des associations de défense des étrangers qui faisaient du regroupement familial une question d'éthique (le Conseil d'Etat confirmera ce point de vue en 1978). Prenant les devants, autant par réalisme que par tempérament, Paul Dijoud préféra organiser l'immigration familiale plutôt que de la laisser se développer « dans des conditions anarchiques ».

13. Secrétariat d'Etat chargé des immigrés, « Le nouveau régime de l'immigration des familles étrangères en France », 5 mai 1976 (souligné dans le texte). Etaient concernés le conjoint et leurs enfants de moins de 18 ans. L'introduction d'ascendants et de collatéraux pouvait toutefois être autorisée de façon discrétionnaire (dans ce cas, aide de l'ONI). Conditions (chef de famille) : 1 an de séjour et ressources stables ; logement suffisant et décent. Contrôle médical des membres de la famille et aide financière apportée au chef de famille.

14. L'arrêt GISTI (et autres) du Conseil d'Etat du 24 novembre 1978 annule le décret du 10 novembre 1977 relatif aux conditions d'entrée, de séjour et d'accès au travail des familles des étrangers autorisés à résider (Lionel Stoléru voulait subordonner le regroupement des familles à l'engagement de celles-ci de ne pas demander à travailler en France) et rappelle que le droit à mener une vie familiale normale est un principe garanti par le préambule de la Constitution, qui s'applique aux étrangers.

15. La protection internationale de celle-ci au regard de l'emploi avait nettement progressé : l'article 18 de la Charte sociale européenne (signée et ratifiée par la France) prescrivait aux parties contractantes d'assouplir progressivement les réglementations régissant l'emploi des travailleurs étrangers ; la convention n° 143 de l'OIT, signée mais pas encore ratifiée par la France, stipulait, dans son article 8, l'interdiction du retrait du titre de travail ou

de séjour à un travailleur en situation de chômage involontaire ; les mêmes droits qu'aux Français étaient garantis aux chômeurs étrangers par la convention 102 de l'OIT.

16. Anicet Le Pors, *Immigration et développement économique et social, balance des paiements, bilan social, impacts sectoriels et macroéconomiques*, La Documentation française, Etudes prioritaires interministérielles, mai 1976. Cette étude, qui fit date dans la polémique « coûts et profits » de l'immigration, avait été réalisée par un communiste, Anicet Le Pors, chef de service à la Direction de la prévision ; l'engagement politique de son auteur la rendait, aux yeux du nouveau secrétaire d'Etat, quelque peu suspecte.

17. Abdelmalek Sayad, « Coûts et profits de l'immigration », *Actes de la recherche en sciences sociales,* n° 61, mars 1986.

18. P. Weil, *La France et ses étrangers*, Folio, Gallimard, 1995, p. 175.

19. C'est en juin 1979, au moment où s'engageait le débat sur les modalités de séjour des étrangers en France, que le président de la République promit d'accueillir une partie des réfugiés vietnamiens, cambodgiens et laotiens rejetés par la Thaïlande et la Malaisie.

20. *Droit et Liberté*, septembre 1979.

21. Parmi lesquels Raymond Aron, Jean-Paul Sartre, André Glucksmann, Gaston Defferre, Pierre Juquin, Daniel Cohn-Bendit...

22. *Le Monde*, 4 octobre 1979.

XVI

1. *Pour une relance de la politique de l'intégration*, rapport présenté au ministre délégué à la Ville et à l'Intégration par Hamlaoui Mekachera et Jean Gaeremynck, 25 novembre 1996. Dans le même sens, la déclaration d'Edith Cresson faite à la télévision, le 8 décembre 1991 : « Il faut une politique assez stricte de l'immigration pour avoir une politique généreuse de l'intégration. »

2. Ni les lois Pasqua de 1986 et de 1993, ni la réforme du Code de la nationalité de 1993 ne l'ont remis en cause.

3. Sept changements de majorité et trois cohabitations de 1984 à 2002.

4. R. Kastoryano, *La France, l'Allemagne et leurs immigrés : négocier l'identité*, Armand Colin, 1996.

5. En sécurisant, sous la pression des partis populistes, les frontières qui ont toujours constitué la définition de base de l'Etat, les grands partis institutionnels au pouvoir dans l'Union européenne ont provoqué un effet pervers : ils ont implicitement investi l'Etat-nation de la compétence et du devoir de protéger l'identité nationale.

6. Discours de Jean-Marie Le Pen, 22 avril 2002.

7. Les Allemands venus d'autres pays de l'Est que l'ex-RDA.

8. Si les *Aussiedler* sont considérés comme des citoyens allemands à leur arrivée en Allemagne, les Russes des ex-Républiques soviétiques devenues indépendantes (qui étaient 25 millions à la disparition de l'URSS) sont généralement considérés comme « étrangers » à leur arrivée dans la Fédération.

9. L'un des principaux griefs retenus contre les lois Pasqua fut la « chasse au faciès » qu'elles paraissaient autoriser sous couvert de lutte contre l'insécurité. La loi du 10 août 1993 sur les contrôles d'identité fut d'autant plus critiquée qu'elle jetait la suspicion sur les étrangers et les Français d'origine étrangère en organisant sans recours possible la pratique des contrôles d'identité (par exemple, l'intervention du député PC, Jean Tardito, Ass. Nat. 26 février 1997 : « Vous avez légalisé l'atteinte au droit d'expression ainsi qu'à la liberté d'aller et de venir garantie par le Conseil constitutionnel »). L'idée selon laquelle les restrictions apportées au droit de séjour des étrangers portent atteinte aux libertés des citoyens français a également été soulevée à propos du certificat d'hébergement visé par le projet de loi Debré de 1996.

10. G. Moreau, « Vingt ans de politique d'immigration », DPM, sept. 1994 : « Il est clair que le droit de l'entrée, du séjour et du travail des étrangers est un droit de contrôle, qui correspond au devoir fondamental d'un Etat de défendre son territoire, c'est-à-dire qu'il organise le pouvoir de l'autorité de décision pour refuser l'immigration. Mais le pouvoir organisé de dire non laisse toujours la place au pouvoir discrétionnaire de dire oui. »

11. La lutte des sans-papiers pour obtenir le droit de rester en France a acquis une forte visibilité avec l'entrée en vigueur des

lois Pasqua qui ont créé des situations humainement « aberrantes » (parents d'enfants français en situation irrégulière).

XVII

1. Cf. Driss El Yazami, R. Schwartz, *Rapport pour la création d'un Centre national de l'histoire et des cultures de l'immigration*, rapport remis au Premier ministre, 22 novembre 2001 ; et travaux de la Mission de préfiguration du « Centre de ressources et de mémoire de l'immigration », conduite par Jacques Toubon.

2. L'ethnologie est, comme aime à le rappeler Maurice Godelier, « fille de la colonisation ». Elle désigne, depuis les travaux de E. Durkheim et de M. Mauss, la science des groupes humains, notamment des groupes sociaux appartenant aux civilisations pré-industrielles. Les soubassements théoriques de cette science sont évidemment aux antipodes des principes qui sous-tendent la conception française, à la fois individualiste et universaliste, de l'intégration.

3. Formé de *meta* (en grec ancien : « au milieu de » et par extension du sens dynamique : « pour se rendre au milieu de ») et *empsuchôsis*, « action d'animer ». Le mot désigne la doctrine de la transmigration des âmes (d'après A. Rey, *Le Robert...*, 2000).

4. Cf. E. Temime, *Migrance. Histoire des migrations à Marseille*, Aix-en-Provence, Edisud, 1989-1991, 4 tomes ; et : *Marseille transit : les passagers de Belsunce*, Autrement, 1995.

5. A. Tarrius, M. Peraldi (dir.), *Marseille et ses étrangers*, *Revue européenne des migrations internationales*, vol. 11, n° 1, 1995.

6. Que Michel Peraldi, conscient des entraves qui lui sont apportées, définit comme « la somme des arrangements relationnels par lesquels les transferts de marchandises et les transits de personnes sont possibles : le "blanchiment" des douaniers à la frontière, la mobilisation de convoyeurs pour le transport des voitures d'occasion, le transfert de dettes et les investissements différés pour le paiement des marchandises, le groupage de fret, l'obtention de visas, etc. ».

7. Inconvertibilité de certaines monnaies ; pays soumis à embargo comme la Libye ; législations et normes administratives

et économiques concernant les régimes de circulation (limites de poids des bagages, normes sanitaires, etc.).

8. Le terme a d'abord été noté *bathzar* (1432) puis *bazar* au XVIe siècle. Il est emprunté au persan *bāzār*, « marché public ». Signe d'une circulation des marchandises, l'anglais *bazaar*, relevé une première fois vers 1340, a été emprunté au turc, lui-même repris du persan par un canal italien ; les langues européennes ont d'ailleurs pu s'échanger le mot. Le mot *bazar* désigne le marché public des pays orientaux et s'est répandu au XIXe siècle ; il n'a pas tardé à s'appliquer à un ensemble d'objets plus ou moins hétéroclites (1842), à un lieu, une maison où tout est pêle-mêle. Son emploi pour désigner une maison de tolérance (1841), euphémisme pour *bordel*, qui a des sens figurés analogues, et pour « lieu de travail » (lycée ou bureau) est sorti d'usage (d'après A. Rey, *Le Robert...*, 2000).

9. Souvent définis comme des « orphelins de pères inassimilables ».

10. Lors même que se développait, en France, un discours sur la citoyenneté et l'esprit civique.

11. Le chiffre d'affaires de ces commerces était évalué en 1987 à environ 3 milliards de francs par la Caisse des dépôts et consignations.

12. A. Tarrius, « Le trouble des frontières européennes : réseaux et sociétés de migrants en Méditerranée occidentale », *in* M.-A. Hily, E. Ma Mung (dir.), *Catégories et lieux des circulations migratoires*, Rapport final, Migrinter-MiRe, convention WKO 324, 2002, p.12 (et note de synthèse *in Cahiers de Recherches de la MiRe*, n° 16, sept. 2003, pp. 33-39).

13. Le seul référent qui vaille pour un migrant pauvre.

14. Comme le note Rémy Leveau : « Pour les classes moyennes qui, au Maghreb, ont fait de la francophonie une part de leur culture et de leur identité, l'Europe de Schengen est une trahison et un traumatisme. C'est une coupure qui pousse aux radicalisations et empêche les grands-parents de voir leurs petits-enfants, interdit aux intellectuels de pouvoir acheter des livres ou de rendre visite à leurs collègues, de participer à une communauté culturelle que nous avons nous-mêmes créée comme un besoin que nous transformons ensuite en frustration et en hosti-

lité » (R. Leveau, « L'Europe et les immigrés extra-européens », *Hommes et Migrations*, n° 1223, janvier-février 2000, pp. 63-70).

15. Du grec *kosmopolitês*, « citoyen (*polités*) du monde (*kosmos*) ».

16. M.-A. Hily, E. Ma Mung (dir.), *Catégories et lieux des circulations migratoires, op. cit.*, introduction.

17. Selon les définitions du *Petit Robert*.

Index

M

T

U

Remerciements

Cette *Histoire des Français venus d'ailleurs* n'aurait pu voir le jour sans la sollicitation amicale d'Olivier Viewiorka et la compréhension amusée d'Antony Rowley. Depuis une station orbitale d'observation que je connais bien, la MiRe (DREES)[1], l'« Amiral » Patrick du Cheyron m'a aidé à rassembler de très nombreux matériaux aussi précieux qu'hétéroclites, destinés à la construction d'auberges espagnoles, à moins qu'il ne s'agisse de châteaux en Espagne... André-Clément Decouflé et Anthony Rowley ont bien voulu relire le manuscrit avec exigence et clairvoyance. Sans leurs remarques et suggestions, sans l'apport irremplaçable des universitaires et chercheurs qui travaillent depuis longtemps sur les questions migratoires, beaucoup de chemin serait à parcourir et bien des destinations resteraient inaccessibles. A eux donc, aux miens les plus proches et à *nous autres*, ce voyage planétaire dans une France sans cesse visitée par les historiens.

1. Mission Recherche de la Direction de la recherche, des études, de l'évaluation et des statistiques au ministère des Affaires sociales, du Travail et de la Solidarité.

Table

collection tempus
Perrin

À PARAÎTRE

La photocomposition de cet ouvrage
a été réalisée par
GRAPHIC HAINAUT
59163 Condé-sur-l'Escaut

Impression réalisée sur Presse Offset par

La Flèche (Sarthe), le 21-01-2008
pour le compte des Éditions Perrin
11, rue de Grenelle
Paris 7^e

N° d'édition : 1858 – N° d'impression : 45427
Dépôt légal : décembre 2003
Imprimé en France